마음을 밝혀주는 60가지 이야기

방경일 · 글 | 김장열 · 그림

솔바람

마음을 밝혀주는 60가지 이야기

머리말

　과학기술을 중심으로 한 문명의 발달로 인해 사람들이 살기는 점점 편해지고 있습니다.

　도시나 시골 할 것 없이 수많은 아파트들이 지어지고 있으며 거리에는 먹을 것, 입을 것이 넘쳐나고 있지요. 한 평에 천만 원이 넘는 아파트가 잘 팔리고 있고, 한 병에 칠백만 원이 넘는 포도주나 한 벌에 수백만 원씩 하는 옷 역시 마찬가지입니다. 그런데 이런 물질적 풍요에도 불구하고 사람들은 그다지 행복한 것 같지 않습니다. 왜 그럴까요? 그것은 마음의 불이 점점 꺼져가고 있기 때문이지요.

이 책은 꺼져가는 마음의 불을 다시 밝힐 수 있는 60가지 이야기들로 채워져 있습니다. 열심히, 그러나 정신없이 살고 있는 어른들에게는 스스로를 돌아보게 하고, 어린이나 청소년들에게는 샘솟는 지혜를 갖게 해 주는 그런 이야기들이지요. 그림 이야기에 이어 나오는 상식들은 짧은 글들이지만 모두 다 읽고 나면 불교의 뜻과 그 역사에 대해 잘 알 수 있게 되어 있습니다. 좋은 내용이라고 자신 있게 말씀드리며, 온 가족이 함께 재미있게 읽고 마음의 불을 밝혀 화목한 가정을 이룬다면 저희로서는 더없는 기쁨입니다.

끝으로 이 책이 세상에 나오게 해 주신 도서출판 솔바람 사장님과 모든 과정에 참여한 편집부 가족들에게 고마운 마음을 전합니다.

방경일 · 김장열 두 손 모음

contents 1

마음을 밝혀주는 60가지 이야기

contents 1

마음을 밝혀주는 60가지 이야기

contents 2

마음을 밝혀주는 60가지 이야기

contents 2

마음을 밝혀주는 60가지 이야기

contents 3

마음을 밝혀주는 60가지 이야기

contents 3

마음을 밝혀주는 60가지 이야기

contents 4

마음을 밝혀주는 60가지 이야기

contents 4

마음을 밝혀주는 60가지 이야기

contents 5

마음을 밝혀주는 60가지 이야기

contents 5

마음을 밝혀주는 60가지 이야기

contents 6

마음을 밝혀주는 60가지 이야기

contents 6

마음을 밝혀주는 60가지 이야기

1

점원님 나오십니까?
옆구리로 나온 싯다르타?
말못할 고민이 많은 왕자
고통에서 벗어나는 길은 있는가?
후계자를 얻었으니 출가를!
고행에서 명상으로
부처님의 탄생과 그 의미
전하느냐 마느냐 그것이 문제로다!
처음으로 법의 바퀴를 굴리다
귀 있는 자는 와서 들어라!

가득한 잔에는…

저것 봐! 오늘도 잔뜩 몰려가잖아.
다들 스님한테 배우러 가니 우리 체면이 말이 아닐세.

나한테 좋은 생각이 있어!

우리가 함께 가서 배우러 왔다고 하면서
천재 서당

엽기적인 질문으로 스님의 기를 죽여놓자!

뜨거운 맛을 보여 주자구!

자넨 천재야!

어서 가세!

세 분 선비께서 저한테 배우러 오셨다구요?
허·· 허·· 허··
예~ 잘 좀 가르쳐 주세요.
두고 보라지
킥킥!

우선, 차라도 한 잔씩 드세요.
철철

차맛이 좋은데 어서 드세요.
후룩
뜨거워서 식을 때까지 기다리고 있소이다!

주전자에 찬물이 있으니 섞어서 드세요.

약올리는 겁니까!
뜨거운 물을 가득 따라놓고 찬물 부을 데가 어딨습니까!

열받네, 정말!

푸하 하하

뜨거운 물로 가득 찬 잔은 당신들이고
찬물 주전자는 나라고 가정하면

뭔가 배우러 왔다는 사람들이 가득 차서 왔으니 내 말이 들어갈 자리가 어디 있겠소!

남의 말을 듣고자 하면 먼저 자기를 비워야 하지 않겠소?

아 ~ 쪽팔려.

하나

지금부터 3300여 년 전 문다인과 드라비다인이 살던 인도에 지금의 이란 쪽에 살던 아리아인들이 침입해 들어왔습니다. 인더스 강 주변의 비옥한 땅을 중심으로 서서히 권력을 장악한 이들 아리아인들은 원주민들인 문다인과 드라비다인을 노예로 만들었지요. 세월이 흐르자 아리아인들 사이에서도 계급의 분화가 일어나 바라문, 크샤트리아, 바이샤의 3계급이 만들어졌습니다. 이렇게 해서 바라문교의 승려로서 신에 대한 제사를 모시고 학문을 담당하는 바라문 계급, 무사(왕이나 귀족)로서 정치나 전쟁을 담당하는 크샤트리아 계급, 서민으로서 농사나 장사를 담당하는 바이샤 계급, 노예로서 잡역이나 육체노동에 종사하는 수드라 계급의 사성제도(四姓制度), 즉 카스트제도가 완성되었지요.

보다 높은 계급에 속한 사람은 보다 낮은 계급에 속한 사람의 곁에만 가도 더럽혀진다고 할 정도로 네 계급은 그 구분이 매우 엄격했지요.

점원님
나오십니까?

계급 사이의 결혼은 절대로 금지되고 각 계급은 그 신분과 직업을 대대로 물려받아야 합니다.

우리 나라의 경우 세종대왕 때의 장영실처럼 천민이 공을 세우면 평민이 되거나 벼슬살이도 할 수 있었지만 인도의 카스트제도에서는 그런 일이 일어날 수 없지요. 지금도 인도에서는 바이샤 계급의 상점 주인이 바라문 계급의 점원에게 깍듯하게 존댓말을 쓰고 출퇴근 시에는 인사를 해야 합니다. 뿐만 아니라 아예 사성계급에 들지 못하는 불가촉천민은 노예보다도 못한 존재로 다른 사람의 눈에 띄어서는 안 되지요. 기록에 보면 불가촉천민을 봐서 더럽혀졌다고 자신의 눈알을 뽑아버린 바라문이 있는가 하면 사성계급의 사람들은 종종 이들을 때려죽였다고도 합니다. 이렇게 철저한 카스트제도가 사회를 지배하고 있는 인도에 훗날 부처님이 될 고타마 싯다르타가 태어난 것입니다.

거북과 원숭이
오늘은 어디 가서 공양을 받아야 하나.
휴~
차려놓은 음식이 있는데 드시고 가세요.
진수성찬 이잖아!
오홋!
잘 먹었습니다.
다음에 또 오세용~.
또방 잡았다!
덩실
다음 날도, 그 다음 날도 융숭한 대접을 받는다.
이렇게 매일 잘해 주는 걸 보니
날 좋아하고 있는 것이 분명해.
아가씨 우리 함께 살림차려 살아유~.
엥?
뭐야, 이거… 웬 오바?
좋은 옷은 있어요?
없는데요.
다이아 반지, 목걸이, 귀고리는?
그것도 없어요.
자동차, 아파트는?
그게, 저…

돈은 조금 있겠죠?
한 푼도 없는데요.
쥐뿔도 없으면서 무슨 살림이얏!
뻥
쯧쯧… 알만 하다, 알만 해.
옛날 얘기 하나 해 줄까?
친하게 지내는 거북과 원숭이가 있었는데…
이거 먹어.
땡큐~
하루는 거북이 원숭이에게 사랑고백을 했다.
결혼해 줘.
나하고 살고 싶으면 나무 위로 올라와.
니가 물에서 살면 안 될까?
물에서 사는 원숭이 봤나?
이 바보야!
그 여자는 원숭이…
저는 거북이라는 말씀이죠?
알긴 아는구나!

둘

지금부터 2500여 년 전 석가족이 세운 카필라국의 숫도다나 왕의 부인인 마야 왕비는 여섯 개의 어금니를 가진 새하얀 코끼리가 자신의 품안에 들어오는 꿈을 꾸고는 자신이 아기를 가졌음을 깨달았습니다. 오랫동안 아내의 임신을 기다려온 숫도다나 왕은 기왕이면 아들이 태어나기를 바라며 출산을 학수고대했지요.

출산이 임박하자 마야 왕비는 당시의 풍속에 따라 해산을 하기 위해 친정인 데바다하국으로 가고 있었는데 룸비니라는 지모신(地母神)을 기리는 룸비니 동산에서 휴식을 취하게 되었습니다. 왕비는 석가족의 토템인 살라나무(무우수) 아래서 쉬고 있었는데 갑자기 산기를 느끼게 되었고, 살라나무 가지를 잡고 진통을 하는 중에 옥동자를 출산하게 되었지요. 이 때, 아기는 마야 부인의 오른쪽 옆구리로 나와 일곱 걸음을 걷고는 '천상천하 유아독존(天上天下 唯我獨尊)'이라 외쳤다고 합니다.

옆구리로 나온 싯다르타?

역사적인 관점에서 보면 '옆구리 출생'은 아기가 속한 크샤트리아 계급의 사람들은 모두 목과 허리 사이의 신체에서 출생한다고 하는 베다(Veda : 아리아인의 종교인 바라문교의 경전)의 가르침에 따른 것이며 '걸음과 말'은 성인의 출생에 따르는 신비화라고 할 수 있지요. 하지만 아이가 출생하면 그 운명을 점치는 당시의 관례에 따라 슛도다나 왕이 아시타라는 선인에게 아기의 장래를 물었을 때 "속세에 남으면 천하를 통일하는 전륜성왕이 되고, 출가하면 중생을 제도할 부처가 된다."고 단언했을 만큼 특출한 운명을 지닌 아기였음에는 틀림없습니다.

속세에 남든 출가하든 최고의 지위에 오를 것이므로 슛도다나 왕은 아기의 이름을 '모든 것이 이루어진다'는 의미의 '싯다르타(siddhārtha : 悉達多)'라고 지었는데, 이것이 바로 인간 싯다르타의 탄생인 것입니다.

겨지지 않는 등불
국왕께서 내일 부처님에게 대대적인 등불공양을 할 예정이오니…
국민들에게 알립니다!
능력 있는 사람들은 참여하시오!
기름 닷 푼어치만 주시구랴.
겨우 요만큼으로 뭐 하시려구?
부처님한테 등불 공양을 하려는데 가진 돈이 이게 전부라서…
옛소! 조금 더 담았수!
여기는 등불공양 행사장.
보기 좋구만 폼난다! 폼나!
역시 돈이 최고입니다요…
약소하지만 정성어린 등 하나를 바치오니 …
생사의 괴로움에서 벗어나
깨달음의 길로 이끌어 주세요.

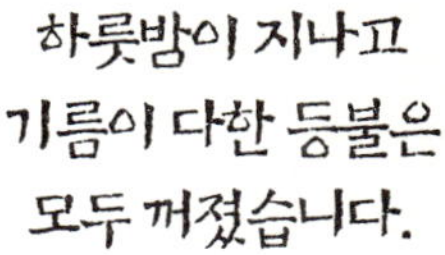

하룻밤이 지나고 기름이 다한 등불은 모두 꺼졌습니다.

이건 어째서 아직도 꺼지지 않은 거야?
으잉?

괘씸하다! 꺼져라, 꺼져!
훅
훅

화르륵
엄마야!

그 등불은 꺼지지 않을 것입니다.

왕께서 하신 등공양은 많기는 하지만
마음이 따르지 못하고 있습니다.

저 할머니의 등불공양은 약소하지만
정성스런 마음은 누구와도 비교할 수 없습니다.

마음이야, 마음!
아자!

싯다르타가 태어난 지 7일만에 그만 어머니인 마야 부인이 돌아가시고 맙니다. 이는 출산의 후유증으로 짐작되는데 마야 부인의 몸이 아주 약했거나 아니면 출산 당시 나이가 너무 많았기 때문이지 않을까요? 여하튼 너무나 이른 어머니의 죽음은 싯다르타의 운명을 출가 쪽으로 몰고 가는 전주곡이라고 할 수 있습니다. 하지만 어린 왕자는 이모이자 계모인 마하파자파티의 사랑을 받으며 훌륭하게 성장했고, 학문과 무예의 성취도 남보다 빨라 아시타 선인의 예언대로 전륜성왕이 될 비범한 자질을 드러내기 시작했지요. 흡족한 숫도다나 왕은 아들이 자신의 뒤를 이어 석가족의 왕이 되고 나아가 전륜성왕이 되기를 바라며 여름과 겨울, 우기(雨期)에 각각 거처할 궁전을 따로 지어 주고는 맛있는 음식과 노래와 춤 등으로 싯다르타를 즐겁게 해 그가 출가를 생각하지 못하게 노력했습니다. 그리고 왕자가 16세가 되자 아예 미모와 재주를 두루 갖춘 처녀인 야쇼다라와 반 강제로 결혼시켜버렸지요.

말못할 고민이
많은 왕자

그런데 싯다르타가 전륜성왕이 되기에는 그가 속한 나라가 너무 약소국이었습니다. 당시 인도에는 마가다국과 코살라국을 필두로 16대국이 있었는데 석가족의 나라인 카필라국은 여기에 들지 못했을 뿐만 아니라, 강대국인 코살라국의 속국이나 다름없는 처지에 있었지요. 또한 공화정을 실시하는 관계로 대신이나 장군 등 귀족의 영향력을 무시할 수 있을 만큼 왕권이 강력하지는 못했습니다. 게다가 16대국이 패권을 쥐려고 서로 다투고 있는 상황에서 싯다르타가 전륜성왕이 되려 한다면 아주 복잡한 정치적인 연합이나 전쟁을 통하여 너무나 많은 사람들의 희생이 뒤따라야 합니다. 이는 상황이 비슷하던 중국을 통일한 진시황의 경우에서 잘 알 수 있지요. 이처럼 왕자 싯다르타의 고민은 생로병사뿐만 아니라 자신의 정치적인 운명에도 있었던 것입니다.

눈높이 선생님

깨달음이란…
어쩌고 저쩌고…
이러쿵… 저러쿵…
… 이니라.

사리불께서
오셨는데요.

가르침은
잘 되십니까?
웬걸요…
특별과외까지
하는데도
성적이
오르지 않아
답답합니다.

어떤 과목을
가르치고
있습니까?

대장장이 출신에게는
'부정관'을 가르치고 있고…
부정?

빨래만 하던 사람에게는 숨쉬는
호흡수를 세면서 정신통일 하는
것을 가르치고 있지요.
훅!
흡!
훅!

엥?
번지수가
틀렸어요.

대장장이는 풀무를 사용하고 있었으므로 숨을 세어보는 방법이 적합하고
둘!
하낫!
셋!
빨래 끝~
세탁장이에게 '부정관'을 가르쳤으면 쉽게 이해가 갔을 것입니다.
맞습니다요! 귀에 쏙쏙 들어 오는구면유.
알아듣기가 너무 쉬워요!
정말 대단하십니다!
열심히 가르쳐도 상대에게 적합하지 않으면
효과가 없어요~
사람마다 다른 개성
특성에 맞추면~
깨달음도 결코 어렵지 않아요~

넷

아 들의 출가를 막기 위한 부왕의 작전(?)으로 궁전 안에만 머물던 싯다르타 왕자는 어느 날 바람을 쐬러 성의 동문 밖으로 나갔습니다.

이 때, 싯다르타는 허리가 굽고 지팡이에 의지하면서 걸을 때마다 비틀거리는 백발의 노인을 처음 보고는 "이 사람에게 무슨 일이 일어났는가?" 하고 물었지요. 마부에게서 "모든 사람은 오래 살면 이런 노인이 된다."는 답변을 들은 싯다르타는 슬픈 마음으로 궁전으로 되돌아와서 깊은 사색에 빠졌습니다.

그 후 남문 밖으로 나왔을 때는 자신의 배설물 위에서 허우적거리는 사람을 보고 모든 사람들은 병들기 쉽다는 것을, 서문 밖으로 나왔을 때는 장례식 행렬을 보고 태어난 모든 사람은 죽는다는 것을, 북문 밖으로 나왔을 때는 평화롭고 침착한 태도의 사문을 보고 출가수행(出家修行)의 길이 있음을 알게 되었습니다.

고통에서 벗어나는 길은 있는가?

이렇게 생로병사(生老病死)의 굴레를 깨닫고 여기서 벗어나는 출가수행의 길을 발견하는 것이 바로 그 유명한 사문유관(四門遊觀)입니다. 사문유관을 읽고는 후세의 작가가 싯다르타의 출가 동기를 멋있게 창작한 것이라고 주장하는 사람들도 있지만 이와 같은 일이 실제 일어났을 가능성은 매우 높지요.

어머니의 오른쪽 옆구리로 출생하고 출생 직후 일곱 걸음을 걸은 다음 '천상천하 유아독존'을 외치는 것은 사실 불가능한 일이지만 성문을 나가다가 차례대로 늙은 사람, 병든 사람, 죽은 사람, 출가한 사람을 본다는 것은 얼마든지 가능하기 때문입니다. 어찌 되었건 생로병사가 인간이란 존재가 가지는 본연의 고통임을 깨닫게 된 싯다르타는 생로병사의 고통에서 벗어나는 길을 모색하게 됩니다.

다이어트
가을이라 그런지
식욕이 부쩍 당기네…
냠냠

여봐라~ 더 맛있는
음식을 내 오너라.

부처님께서
오셨습니다~~~

요즘 뱃살이 처져서
고민이에요.

쿠당

더 튼튼한 의자를
가져와! 쨔샤!
퍄!

다이어트 좀
하셔야겠는데요.
어떻게
하면 됩니까?

홈 스텝
점프!
음식을 줄이고
부지런히 일을 하면
반드시
살이 빠질 것
입니다.
10 10 10 10

뱃살과의 전쟁이 시작되고…
꼬륵
헛둘
헛둘
헛둘
헥!
헥!
아자 자자

부처니~임

덕분에 이렇게 날씬해 졌습니다.
감축 드립니다.

하지만, 진짜 다이어트는 지금부터 입니다.
제아무리 몸관리를 잘해도 사람이 죽으면 …
정신은 사라지고 육체는 해골이 될 뿐입니다.

살아 있는 동안 정신의 힘을 길러

깨달음을 얻는 것이야말로…

'진정한 다이어트' 라는 말씀이죠?
눈치가 빠르시군요.
삭

다섯

아들이 태어났다는 소식을 들었을 때 싯다르타는 "라후!"라고 외치며 한숨을 쉬었다고 합니다. '라후'는 '장애'라는 뜻인데 출가를 생각하고 있던 싯다르타에게는 끊어야 할 장애가 하나 더 생긴 것이라 자신도 모르게 그런 말이 나온 것이지요. 그래서 아들의 이름이 라훌라가 되어버렸습니다. 하지만 라훌라는 장애물임과 동시에 출가를 도와 주는 촉진제 역할도 했는데 그것은 당시의 풍습 때문입니다.

싯다르타가 태어난 당시의 대표적인 종교는 바라문교였습니다. 바라문교의 사제인 바라문이 사성계급 가운데 최고의 지위를 가지고 있는 데서 알 수 있듯이 바라문교는 당시 사람들의 일상 생활을 지배하고 있었지요. 바라문교에는 '아슈라마'라는 제도가 있었는데 이 제도에 의해 당시 남자들은 학생기·가장기·임서기·유행기의 4단계를 거치는 삶을 살았습니다.

후계자를 얻었으니 출가를!

학생기 때는 스승의 집에 거주하면서 학문을 배우고, 가장기 때는 결혼을 해서 자식을 낳고 가정을 꾸려나가며, 임서기 때는 혼자 또는 부부가 함께 숲 속에 들어가 수행을 하며, 유행기에는 홀로 세상을 돌아다니며 자신의 완성을 위해 노력하는 것이 당시 남자들의 이상적인 인생이었지요.

그런데 가장기에서 임서기로 넘어가는 조건이 있었는데, 그것은 반드시 자신의 대를 이을 후계자를 두어야 한다는 것입니다. 당시의 인도 역시 뒤를 이을 후계자는 아들이라야 했지요. 따라서 크샤트리아 계급으로서 아슈라마를 지켜야 하는 싯다르타가 출가하기 위해서는 반드시 아들을 두어야 했던 것이니 후계자인 라훌라의 출생을 꼭 '장애'라고만 할 수는 없는 것입니다. 라훌라가 출생한 지 7일만에 싯다르타가 출가를 감행했다는 사실이 이런 주장을 뒷받침해 주고 있지요.

사랑이 뭐길래…
이 일을 어쩌지?
말씀드려야 하나?
무슨 일인가?
이 친구가 아랫마을 향단이한테 반해서…
상사병에 걸렸습니다요.
보고싶은 향단이 사랑해
걱정 말아라. 내가 소원을 풀어 주마.
아싸!
신난다!
우선, 든든하게 식사라도 해두어라.
옛썰~
사흘 굶은 돼지 같아.
와구
와구
다녀올게~
좋겠다.
부럽다. 부리워~
040

향단아, 내가 왔어!
사흘 전에 교통사고로 죽어버렸어.
지금도 향단이가 아름답게 보이느냐?
훌쩍
세상 만물은 항상 변화하여 태어났다가 사라진다.
눈에 보이는 아름다움은 무상하여 오래가지 못하느니라….

모두가 잠든 밤에 시종을 깨워 카필라 성을 나간 싯다르타는 그의 장신구들을 모두 시종에게 주고, 돌아가 부왕에게 자신의 출가를 알리라고 합니다. 보고를 받은 숫도다나 왕은 말릴 수 없음을 깨닫고 아들의 호위무사인 교진여 등 다섯 명에게 싯다르타를 보살필 것을 명령했지요. 카필라 성을 나온 교진여 등이 찾아낸 싯다르타는 왕자의 옷을 주고 바꾼 사냥꾼의 옷을 입고 머리를 삭발한 출가자가 되어 있었습니다. 교진여 등에게서 자초지종을 전해들은 싯다르타는 아버지가 자신의 출가를 승낙한 것을 알고는 기쁜 마음으로 수행자의 길을 가려고 했지요. 그러자 교진여 등 다섯 명이 자신들도 출가하여 싯다르타의 뒤를 따르고자 하는 것이 아닙니까! 참으로 놀라운 충성심이지요.

싯다르타는 알랄라 칼라마, 웃다카 라마푸타 등 이름난 수행자들을 찾아다니며 가르침을 구했습니다.

고행에서 명상으로

비범한 자질과 남다른 노력 끝에 싯다르타는 단기간에 '무소유처정(無所有處定)', '비상비비상처(非想非非想處)' 등 스승들이 얻은 선정의 경지에 오르게 되었지만 생사의 번뇌에서 벗어나지는 못했지요.

홀로 붓다가야 부근의 숲 속에 들어간 싯다르타는 몸이 해골처럼 마르고 귀에서는 윙윙거리는 소리가 날 정도로 극심한 고행을 했지만 역시 해탈을 이룰 수 없었습니다. 6년간 지속된 고행을 중단한 싯다르타는 양치기 소녀가 바치는 우유죽을 마시고 기력을 회복한 다음 다시 보리수 아래에 자리를 잡았지요. 그런데 그 동안 싯다르타를 따라다니던 교진여 등은 싯다르타의 이런 모습을 보고는 "싯다르타는 타락했다."고 하며 모두 떠나가버리고 말았습니다. 하지만 싯다르타는 조금도 개의치 않고 자신과 우주에 대해 깊은 사색에 잠기기 시작했습니다.

여자의 원한
부처님…
저희집에 들러서 설법을 해 주세요.
여보~~ 어디 갔다 이제 오는 거야.
혼자 있으려니까 너무 외로운 거 있지.
여보?
누구세요?
모른 척하기야? 당신이 이렇게 만들었잖아!
띠용
헉!
혼인 빙자 간음으로 고소할거야!
허허… 이거 참…
우째 이런 일이…
책임져!
책임져!
뭐야, 이거!
감히 부처님을 모함하다니, 사기꾼!
방
방
툭
044

여러분 진정하시고
제 얘기를 들어 보세요.
전생에 이 여자는 마음에 드는 보석을 사고 싶어했습니다.
그런데 한 사나이가 나타나 그 보석을 먼저 사버렸습니다.
하···
하···
하···
내꺼!
안 돼!
아무리 애원해도 보석을 양보하지 않은 사나이에게···
NO!
제발~
여자는 원한을 품게 된 것입니다.
두고보자! 이 원한은 언젠가 꼭 갚고야 말겠다!
전생에 원한을 품은 여인은 이 여자이고
보석을 산 사나이는 바로 접니다.
우리, 이제 화해합시다.
045

일곱

기력을 찾은 싯다르타는 보리수 아래에 마른풀을 모아서 자리를 만든 다음 가부좌를 틀고 앉아 명상에 빠져들었습니다.

'고통'은 어디서 오는 것인가? 그것은 '나'라는 존재가 있기 때문이다. 그렇다면 그 '나'는 무엇이며, 어디서 온 것인가? '나'는….

6년 동안 한결같이 해 오던 고행을 버리고 밤낮없이 명상을 계속하던 싯다르타는 7일째 되는 날 마침내 생사의 번뇌를 깨는 깨달음 즉, 정각(正覺)을 얻고는 해탈(解脫)을 이루게 됩니다. 인간을 비롯한 모든 존재와 그 존재들을 담고 있는 우주의 본질에 대한 통찰을 얻게 된 그의 마음에는 한 점의 의심도 없게 되었으니 인간 싯다르타는 마침내 부처가 된 것입니다.

육신의 나이 35살에 성불(成佛)하였으니 진정한 부처님의 탄생은 이 때부터라고 봐야 하지 않을까요?

부처님의 탄생과 그 의미

우리가 20＊＊이라고 할 때 이것은 예수님의 출생을 기준으로 한 연대 계산에 의한 것입니다. 이에 비해 불교계에서는 부처님의 출생을 기준으로 불기 25＊＊년이라는 불기(佛紀)를 사용하지요. 일반적으로 부처님의 출생은 예수님의 출생에 비해 500여 년 정도 빠른 것으로 알려져 있습니다. 그런데 앞에서 말한 대로 싯다르타의 나이 35살에 부처가 되었으니 25＊＊년에서 35년을 뺀 것으로 불기를 삼는 것이 맞지 않을까 하는 약간은 엉뚱한 생각을 해보는 것입니다.

어찌 되었건 싯다르타가 이 지구에 태어난 수많은 인간들 중에서 처음으로 부처가 되었으니 여기에는 여러 가지 의미가 있습니다만, 그 가운데서도 제약이 많은 인간의 몸이지만 열심히 수행을 하면 세상의 모든 비밀을 알 수 있는 부처가 될 수 있다는 가능성을 열어 놓았다는 것이야말로 가장 큰 의미가 아닐까요?

오세암
겨울 동안 먹을 것을
사와야겠는데…
하룻밤만
혼자서 지낼 수
있겠니?
혼자서는 무서워서
싫어요.
저도 데리고
가 주세요.
네?
산길에 너를
데리고 가면
시간이 지체돼서
그럴 수가 없구나.
힝~
무섭거나
심심할 때는
관세음보살님을
생각하거라.
아직 다섯 살밖에
안 됐는데
은근히
걱정되네.
내일 아침 일찍
올라가야겠다.
다음 날
아니,
이게 어떻게
된 거야!

큰일났네.
어서 가야지!
산길이 끊겨서
못 올라가요!
헉
헉
덜썩
봄이 되어
눈이 녹자마자
스님은 허겁지겁
올라가는데…
나를
기다리다가
추위와 배고픔에 지쳐
쓰러졌을 텐데….
스님~
왜 이렇게
늦게 오셨어요.
무사했구나!
어떻게
된 일이냐?
심심할 때마다
관세음보살님을
불렀더니
함께 놀아 주시고
먹을 것도 주셨어요.
정말로 오실 줄은
몰랐는데…
그 후로 이 암자를
'오세암'이라고
부르게 되었답니다.
049

여덟

해탈한 다음 오랫동안 명상에 들어 깨달음의 기쁨을 만끽한 부처님은 진리를 깨달은 사람만이 할 수 있는 고민에 빠졌는데, 그것은 "내가 진리를 말해 준다 한들 중생들이 과연 알아들을 수 있을 것인가?" 하는 것이었습니다.

이 때, 범천(梵天)이 나타나 세 번이나 거듭 간청한 끝에 마침내 부처님은 진리를 전할 것을 결심했다고 합니다. 이를 범천권청(梵天權請)이라고 하는데 여기서 범천의 정체를 한번 살펴보도록 할까요? 불교에서 범천은 우리가 살고 있는 '사바세계를 관장하는 하늘의 왕' 입니다만 부처님 이전부터 우주를 만든 창조신으로 사람들에게 널리 알려져 있었습니다.

창조신이라고 하면 기독교의 하나님을 떠올리시겠지만 약간 차이가 있습니다. 기독교의 하나님은 우주를 창조하고, 유지하며, 파괴하는 일을 모두 총괄합니다.

전하느냐 마느냐 그것이 문제로다!

하지만 인도인의 창조신인 범천은 오직 우주를 창조하는 역할만 담당하지요. 우주를 유지하는 일은 비쉬누신이, 파괴하는 일은 시바신이 각각 담당합니다. 요즘 말로 하면 역할분담이 되어 있는 셈이지요.

그런데 문제는 부처님이 나중에 우주의 기원에 대해 설할 때 "우주는 범천과 같은 존재가 만든 것이 아니다. 이 세상의 사람들 중에 누구도 범천의 모습을 본 적이 없는데 어찌하여 존재하지도 않는 범천이 우주를 만들었다고 하는가?"라며 범천의 존재를 부정해버립니다.

그렇다면 부처님께 법을 설해 달라고 청하는 범천은 무엇일까요? 그것은 부처님의 마음에 일어난 갈등을 범천이란 종교적인 존재를 동원해 문학적으로 표현한 것이라고 합니다. 범천이 실재하는 존재이든 아니든 중요한 것은 부처님이 전법(傳法)을 결심했다는 것이 아닐까요? 만약 이때 전법을 포기했다면 우리는 불교라는 진리를 접하지 못했을 것이니까 말입니다.

피할 수 없는 것
특출한 능력을 지닌 4형제가 있었습니다.
아우들아, 큰일났다!
내 신통력으로 보니 우리 목숨이 며칠 안 남았다.
뭐? 이를 어쩌지…
우쒸~ 말도 안 돼!
무슨 방법이 없을까?
우리가 가진 모든 재주를 동원해서 죽음의 신도 찾을 수 없는 곳으로 숨자!
그래, 그게 좋겠다!
구름 속으로 숨은 큰형
날아라, 훨훨…
깊은 바다 속에 숨은 둘째
뽀골
뽀골

인적 없는 산 속에 숨은 셋째
아무도 없다~

수많은 군중 속에 섞인 막내
못찾겠다, 꾀꼬리~

이렇게 죽음을 피한다고 숨었습니다요.
호오-
그래요?

사람이라면…
도저히 피할 수 없는 것이 있습니다.

태어나고, 늙고 병들고, 죽는 것
이 네 가지는 사람이 도저히 피할 수 없습니다.

우린 피할 수 있을 줄 알았는데….

아홉

진리를 전하기로 결심한 부처님은 명상에 잠겨 자신의 가르침을 이해할 만한 사람들을 찾아보았습니다. 먼저 자신이 가르침을 받은 막칼리 고살라, 알랄라 칼라마, 웃다카 라마푸타를 떠올렸지만 이미 그들의 생명이 다했다는 것을 알고는 크게 실망했지요.

왜냐 하면 그들 정도의 경지라면 자신의 가르침을 듣자마자 곧 이해할 것이라고 확신했기 때문이었습니다.

낙담을 물리친 부처님은 6년 동안 자신을 따르다가 얼마 전에 떠나간 교진여 등 다섯 사람을 떠올렸습니다. 그리고는 곧 그들을 찾아 길을 떠났지요. 비록 그들이 타고난 지적 수준이 낮다고 하더라도 6년 동안의 수행을 통해 어느 정도 기본을 갖추고 있고, 또 부처님 자신이 수행에만 전념할 수 있도록 6년 동안 보호해 준 은혜를 갚고자 함이었습니다.

깨달음을 얻은 보드가야를 떠난 부처님은 므리가다바아로 향했습니다.

처음으로 법의
바퀴를 굴리다

라지기르, 나란다, 파트나, 바라나시, 사르나트를 차례로 거쳐서 마침내 '사슴이 뛰어노는 동산'이라는 뜻을 가진 므리가다바아(녹야원)에 도착했습니다. 요즘은 차를 이용해 직통도로를 달리면 얼마 걸리지 않지만 당시에는 약 300km나 되는 길을 맨발로 걸어갔으니 교진여 등에 대한 부처님의 호의는 대단한 것이었지요.

그러나 교진여 등 다섯 사람은 멀리 부처님이 보이자 "저기 타락한 사문 고타마가 온다. 우리 모두 그를 모른 체 하자."고 의견일치를 보았습니다. 말하자면 '왕따'를 시키자고 합의를 본 것이지요. 그런데 이상하게도 부처님이 다가오자 그들은 알지 못할 힘에 이끌려 바라보게 되었고, 부처님의 얼굴에서 나는 광채와 몸에서 나는 상서로운 기운을 느끼고는 곧바로 일어나 합장하여 절을 하게 되었습니다. 이에 부처님은 중도(中道)와 사성제(四聖諦)의 진리를 설하게 되니 이것이 바로 초전법륜(初轉法輪)이었습니다.

입을 열면…
오늘도 열심히 공부해 보세!
깨달음을 얻는 그 날까지!
자, 힘내자구!
하이~ 제군들 수고가 많다.
끼이익
소원을 들어줄 테니 한 가지만 말해봐.
저희들에게 복을 내려 주세요!
오케이! 이 열매를 입속에 넣고 있으면
반드시 복을 받을 것이다.
그럼, 바이 바이…
펑
시킨 대로 잘 하면 재미가 없겠죠?

입속에 열매를 넣고 있으니
말 한 마디 못 하고 답답해 죽겠네!
에잇, 못참겠다!
뒈!
내가 가지고 있기는 마찬가지인데 괜찮겠지!
신령님이 우리한테 사기치는 거 아닐까?
낑
입속에 있으나 주머니 속에 있으나
이렇게 여러 날이 흐르고...
열매가 말라버렸어.
콰당!
요놈들! 잡담이나 하고 게으름 피우면서
무슨 복을 받겠느냐!
아뵤!
어떻게 된 거야?
우린 전혀 발전이 없는데.
진정한 복은 남이 주는 것이 아니라
자기가 만드는 것이다.

열

부 처님의 가르침을 처음으로 접한 교진여 등 다섯 사람은 무슨 말인지 이해하지 못했습니다. 그러자 부처님은 다시 한 번 차근차근 설명하였는데, 이 때 교진여가 중도와 사성제에 대해 깨닫게 되었으니 부처님의 가르침을 처음으로 이해하는 영광을 차지하게 된 것이지요.

끈기 있게 거듭되는 부처님의 설명에 나머지 네 사람도 하나 둘씩 깨닫게 되어 마침내 이들 다섯 사람은 모두 부처님의 제자가 됩니다. 왕궁의 호위무사들이면 바이샤 계급일 가능성이 높고 크샤트리아 계급이라고 해도 아주 낮은 계급의 크샤트리아일 텐데, 이들은 출가하면서까지 6년 동안이나 사문 싯다르타를 충실하게 호위해 온 결과 '부처님의 첫번째 제자' 라는 최상의 보답을 받게 된 것이지요. 이렇게 다섯 명의 제자를 한꺼번에 얻게 되자 부처님으로서도 정말 기쁜 일이 아닐 수 없었습니다.

귀 있는 자는 와서 들어라!

300km나 되는 먼 거리를 맨발로 걸어왔는데 소득이 없었다면 얼마나 허탈했겠습니까? 한번 생각해 보자구요. 말이 300km지 밤낮을 걸어도 10일 이상은 걸리는 거리인데 허탕을 친다면 번호 하나 차이로 수백억의 복권 당첨금을 놓친 것만큼이나 허탈하지 않을까요? 그런데 첫 가르침에서 6년 동안의 신세를 갚으면서 다섯 명의 제자를 얻게 된 부처님으로서는 강한 자신감을 가지게 되었던 것입니다. 그래서 부처님은 이렇게 외쳤지요. "귀 있는 자는 와서 들어라!" 이 말은 부처님 당신은 가만히 앉아 있고 사람들이 와서 들어야 한다는 오만의 극치라고 생각할 수도 있습니다만 본 뜻은 '번뇌에서 벗어나는 깨달음을 얻고자 하는 사람은 나의 가르침을 들어보라'는 것이지요. 이는 한 사람이라도 더 깨닫게 하기 위해 사방을 돌아다니고 불가촉천민에서 바라문까지 계급의 구별 없이 제자로 받아들인 부처님의 생애를 볼 때 틀림없는 해석입니다.

2

가치 있는 것
우리집 경제 사정이 어려워졌어.
우리도 마찬가질세.
뭐든 도움이 될 만한 것을 찾아보자구.
여기 칡뿌리가 많이 있는데?
이거라도 가져가야 되겠군.
어?
여기 더 쓸 만한 것이 있는데
이걸 가지고 가세.
난 그냥 이걸 가져가겠어.
더 좋은 것이 있는데 자네도 이걸 가져가지 그래?
자네나 많이 가져가게. 난 됐네!
거참, 왜 쓸데없는 고집을 부릴까?

랄라라..
이걸 가져가면 부자가 되겠다!
뭐하는 거야? 어서 이걸 가지고 가야지!
우와
여기까지 짊어지고 왔는데 버리기 아깝잖아.
그렇다고 그런 쓸모없는 것을 계속 가지고 갈 거야?
단단히 묶어서 풀기도 귀찮아.
집으로 돌아온 두 사람…
잘했다. 잘했어!
경사났네.
어이구! 한심한 녀석.
너나 많이 먹어라! 이놈아!
배고파.
가치있는 것을 보고도 외면해버리면 결국 요롷게 된답니다.
귀찮아.

싯다르타가 태어나기 전 인도의 여러 나라들은 기본적으로 농업을 중시하고 있었지만 상업 역시 빠른 속도로 발전하고 있었습니다. 그래서 강대국인 마가다국이나 코살라국의 수도에는 여러 나라에서 온 상인들로 넘쳐나고 있었지요.

이렇게 장사나 무역을 통해 많은 돈을 번 상인들은 사회적으로 일정한 지위와 힘을 가지게 되었지만 바이샤 계급으로 신분이 낮아 자신들보다 신분이 높은 바라문이나 크샤트리아 계급으로부터 업신여김을 당하는 것은 여전했습니다. 그래서 이들은 바라문교와 계급제도의 속박으로부터 자신들을 구해 줄 구세주를 갈망하게 되었는데 여기에 부응할 수 있는 사람들이 바로 사문들이었습니다. 당시 많은 사문들이 활약하고 있었는데 이들은 바라문교의 가르침과는 다른 독자적인 사상체계를 만들면서 바라문교와 대립하고 있었지요. 이렇게 공동의 적을 둔 사문과 상인은 급속히 가까워졌습니다.

장자와 사문 그리고 부처

상인들은 사문에게 거처와 음식을 제공했고 사문들은 상인들에게 자신들이 성취한 가르침을 제공하는 일종의 '신성동맹'이 자연스럽게 맺어지게 되었습니다.

그러던 어느 날 스스로를 모든 것을 아는 일체지자(一切智者)인 '부처'라고 부르는 사람이 나타났는데, 사문들은 물론이고 바라문들도 그를 이기지 못했을 뿐만 아니라 앞다투어 그의 제자가 되기도 했습니다. 그가 바로 부처님이지요. 부처님은 '평등'을 외치며 종교의 세계에서나마 사성계급의 족쇄를 풀어 주려 했는데 이에 장자들은 쌍수를 들고 그들의 구세주를 환영했으며, 부처님의 신도가 되어 거처와 음식을 제공하는 것을 큰 기쁨으로 여기게 되었지요. 경제적인 힘이 있는 장자들의 도움은 불교가 빠른 시간 안에 자리를 잡고 성장하는 데 큰 도움이 되었으며, 사문들 역시 부처님의 제자가 되어 교단의 중심세력으로 활동했습니다.

깨달음을 위하여

한 번 시험해볼까?
핑

흠!…
벌써 몇 년째
내려갈 생각도
않는군.
깨달음을 얻을
수만 있다면…

이 세상
모든 일은 덧없으니
그것은 태어나고
죽는 법이라네…

그렇지!
바로 그거야!

당신이 하신
말씀입니까?
그렇다.

제발 나머지도
마저 들려 주세요.
배가 고파서
말할 기운도
없다.

말씀만 하세요.
뭐든 구해드리겠습니다.
정말이나?
난 입맛이 특별한데.

내가 좋아하는 음식은 사람의 '살과 피' 다!
헉!

좋습니다! 내 몸을 드릴테니 나머지 말씀을 들려 주시오!

말 한 마디와 목숨을 바꾸겠다고?
너 지금 제정신이냐?

깨달음을 위해서라면 아깝지 않습니다!

오케이, 잘 들어라!
생사의 갈등이 사라지고 나면 모든 것은 열반의 기쁨이어라.

그렇구나.
이제 알았다!

드디어 깨달았다!
하 하 하

약속대로 내 몸을 가져가시오.
휙

합격!
슈웅

열둘

수십 명에서 수천 명까지 집단으로 부처님의 제자가 되거나 불교신자가 되는 경우가 많아 불교교단은 당시의 신흥종교들 중에서 가장 빠르게 안정적인 교단을 가질 수 있었습니다. 하지만 교단이 완벽한 형태를 갖춘 것은 부처님의 계모이자 이모인 마하프라자파티 등이 출가하여 여자수행자인 비구니(bhikṣuṇī) 가 되고 난 뒤부터입니다.

부처님은 시자(侍子 : 지금의 비서)인 아난다의 거듭된 간청에도 불구하고 애욕이 많은 여자는 수행을 하기가 어렵다면서 완강하게 여자 제자를 받아들이지 않았습니다. 그 때도 여성해방론자들이 있었다면 벌떼처럼 들고 일어나지 않았을까요? 이렇게 허락을 하지 않다가 결국은 남자수행자인 비구(bhikṣu)들보다 더 많은 계를 지켜야 한다는 조건으로 여자의 출가를 허락했습니다.

부처님의 여성차별이 웬 말인가?

자신의 교단 안에서는 엄격한 신분제도인 카스트제도를 타파하면서까지 평등을 실천했던 부처님이 왜 여자에게는 차별대우를 했을까요?

그 이유를 알기 위해서는 우선 실화를 소재로 한 〈밴디드 퀸〉이라는 영화를 볼 필요가 있습니다. 어린 나이에 민며느리로 팔려가서 학대받다가 결국은 도적이 되어 세상을 놀라게 한 풀란 데비는 불가촉천민 출신이기는 하지만 대부분의 인도여성들이 이런 삶을 살고 있다는 것입니다. 지금도 이런데 부처님 당시는 말할 필요가 없겠지요. 그러니 지독한 남존여비시대에 여성이 사람들의 존경을 받는 수행자가 된다면 여러 가지 문제가 발생할 수 있었던 것입니다. 이런 우여곡절 끝에 비구니가 탄생하자 불교교단은 비구, 비구니, 우바새(upāsaka : 남자신도), 우바이(upāsikā : 여자신도), 즉 사부대중(四部大衆)으로 완성된 형태를 가지게 된 것입니다.

독사

부처님과 아난 성자가
아침운동을 하고 있었습니다.
내보다
잘 달리네…

저기, 논두렁 덤불 속에
독사가 숨어 있구나.
정말 무섭고
큰 독사가
있습니다요.

뭔 소리여?

요놈의 독사
잡아서 뱀탕을
만들어
버려야지!

오잉?
이게 웬 거야!

이런 게 바로
복권 당첨 아니겠어?

내 팔자가
피려나 보다~
불행 끝 행복 시작!

가난한 농사꾼이었는데
돈을 뿌리고 다닙니다요.
냄새가 나는데?

바른 대로 말해라!
너, 그 돈 훔쳤지?

아닙니다요.
억울합니다~

그럴 줄 알았다.

자백할 때까지
곤장 맛 좀
보여 줘라!

아이고!

철썩

철썩

아이고!

독사로구나…!
정말 무서운 독사다!

흑 흑 흑…

무슨 말이냐?

法

사실은
이러저러
해서…

…이렇게
된 겁니다요.

휴~ 황금에
눈이 멀어 신세
망칠 뻔 했다.

엉덩이가
아직도 쑤시네.

독사가 또 나왔다아~

경 전을 보면 부처님의 직접적인 가르침을 받은 사람들은 대부분 아라한(阿羅漢)의 지위에 오릅니다. 아라한의 원어는 'Arhan'인데 이는 '더 이상 배울 것이 없는 사람'이라는 뜻입니다. 더 이상 배울 것이 없다고? 그렇다면 당연히 '부처와 아라한의 차이는 무엇인가?' 하는 의문이 생겨나지요.

부처의 원어는 'Buddha'인데 그 의미는 '깨달은 사람', 혹은 '훤히 아는 사람'입니다. 말의 의미만으로 본다면 '더 이상 배울 것이 없는 사람'이 '깨달은 사람'이나 '훤히 아는 사람'보다 더 고수인 것이지요. 그래서인지 아라한이란 말도 원래는 부처라는 말과 같은 뜻으로 사용되었다고 합니다. 차이점이라고 하면 '붓다(Buddha)'라는 말에는 '구세주'나 '해방자'라는 사회적인 의미가 있다는 것입니다. 당시 인도 사람들은 자신들을 고통에서 구해 줄 사람이 세상에 출현할 것이라는 기대감을 가지고 있었는데, 그 사람이 바로 붓다였던 것이지요.

부처와 아라한의 차이는?

그런데 어느 날 스스로를 붓다라고 칭하는 사람이 나타났고, 그의 가르침을 받은 사람들은 그가 진실로 붓다라는 것을 인정했습니다 (물론 바라문들이나 다른 신흥종교 종사자나 사상가들은 '붓다' 라는 존칭 대신에 '사문 고타마' 라는 평범한 호칭으로 불렀지요). 붓다는 자신의 가르침을 완벽하게 이해한 제자들에게 아라한이 되었음을 말해 줍니다. 이렇게 해서 많은 제자들이 아라한의 지위에 오르게 되자 잠복해 있던 호칭의 문제가 불거졌지요. 제자들이 생각해보니 아라한과 부처가 같은 말이라면 자신들 모두 스승과 같은 부처라는 말인데 이는 불경스러운 것이라는 결론에 이르렀습니다. 그리고 아라한이란 말에는 '해방자' 나 '구세주' 라는 사회적인 의미도 없기 때문에 붓다는 오로지 고타마 붓다 한 사람이고 아라한은 붓다의 제자들이 도달할 수 있는 최고의 지위로 결정된 것입니다.

마음의 눈
내가 죽거든 왕자에게 왕위를…
그럼 안녕….
앞 못 보는 왕자가 왕이 되게 생겼어!
큰일이다!
자기 코앞도 분간하지 못하면서 어떻게 나라를 다스리겠어?
이민 가버릴까?
가난한 사람을 위한 국민주택 단지를 건설하겠다!
돈이 많이 필요하겠는데요.
절반은 국고에서 충당하고 나머지는 당신들처럼 세금 안 내고 몰래 돈 숨겨놓은
부자들 주머니를 털 생각이오!
꼼짝없이 다 털리게 생겼네.
앞 못 보는 왕자한테 당하다니!
복수해야 해!

공사 책임자를 데려왔습니다.

킥킥
쿡쿡
뭐든 분부 하시지요.

나는 비록 눈은 보이지 않지만
마음의 눈으로 세상을 더 정확히 보고 있소!

사람의 옷을 입는다고 해서 원숭이가 어떻게 사람의 일을 하겠소!

더 이상 나를 속이려 하지 마시오.

전하… 죽을 죄를 지었습니다요. 한 번만 용서를….
마음의 눈으로 보는 사람은 속일 수 없답니다.

열넷

십대제자(十代弟子)하면 〈소림사 십대제자〉라는 영화가 생각나지요? 그런데 그 원조는 바로 '부처님의 십대제자' 입니다. 부처님에게는 천하에 명성을 날리는 열 명의 제자가 있었는데 지혜제일 사리불(舍利弗), 신통제일 목련(目連), 수행제일 마하가섭(摩訶迦葉), 해공제일 수보리(須菩提), 설법제일 부루나(富樓那), 논의제일 가전연(迦旃延), 천안제일 아나율(阿那律), 지계제일 우팔리(優婆離), 밀행제일 라훌라(羅睺羅), 다문제일 아난다(阿難陀)가 그들입니다.

사리불(Śāriputra)과 목건련(Maudgalyāyana)은 절친한 친구로 함께 출가해 부처님의 제자가 됩니다. 제자들 중에 가장 뛰어나 교단의 기둥이었던 두 사람은 애석하게도 부처님보다 먼저 입적(入寂 : 고승의 죽음)했습니다.

그러자 생사의 번뇌를 초월한 부처님조차도 그들의 죽음을 슬퍼했지요. 마하가섭(Mahākāś-yapa)은 대부호의 아들로 어린 나이에 결혼했지만 부모가 갑자기 죽자 아내와 함께 사문이 되었는데 후에 부처님을 만나 제자가 됩니다. 그는 부처님의 뜻에 따라 2대 교주가 되었는데, 500명의 아라한을 모아 경(經)과 율(律)을 암송케 하고 각각 아난다와 우팔리로 하여금 확인케 하는 제1차 결집(結集)으로 부처님의 가르침을 정리하는 큰 공을 세웠지요.

수보리(Subhūti)는 바라문 가문의 아들로 성질이 매우 사나웠는데 부처님의 제자가 된 다음에 나쁜 성질을 버렸다고 합니다. 공(空)의 이치를 해설하는 데 가장 뛰어나서인지 수보리는 《금강경(金剛經)》에서 공의 이치를 설명하는 부처님의 파트너로 등장하기도 하지요.

바쁘다… 바 빠!
서둘러라! 서둘러!
게으름 피우지 말고 빨리빨리 움직여!
달달 볶는군.
지독한 노인네 같으니라구.
와~ 굉장히 크고 화려한 집이군요.
사랑채에서는 손님을 맞이하고
별채에서는 내가 살고
여기서는 자식들이 살고
저기는 하인들…
창고는 여기, 화장실은 수세식 입니다.
여름에는 시원한 에어컨, 겨울에는 따뜻한 보일러도 있습니다.
좋으시겠습니다.

삶과 죽음에 관련된
중요한 말씀을 드리고 싶은데 잠시 저와 이야기 좀 나누실까요?
빨리빨리 하란 말야!
바쁘다, 바빠.
지금은 너무 바빠서 한가하게 이야기할 시간이 없습니다.
다음에 듣겠습니다.
가셨던 일은 어찌 됐습니까?
바쁘다고 하면서 일꾼들을 재촉해서 서둘러 일하다가…
와르르…
인생의 참 의미도 모른 채 죽고 말았다.
바쁘다, 바빠.
쯧쯧

열다섯

바 라문 계급인 부루나(Pūrṇa)는 어찌나 총명한지 스스로 일체의 지혜를 얻었다고 자랑했으나 부처님의 제자가 된 다음에는 오로지 불법을 전하는 데 앞장섰습니다. 설법솜씨가 얼마나 뛰어났던지 입적할 때까지 무려 99,000명을 교화시켰다고 하니 놀라운 일이지요. 가전연(kātyāyana)은 아반티국의 크샤트리아 출신인데 국왕의 명령으로 부처님을 모시러 갔다가 설법을 듣고는 부처님의 제자가 되었습니다.

그는 특히 진리를 논하는 데 있어서 탁월한 재능을 보였는데 생명의 위험을 무릅쓰고 변방의 야만족에게까지 불교를 전하였지요. 아나율(Aniruddha)은 부처님과 같은 석가족 사람인데 부처님이 고향에 돌아왔을 때 설법을 듣고 출가했습니다. 설법시간에 졸다가 부처님께 꾸지람을 들은 아나율은 잠을 자지 않고 공부하다가 눈이 멀고 말았는데 대신에 마음의 눈이 열려 진리에 대한 깊은 통찰력을 가지게 되었지요.

　우팔리(Upāli)는 카필라국 왕실의 이발사였는데 부처님에게 출가하는 왕자들의 머리를 깎아 주다가 자신도 출가했다고 합니다. 계율에 대해 해박한 지식을 가지고 있었으며 스스로 엄격하게 계율을 지켰기 때문에 널리 존경을 받았지요. 부처님의 아들인 라훌라(Rāhula)는 고향에 돌아온 부처님에 의해 강제로 출가하게 되었습니다. 아버지 빽을 믿고 거짓말로 사람들을 골탕먹이다가 부처님에게 불려가 크게 혼난 다음에는 수행에 힘써 아라한이 되었고, 남이 보나 안 보나 행동거지를 반듯하게 하여 사람들의 신망을 얻었습니다. 아난다(Ānanda)는 부처님의 사촌동생으로 비상한 기억력을 가지고 있었는데 출가한 후에 계속 부처님을 모시고 다녔지만 부처님 생전에는 아라한이 되지 못했습니다. 1차 결집 때 자격미달로 참석하지 못할 뻔했는데 마하가섭의 배려로 용맹정진을 한 결과 아라한이 되어 겨우 결집에 참석할 수 있었지요. 우리가 오늘날 보는 아함경은 거의 대부분이 그의 감수를 받은 것입니다.

자신을다루는사람
IQ 180!
완벽한 외국어 실력
헬로~
사요나라!
띵호!
···
···
····
한 번만 보면 뭐든지
기억해서 해내는 천재!
바로 나야!
모르는 것이
없으니
재미없어.
하~품
새로운 것을
배워야지!
?
이렇게 해서
요롷게
만들면…
오, 예!
이걸 배워야
되겠다!
며칠 배우더니…
파하하하
별거 아니네!
뱃사공을 보면 노 젓는 것을
배우고
안녕하셔?
뚝 쿵!
건축기술도 순식간에
배워버렸다.
형님

자만심이 하늘을 찌르는구려…
메이야?
수
너… 너는 뭐하는 놈이냐!
나는 나 자신을 다루는 사람이오.
수퍼맨!
변신~
휘리릭
활 만드는 사람은 활을 다루고
뱃사공은 배를 다룬다.
목수는 나무를 다루고
지혜로운 사람은 자신을 다룬다.
오오~
교만한 마음 버리고 흔들림 없는 진리를 배우자!

열여섯

부처님의 45년 가르침을 요약하기는 힘듭니다. 하지만 굳이 대표적인 몇 가지 주제로 함축해 보면 중도(中道), 삼법인(三法印), 사성제(四聖諦), 팔정도(八正道), 십이연기(十二緣起) 등이지요. 중도는 향락과 고행 등의 대립하는 양극단을 버리고 가는 제3의 길을 말한 것으로 중도의 실천방법으로 제시한 것이 바로 팔정도입니다. 부처님이 제시한 여덟 가지 바른 길은 ①정견(正見 : 바른 견해) ②정사(正思/正思惟 : 바른 생각) ③정어(正語 : 바른 말) ④정업(正業 : 바른 행동) ⑤정명(正命 : 바른 생활) ⑥정근(正勤/正精進 : 바른 수행) ⑦정념(正念 : 바른 기억) ⑧정정(正定 : 바른 명상)이지요.

삼법인은 불변하는 세 가지 진리인데 이는 ①제법무아(諸法無我 : 모든 존재에 있어 '영원한 나'는 없다.) ②제행무상(諸行無常 : 모든 행위는 덧없다.) ③일체개고(一切皆苦 : ①과 ②를 깨닫지 못하니 결국 괴로움을 느낄 수 밖에 없다)입니다.

여기에 제법무아와 제행무상의 진리를 깨달아 번뇌의 불길이 꺼지고 해탈의 경지에 들어간 열반적정(涅槃寂靜)을 더해 사법인이라고도 하지요.

사성제는 네 가지 성스러운 진리인데 이는 ①고제(苦諦 : 인생은 괴로움의 연속이다.) ②집제(集諦 : 괴로움의 원인은 집착이다.) ③멸제(滅諦 : 집착을 없애 괴로움이 없는 열반을 얻어야 한다.) ④도제(道諦 : 열반에 이르는 길은 팔정도에 있다.)입니다.

십이연기는 존재의 생성과 소멸의 관계를 보여 주는 것으로 ①무명(無明) → ②행(行) → ③식(識) → ④명색(名色) → ⑤육처(六處) → ⑥촉(觸) → ⑦수(受) → ⑧애(愛) → ⑨취(取) → ⑩유(有) → ⑪생(生) → ⑫노사(老死)입니다. 무명을 없애면 이 고리는 사라지지요. 이런 교설에서 알 수 있듯이 부처님의 가르침은 '원인과 결과에 대한 설명', '옳지 않은 원인을 없애는 방법'에 대한 것입니다.

작은 욕심

짚신 팔아서 두 냥 벌었다.
쌀도 사고 반찬거리도 사야지.

어라, 누가 이런 걸 떨어뜨렸을까?

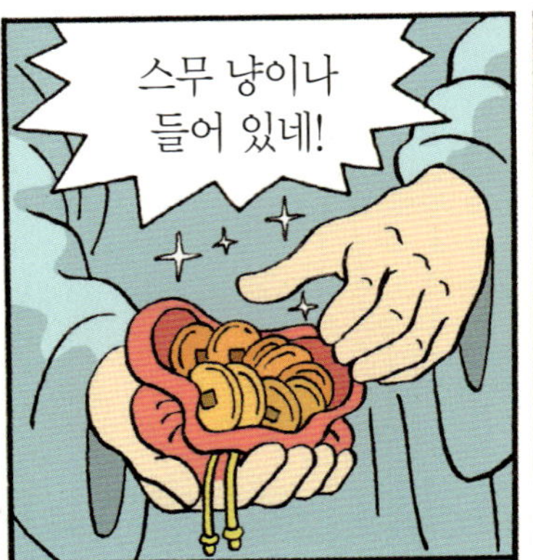

스무 냥이나 들어 있네!

일단, 내 돈도 함께 넣어두고
주인을 찾아 주자.

허둥 지둥
어디다 떨어뜨렸지…

뭘 찾습니까?
소 판 돈 스무 냥을 잃어버렸어요.

에 분명 스무 냥이 들어 있었습니까?
그렇다니까요!
큰일났네… 이걸 어디서 찾지.

하‥하‥
내가 주웠소이다.
껄껄

내 돈 두 냥을 빼고…
당신이 찾던 스무 냥이오.

내가 착각을 했네!
그것도 주세요.
잃어버린 돈은 스물두 냥입니다
이건 내가 짚신 판 돈인데…

흠… 그렇단 말이지?

판결을 내리겠다!

이 돈은 모두 스님이 가져가시오!
너는 스물두 냥이 들어 있는 다른 주머니를 찾아 보아라!
땅
땅
땅
헉

면목없습니다요.
그러게 왜 쓸데없는 욕심을 부렸소?

식구들이 기다릴 테니 어서 집으로 가보시오.
옛소!

고맙습니다… 스님.
날씨 조오타~

열일곱

요즘 '눈높이 학습법'이란 것이 유행입니다. 학생의 수준에 맞추어 가르친다는 것이지요. 더하기, 빼기, 나누기, 곱하기를 모르는 학생에게 이 사칙연산을 응용한 방정식을 가르쳐봐야 '소귀에 경 읽기'입니다. 사실 지금 우리 학교에는 여러 수준의 학생들이 섞여 있는데 선생님은 상위 3% 학생들에게 맞추어 가르치고 있으니 수업이 제대로 될 리가 없지요. 그러니 약간의 부작용을 감수하더라도 수준별로 반 편성을 해서 가르치는 것이 옳은 방법이라는 것은 대부분의 사람들이 알고 있습니다. 하지만 눈 높이 학습의 원조가 부처님이란 사실은 모를 것입니다.

부처님은 설법을 하실 때나 제자로 삼으실 때 상대방의 계급이나 직업, 그 지위의 높고 낮음을 가리지 않았습니다. 그래서 부처님의 출가제자 중에는 똥 치우는 직업을 가진 불가촉천민에서부터 이발사, 농부, 어부, 상인, 바라문, 왕자 등등 여러 부류의 사람들이 있었습니다.

눈높이 학습의 원조는 부처님

당연히 제자들마다 수준이 다를 수밖에 없는데 부처님은 이들의 수준에 맞게 가르쳤습니다. 사리불이나 목련, 마하가섭, 수보리, 부루나처럼 최고 수준의 제자들에게는 바로 최상급의 가르침을 주고, 교진여를 비롯한 최초의 다섯 제자들처럼 중간 수준의 제자들에게는 비유를 수반한 중급의 가르침을 주고, 바보 주리반특처럼 낮은 수준의 제자들에게는 청소와 같은 알맞은 가르침을 주었지요.

이를 대기설법(對機說法)이라고 하는데, 가르치는 방법은 달랐지만 그 목표는 중도(中道), 삼법인(三法印), 사성제(四聖諦), 팔정도(八正道), 십이연기(十二緣起)를 깨닫게 하는 것이었습니다. 그 결과 지적 수준이 다른 많은 사람들이 모두 아라한이라는 성인(聖人)이 될 수 있었던 것입니다. 이런 스승을 둔 당시의 제자들은 정말 행복했을 것입니다. 선생님들, 학생들을 가르치기 전에 먼저 부처님의 교육법을 한 번 배워 보는 것이 어떨까요?

정곡쩌르기?
두목님~
저기 한 녀석이
오고 있습니다요.

딱 걸렸다!
돈 푼 깨나
있어 보인다.

가진 돈 몽땅
내놔라!
안 그러면
국물도 없다.

어리석은
중생들 같으니…

머시라?!
손 좀 봐줘랏!

빠샤!

흐윽!
헉!
똥꼬
째졌다!

우쒸~^^^
누가 찔렀어!
어떻게 된 거야!

한 번 더 빠샤!

홉!
까오!
커헉!

제… 제발 그만!
잘못했습니다요.
용서해 주세요.

너희들은
욕심과
어리석음으로
살생을
예사롭게
하고 있다.

어리석은 탐욕을 버리고
참된 공덕을 쌓도록
하여라.
안 그러면
알지? 빠샤!
그, 그것만은
제발…

어린이는
따라 하지
마세요.
애들아~
공덕 쌓으러 가자.

열여덟

"애너 어디서 태어났니?" "응, 순풍산부인과병원 분만실이야. 넌?" "난 대박산부인과병원 분만실!" 이처럼 요즘 아이들의 출생지는 대부분 병원입니다. 편리해서 좋긴 합니다만 집에서 태어났던 예전에 비하면 정서적인 풍부함은 거의 없다고 봐야지요. 그런데 부처님의 출생지는 어디일까요? 그곳은 집도 병원도 아닌 룸비니 동산에 있는 길가입니다. 어머니인 마야 부인이 친정으로 가는 길에 룸비니 동산에서 쉬다가 해산을 했으니까요.

이처럼 길에서 태어난 부처님은 29세에 출가한 뒤로는 평생을 길에서 보내게 됩니다. 물론 기원정사니 죽림정사니 하는 요즘의 절에 해당하는 건물이 있었지만 비가 집중적으로 내리는 우기 때나 사용했지 생애의 대부분을 진리를 전하기 위해 길을 가면서 보냈습니다.

므리가다바아, 바라나시, 슈라바스티, 라자그리하, 라즈기르, 바이샬리, 사르나트, 상카시아, 산치 등이 그 길위의 도시들입니다.

길에서 와서
길을 가르치다가
길에서 가다

보드가야에서 시작된 전도여행(傳道旅行)은 갠지스 강변의 주요 도시들을 45년 동안 돌아다니는 것이었죠. 현재의 인도 북부지방에 해당하는 이 지역의 면적은 한반도의 3배에 이르는 광활한 넓이입니다.

코살라국의 수도인 슈라바스티(사위성)나 마가다국의 수도인 라자그리하(왕사성)는 특히 자주 들르고 오래 머물기도 한 곳인데 여기에는 기원정사와 죽림정사라고 하는 큰절이 있었기 때문이었습니다. 경전을 보면 부처님은 대개 천 명 전후의 제자들과 같이 이동하는 경우가 많았는데 큰절이 있을 경우 편리하게 이용할 수 있었을 것입니다. 하지만 부처님도 제자들과 똑같이 걸식을 하여 식사를 해결했으며 일곱 집을 돌았는데도 밥을 빌지 못하면 굶는 등 스스로 특별한 대우를 멀리했습니다. 이렇게 길 위에서 길을 가르치다가 쿠시나가르에서 쌍으로 서 있는 사라나무 아래서 열반에 드니 역시 길 위에서 그 위대한 생을 마감한 것입니다.

하루
개인적인 얘기를
잠시 해볼까?

집안이 가난해서
열한 살 때부터
짚신을 팔아
한푼 두푼 모으기
시작했지.
나이키 짚신
사세요~

그렇게 해서 이십 년만에
장사 밑천을 마련하게 되었는데…

어이구 힘들어!
잠시 쉬어가자.

휴!
이렇게 땀흘리고
고생해가면서 돈을
모아 대체 뭘하지?

죽고나면
아무 소용
없는 것을
…
부처님도
부귀영화를 내던지고
온갖 고생을 하면서
깨달음을 얻으셨다는데

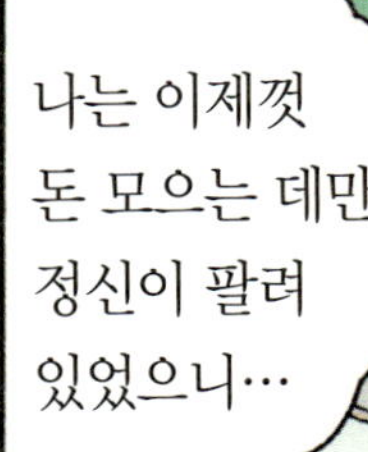

나는 이제껏
돈 모으는 데만
정신이 팔려
있었으니…

에라!

그 길로 금강산으로 들어가 머리를 깎고…
깨달음을 얻는 것에 모든 정성을 바쳤지.
먹고 자는 것도 잊은 채 정진한 결과 모든 욕망에서 자유로워질 수 있었느니라.
너희도 성실하게 정진하여 성불하여라.
예~
아차! 그리고…
오늘이 이승에서의 내 마지막 날이다.
그럼, 잘들 있거라. 바이 바이~
선사님!
희연 선사님 이야기입니다.
껄
껄
껄

"**부**처님도 똥오줌을 누셨나?" 부처님을 신이거나 신에 가까운 존재로 여기는 사람들은 불경스럽다고 하겠지만 부처님은 '진리를 깨달은 사람'이지 결코 신이거나 신적인 존재가 아닙니다. 고타마 싯다르타 부처님은 80평생을 육신을 가진 한 인간으로 살다가 간 것입니다.

그럼 그분의 인간적인 면모를 한 번 살펴볼까요? 우선 부처님도 밥 먹고, 잠자고, 대소변을 보았다는 것입니다. 제자들과 똑같이 정해진 시간에 밥을 빌러 성 안으로 들어갔으며 밥을 빌지 못했을 때는 많이 빌어 온 제자들의 음식을 나누어 먹기도 했습니다. 그리고 그들과 같이 기원정사나 죽림정사에 기거하면서 정해진 일과표를 어기지 않았고 자신이 정한 계율 역시 솔선수범해서 지켰지요. 부처님은 명상에 들어 있는 시간이 많았으므로 잠은 제자들보다 덜 잤습니다만 일상생활은 그들과 똑같았습니다.

인간적인,
너무나 인간적인!

당시에는 대변을 본 다음에 물로 뒤처리를 했는데 부처님 역시 자신의 손으로 직접 처리를 하셨습니다. 요즘 말로 표현하자면 수세식 비데인 셈인데 이렇게 물로 뒤처리를 하는 편이 휴지를 사용하는 것보다 훨씬 위생적일 뿐만 아니라 종이를 만드는 원료인 나무를 지킬 수도 있지요. 인도에는 호텔에서조차 지금도 휴지 없이 수도꼭지만 있는 호텔이 대부분이라고 합니다.

코살라국이 조국인 카필라국을 침공하려고 할 때 두 번이나 길가의 고목 아래서 땡볕을 받으며 "친족이 없는 것은 그늘 없는 나무와 같은 법이오." 하고 젊은 왕을 설득해 돌려보냈지만 결국은 막지 못하자 크게 슬퍼하기도 했지요. 명상을 통한 수행으로 단련된 부처님도 나이가 들자 병에 걸려 시달린 적이 많았는데 너무 아파 아난다에게 고통을 호소한 적도 있었습니다. 제자들이나 방문객들을 위해 매일 수많은 말을 했으니 에너지의 고갈이 극심했기 때문이었지요.

형제

똑똑한 형과 미련하기로 유명한 동생이 있었는데…

이런 밥통!

몇 번씩 설명했는데 아직도 몰라?

그래 가지고 어떻게 깨달음을 얻을 수 있겠냐!

집에 가서 부모님 일이나 도와드려라!

집에 가봐야 구박만 받을 텐데.

훌쩍

무슨 일로 울고 있느냐?

엉 엉 엉 엉…

제 자신이 너무도 미련하고 어리석어 서러워서 울고 있어요.

자기가 어리석다는 것을 아는 사람은 오히려 현명한 사람이니라.

먼지를 털고 때를 없애자

이 정도는 외울 수 있겠지?

먼지를 털고…
때를 없애자.
더러운 마음을 쓸어 내고
때묻은 마음을 닦아 낸다.
알 았 다!
깨 달 았 어!
나는 이렇게 깨달았다
……
……
어? 저건 내 동생 이잖아!
형, 진리를 깨닫는 것은
머리로 외우는 것이 아니라…
작은 일이라도 몸으로 실천 하는 거야.
헛둘!
헛둘!

스물

“**나** 보다는 너희들 스스로와 진리에 의지하라!” 임종을 앞둔 부처님이 제자들에게 남긴 유언의 한 구절입니다. 그 동안 자신에게 의지했던 제자들에게 남기는 마지막 말치고는 너무 매정하다고 할 수 있지만 사실 이 말에는 제자들을 사랑하는 부처님의 심정이 잘 나타나 있습니다.

어떤 한 사람이 깨달음을 얻는다는 것은 스스로의 노력에 의한 것이지 물건을 받듯이 다른 사람에게 받아서가 아닙니다. 그렇기 때문에 아난다처럼 수십 년 동안 바로 옆에서 부처님을 모시면서 들은 수많은 가르침을 기억하고 있는 사람도 깨달음을 얻지 못하는가 하면 주리반특처럼 청소밖에 할 수 없는 바보도 ‘마음의 때를 벗겨야 한다’ 는 것을 깨닫고 성인의 지위에 오를 수 있었던 것입니다. 그러니 곧 사라져 보이지 않을 부처님보다는 계속해서 살아 숨쉬는 제자들 스스로에 의지하는 것이 올바른 선택인 것이지요.

스스로와 진리에 의지하라!

그리고 또 하나의 올바른 선택은 자신이 벗어날 수 없는 진리에 의지하는 것입니다. 세상은 끊임없이 변하고 있는데 어떤 존재도 변하지 않는 것은 없습니다. 천문학과 물리학의 발달로 심지어는 모든 존재를 담고 있는 우주조차도 시시각각으로 변해가고 있다는 것이 밝혀졌지요. 그리고 어떤 존재도 다른 존재와 영향을 주고받지 않는 것이 없습니다. 모든 존재는 크고 작은 영향을 서로 주고받으며 살아가고 있는 것이지요.

부처님의 가르침 역시 이런 진리에 대한 것입니다. 그래서 제자들이 자신의 사후에도 낙담이나 실망을 하지 말고 열심히 정진해서 '모든 존재는 서로 영향을 주고받으며 쉼 없이 변하고 있다'는 진리를 깨닫고 이 진리에 입각해서 살아가기를 바란 것입니다. 이렇게 진정으로 제자들을 아끼는 마음이 없었다면 임종의 순간에서조차 자신을 깎아내리는 그런 발언은 할 수가 없는 것이지요.

3

오해
귀찮은 심부름은 나한테만 시키고…
투덜..
투덜..
저기요~
어디까지 가는 길이세요?
비사리 성까지 가는데요.
저도 거기까지 가는 길인데 함께 가실래요?
좋습니다. 제가 보디가드 해 드리지요!
미녀와 함께 걷는 기분…
히히…
한편…
다녀왔습니다~
집사람은 어디 갔어요?
내가 잔소리 좀 했다고 삐쳐서 나갔다.
예?
분명, 비사리 성에 있는 친정으로 갔을 거야!
여보야~ 기다려!
부르릉

저놈이 감히!
내 아내를…
하하…
호호…

끼이익
남의 아내를 꼬셔서
도망치려구?

나쁜 놈
맞아봐라!
퍼벅
아이고~
웬 날벼락
이냐!

여보, 오해예욧!
급한 성질 좀
고치란 말예욧!

사실은
이러저러해서
…요렇게
된거라구요!
어, 그래?

미안… 쏘리~
미안하다면
다야?
쇠망치로
맞은 것 같다…

그러길래
오해받을 만한 일은
하지 말았어야지.
잉~
밤탱이 됐어…

스물하나

　　"내가 죽거든 화장해서…." 요즘 사회 지도층 가운에 이런 유언을 하는 사람들이 늘고 있다고 합니다. 대부분이 시신을 땅에 묻는 매장을 하다보니 전 국토의 묘지화가 진행되고 있어 면적을 적게 차지하는 화장에 모범을 보인다는 뜻이지요.

　　그런데 화장이라는 장법은 어디서 왔을까요? 부처님의 장례는 다비로 치러졌습니다. 다비의 인도 말인 쟈페티(jhāpeti)는 기본적으로 '태우다'라는 뜻이니 다비로 하는 장례는 화장을 말하는 것이지요. 인도에서는 부처님 이전부터 다비로 장례를 치르는 것이 일반적인 풍습이었는데 지금도 마찬가지입니다. 일 년에 몇 번씩 TV에서 방영되는 인도인의 마을 풍습을 보면 다비하는 장면이 나오곤 하지요. 또 갠지스 강변에서 유골을 장작더미 위에 얹고는 다비하는 모습이 매일 보인다고 합니다.

부처님은
화장되었다?

이는 성스러운 갠지스 강 옆에서 다비되어 즉시 강물에 뿌려지기를 원하는 사람들 때문이라고 합니다. 그런데 부처님의 다비는 좀 특별했는데 부처님은 자신의 장례방법을 묻는 아난다에게 이렇게 말했습니다.

"우선 향탕(香湯)으로 몸을 깨끗이 씻어 새 무명 천으로 500겹을 감고, 금관에 넣은 후 삼씨 기름을 부어라. 그리고는 금관을 쇠 곽에 넣은 다음 전단향나무 곽에 다시 넣고는 온갖 향을 쌓아 그 위를 두툼하게 덮은 뒤 태워라. 이렇게 다비를 마치면 사리를 수습해서 네거리에 탑묘를 세우고 탑 표면에 비단을 걸어라. 이는 사람들로 하여금 법왕(法王)의 탑을 보고 바른 가르침을 생각하게 하는 이익을 얻게 하기 위한 것이다."

육신의 덧없음을 누누이 강조한 부처님이 호사스런 다비를 요구한 것도 결국 남은 사람들에게 깨달음의 길을 열어 주기 위한 것이지요.

원수

아옹~
잘잤다.

왕
전용

시녀들은 다
어디로 간 거야?

부처님께서…

어쩌구, 저쩌구…

하하

호호

뭐야? 저 녀석은

여봐라~
그대는 깨달음을
얻었는가?

아직 얻지
못했습니다.

그럼, 부정관은
얻었느냐?

그것도
아직…

아무것도 얻지
못한 주제에!

건방지게
어디서
설법이야!

또 시작이야
저 심술…

나보다
잘생긴
녀석들은
기분 나빠!

픽

픽

에고고…

우쒸! 자기가 왕이면 다야?
죄 없는 나를 이렇게 때리다니. 두고보자!
아이고 아파…
절 뚝
절 뚝
어디 가려고?
억울하게 맞아서 원수를 갚으려고 합니다.
그것 말고도 많은 원수가 있을 텐데?
굶주림과 목마름
더위와 추위
생로병사 등등…
수많은 원수들 중에 어째서
의 원수만 갚으려고 하는가?
그게, 저…
원수를 없애려거든 먼저 네 마음 속의 번뇌부터 없애거라.
이 세상의 원수는 아무리 나쁘다고 해도 몸 하나만 해치지만 번뇌라는 원수는 깨끗한 마음까지 해치느니라.
원수가 생기는 근본적인 원인은…
바로 '번뇌에 있다' 는 말씀이죠?
딩 동 땡~

스물둘

부 처님의 유해는 마하가섭과 아난다 등 제자들이 지켜보는 가운데 말라족 사람들에 의해 유언대로 다비되었습니다. 다비를 마치자 사리가 수습되었는데 일단 말라족 사람들이 보관하게 되었지요. 그런데 뒤늦게 부처님의 열반 소식을 전해들은 왕들이 숨을 몰아쉬며 달려 왔습니다. 이들은 아예 군대를 이끌고 나타났는데 그 이유는 부처님의 사리를 차지하려는 것이 었지요. 왕들은 무력시위를 하면서 힘이 약한 말라족을 윽박질렀지만 말라족 역시 부족 전체가 들고 일어나 전부 다 죽어도 사리를 내놓을 수 없다고 버텼습니다. 일이 이렇게 되자 왕들의 다 툼은 나라 사이의 전쟁으로 번지려고 했습니다.

이들이 이렇게 부처님의 사리에 집착하는 데는 몇 가지 이유가 있습니다. 우선 국민들의 절대 적인 신뢰와 존경을 받았던 부처님의 유골인 사리를 모시지 못할 경우 국민들로부터 비난을 받 을 가능성이 크기 때문입니다.

내 사리 내놔라!

다음으로는 국왕들 자신이 불교신자이므로 신자로서의 도리를 다하려고 한 것이지요. 여기에다 '위대한 성인의 유골을 보유한 나라'라는 국가의 명예와 관련된 점도 있었을 것입니다. 어쨌거나 왕들은 단 한 분뿐인 불교의 교조 석가모니부처님의 사리를 얻기 위해 목숨을 걸고 달려들었습니다.

일이 이렇게 되자 당황한 제자들은 밧지족의 족장에게 사리를 나눌 것을 제의했고 부족의 원로들과 상의한 족장은 마침내 스님들의 제의를 받아들였습니다. 그래서 8명의 왕이 부처님의 사리를 나누어 가지게 되었는데 이를 팔왕분골(八王分骨)이라고 하지요. "타다 남은 뼛조각에 왜 그리 집착할까?" 하고 생각하는 분은 부처님의 진신사리가 모셔져 있는 절에 가서 직접 보시는 것이 좋겠군요. 그 영롱한 보물을 말입니다.

인연

부처님,
몇 가지 여쭈어볼
말씀이 있습니다.

사람은 어디서 와서
어디로 가는 것일까요?

'생·로·병·사'는
어디서 생겨서
어디로 사라지는
것입니까?

?

할머니는 이 불이
어디서 와서 어디로 간다고
생각합니까?

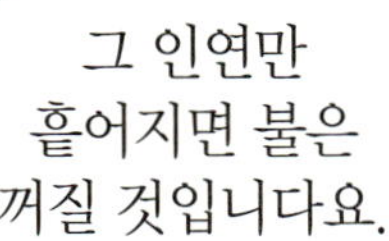

나무가 서로
스치듯 인연으로
불이 생긴 것
이니까
그 인연만
흩어지면 불은
꺼질 것입니다요.

하
하
할머니
말씀대로
입니다.
하

가죽으로 된 북을
사람이 쳐서 소리가
나는 것과 같이
둥
둥
둥
둥
둥
둥
둥

'가죽' 과 '사람의 손' 과 '이것을 친다' 는 세 가지 인연이
서로 화합하여 소리가 생기는 것이니까
그 소리는 실체가 없는 공(空) 입니다.
여기 만화가가 있습니다.
불렀어요?
먼저, 원고지를 마련하고
여러 가지 도구를 가지고 그림을 그립니다.
그림은 종이에서만 생겨난 것이 아니고
손에서만 나온 것도 아니며…
만화가의 생각과 합쳐져서 만들어진 것 입니다.
우주의 삼라만상은 모두가 인연에 의하여 성립되었으므로
그 인연이 흩어질 때에는 사라지는 것입니다.
세상 만물은 어디에서 오는 것도 아니고
또, 가는 곳이 따로 있는 것도 아닙니다.
아하~

신문을 보면 가끔씩 '○○스님 열반'이라는 제목을 볼 수 있는데 기사를 보면 그 스님의 죽음에 대한 것입니다. 그래서인지 열반(涅槃)을 죽음으로 생각하는 사람들이 많습니다. 하지만 열반은 아주 특별한 의미를 가지는 단어지요. 열반의 원어인 니르바나(Nirvna)는 '불어서 꺼진 상태'를 말합니다. 그런데 이는 횃불이나 등불, 나아가 전깃불 같은 물리적인 불이 꺼진 상태를 말하는 것이 아니라 탐욕과 성냄, 어리석음 같은 정신적인 불이 꺼진 상태를 말합니다.

부처님이 최초의 제자 5명과 함께 라자그라하(왕사성)로 가는 도중에 불을 섬기던 카샤파 3형제와 그들의 제자 천 명을 교화하여 제자로 삼았습니다. 이들을 이끌고 가는 도중에 산을 넘게 되었는데 이 때 아래 도시를 가리키며 이런 말씀을 했지요. "보라, 비구들이여. 모든 것은 타고 있다. 사람의 눈은 타오르고 있다. 눈에 보이는 것도 타고 있다. 눈으로 보고 옳다 그르다 하고 분별하는 그 마음도 타고 있다.

　또 판단함으로써 생기는 마음의 작용도 타고 있다. 이와 마찬가지로 귀·코·혀·몸·마음도 타고 있다. 무슨 불에 타고 있는가. 탐욕의 불, 성냄의 불, 어리석음의 불에 타고 있다. 만약 내 가르침에 따라 모든 것이 불타고 있다는 것을 알고 그 불길에서 헤어나 탐(貪)·진(嗔)·치(癡)를 여의면 나는 해탈했다는 지혜가 생길 것이다.” 바로 며칠 전까지 불을 섬기던 제자들은 엄청난 충격을 받았지만 곧 부처님의 가르침을 수긍하게 되었습니다. 이처럼 탐·진·치의 세 가지 불길이 꺼지고 해탈의 지혜가 생긴 상태, 그것이 바로 열반인 것입니다. 그렇다면 항상 열반의 상태에 있었을 부처님의 죽음을 왜 새삼스럽게 열반이라고 할까요? 그것은 탐·진·치를 일으키게 하는 원인인 육신이 사라지기 때문인데 특히 부처님의 경우를 대반열반(大盤涅槃)이라고 해서 제자들의 경우와 구별합니다.

조 율
부처님 제자들이
많고 많다지만

나만큼 열심히
수행하는 제자가
어디 흔한가?

그러나 아직도
깨달음의 길은
멀게만 느껴진다.

이럴 바에야
집으로 돌아가서
유산을 물려받고

많은 보시를 베풀어
공덕을 쌓는 것이
낫지 않을까?

이렇게 할까?

아니야.
저렇게 할까?

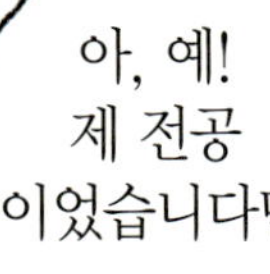
자네
출가하기 전에
악기 다뤄본 적
있나?

아, 예!
제 전공
이었습니다만
…

줄을 급하게 퉁기면
아름답고 우아한
소리가 나던가?

급하게 퉁겨서는
그런 소리가
나지 않습니다.

느리게 퉁기면
어떤가?

느리게 퉁겨도
좋은 소리가 나지
않습니다.

그렇다면 급하지도 느리지도 않게 퉁기면 훌륭한 소리가 나겠구먼?
바로 그렇습니다!
내가 부처님에게 가르침을?
깨달음을 얻는 것도 같은 이치이니라.
정진을 너무 서두르면
초조하여 마음이 편하지 않고…
완만히 행하면 게을러져서 앞으로 나아가지 못해요.
디 리 링
동 동 딩
세상에 서둘러서
잘 되는 일은 없으니…
급하지도 느리지도 않게
깨달음을 얻을 수 있다네~
중용을 잃지 않고 수행하는 사람이

스물넷

꼬치꼬치 간섭하던 늙은이가 죽었으니 이제 우리 세상이다." 부처님이 열반한 며칠 후 한 철없는 제자가 한 말입니다. 그러자 일부 동조하는 제자들도 나타나는 등 이상한 분위기가 감돌았지요. 이런 광경을 본 마하가섭은 승단(僧團)의 질서를 바로잡을 필요성을 느꼈습니다. 부처님 생전에 차기 지도자로 내정되었던 그는 이제 교주의 자격으로 500명의 아라한을 왕사성 교외에 있는 칠엽굴에 불러모아 부처님의 가르침을 정리하는 작업에 들어갔지요. 아난다가 부처님을 시봉하면서 들은 내용을 외는데 "이와 같이 나는 들었다. 어느 때 부처님께서 어디에 계실 때"라고 하면서 가르침의 내용을 외우면 500명의 아라한들이 이를 듣고 진위를 판단하는 것입니다. 그런데 이 때 한 명이라도 이의를 제기하면 통과가 되지 않습니다. 말하자면 만장일치가 되어야만 부처님의 가르침으로 인정이 되는 것이지요. 우팔리의 경우 계율을 외웠는데 역시 500명의 만장일치가 있어야 통과가 됩니다.

　이렇게 해서 경전과 계율이 정리되었는데 이를 1차 결집(結集)이라고 합니다. 1차 결집의 내용을 기준으로 교단의 질서를 잡아나가자 부처님이 돌아가셨다고 딴 마음을 품는 제자들이 사라져 버렸지요. 그런데 1차 결집이 있은 후 100년 정도 지나자 바이샬리에서 계율에 대해 다른 주장을 하는 스님들이 생겼습니다. 그래서 이에 반대하는 야사 스님에 의해 700명의 고승이 바이샬리에 모여 다시 한 번 계율에 대해 검토를 했는데 이를 2차 결집이라고 하지요. 다시 100년 가량이 더 지난 뒤에는 계율뿐만 아니라 경전에 대한 해석에도 다른 견해가 생겨났는데 불교신자인 아쇼카 왕의 주선으로 3차 결집이 이루어졌습니다. 이 때는 경에 대한 해석인 논(論)도 만들어져 경·율·논의 삼장(三藏)이 완성되었지요. 이로부터 약 400년 뒤에 카니쉬카 왕의 주선으로 이루어진 4차 결집은 삼장에 대한 해석이라고 합니다.

지혜의 밧줄
세상에서 가장 높은 탑을 만들어라!
그거야 제 전공이죠.

작업 시작!

뚝 딱
뚝 딱
뚝 딱

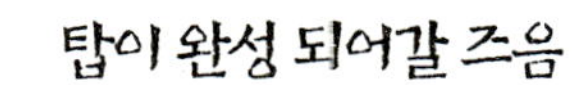

탑이 완성 되어갈 즈음

훌륭하다! 이 정도면 세계 최고의 걸작이야.

하지만 저 녀석을 살려두면 다른 나라에 가서 더 훌륭한 탑을 만들 텐데….

사다리와 망루를 치워라!
아… 이런! 꼼짝없이 여기서 죽게 생겼잖아?

이보게~~~
내려올 방법을
생각해봐!

흠…

옷을 찢어서…
부
웅

가느다란 끈을 만들어
내려보내면…

굵은 밧줄을
연결해 주지.

튼튼한 지혜의 밧줄로
번지점프!

생사의 탑 에서
내려 간다네 -
내가 졌다….

스물다섯

45년에 걸친 부처님의 교화로 인도 대륙의 북반부에는 불교가 가장 강력한 신흥종교로 떠올랐습니다. 부처님의 열반 후에도 마하가섭의 노력으로 1차 결집이 완성되자 불교는 더욱 굳게 뿌리를 내렸는데 스님들의 왕성한 포교활동으로 인도 대륙의 남반부 등 다른 지역에도 불교가 전파되기 시작했지요.

그러다가 인도 전역을 통일하다시피 한 마우리아 왕조의 아쇼카 왕이 불교신자가 되자 불교는 엄청난 속도로 발전하기 시작합니다. 3차 결집을 주선하기도 한 아쇼카 왕이 9개 지역에 포교단을 보내도록 하는 한편 부처님의 사리탑을 열어 인도 전역의 84,000개 지역에 사리를 나누어 보내고 각각 사리탑을 세우게 하자 불교는 명실공히 인도 최고의 종교가 되지요. 전륜성왕이라고 불리는 아쇼카 왕의 노력으로 스리랑카, 아프카니스탄, 이란, 이라크, 시리아, 이집트, 마케도니아 등에까지 불교가 전파되니 이천이백여 년 전의 일입니다.

그 결과 태국, 버어마(미얀마), 캄보디아, 베트남, 라오스 등에 불교가 전파되었습니다. 인도의 북반부와 파키스탄, 아프가니스탄 등이 있는 지역을 지배한 카니쉬카 왕 역시 불교신자였는데 진리에 대해 고승과 문답을 주고받을 만큼 불교에 조예가 깊었습니다. 그는 최초로 부처님의 모습, 즉 불상을 만들게 하는 등 강력하게 불교를 보호하고 육성했는데 특히 진보적인 견해를 가진 대승불교교단을 적극적으로 지지했습니다. 카니쉬카 왕이 파미르고원 너머 지금의 신장 지역을 지배하자 대승불교 역시 중국대륙으로 흘러 들어가니 지금부터 천팔백 여 년 전의 일입니다. 중국으로 들어온 불교는 한반도에 들어와 고구려, 백제, 신라 등을 불교국가로 만들었고 다시 바다 건너 일본열도로 들어가 국교로 자리를 잡아 오늘에 이르게 되었습니다.

진정한 보물
달은 밝은데…
나에게 삶과 인생에 관해서 가르쳐 줄 사람 없을까?
이 있습니다요.
이 짱입니다요.
이 울트라 짱입니다요.
티격
태격
촉새들 같으니라구.
부처님한테 가보시지요.
처음 듣는 이름인데?
달밤에 체조 하러 가나?
모두들 나를 따르라.
잘 오셨습니다. 앉으시지요.
이야기는 밤새도록 계속되고…
인생이란…
깨달음이란…

꼬끼오
벌써 아침이네.
오늘 스케줄이 바빠서, 이만…
다음에 또 올게요.
어머!
서둘러 오느라 목걸이를 두고왔네.
저도 팔찌를 두고 왔어요.
난 귀고리
나도…
나는 반지
음~ 찾아와야겠군.
벌써 빼돌렸을 거예요!
들도 그랬는데…
맞아요.
제가 가보겠습니다.
부처님은 그럴 분이 아닙니다.
보물은 모두 그 자리에 있었습니다.
어머 웬일이니?
함부로 의심하지 마시라구요.
네~
진정한 보물은 사람에 대한 믿음이지요.

125

스물여섯

보다 많은 사람들이 타고 갈 수 있기 때문에 작은 수레보다는 큰 수레가 좋다!” 큰 수레 불교, 즉 대승불교(大乘佛敎)에 속해 있는 한국불교의 스님들이 항상 하는 말입니다. 하지만 대승불교도에 의해 작은 수레 불교, 즉 소승불교(小乘佛敎)라 불리는 스리랑카 등의 스님들은 부처님 당시의 불교전통을 잘 간직하고 있는 자신들이야말로 정통성 있는 불제자라고 하지요. 이렇게 된 것은 경전이나 계율에 대한 해석에 진보적인 시각을 가진 스님들과 신도들이 따로 교단을 만들면서 스스로를 큰 수레(Mahāyāna), 보수적인 기존의 교단을 작은 수레(Hīnayāna)라고 부른데서 시작되었습니다. 중국으로 들어온 불교는 ‘큰 수레 교단’ 에 속하는 스님들이 전한 것이었기 때문에 중국에서 불교를 받아들인 한국, 일본 등의 불교는 모두 대승불교 계통인 것입니다. 반면에 보수적인 교단의 스님들은 스리랑카, 버어마, 태국, 베트남, 캄보디아, 라오스 등에서 활발하게 포교활동을 했습니다.

‘큰 수레 불교’가
‘작은 수레 불교’보다 좋다?

그 결과 지리적으로 스리랑카 등 남쪽에 있는 불교는 북쪽의 대승불교도들에 의해 소승불교라고 불리게 된 것이지요.

크게 볼 때 두 교단의 차이는 먼저 ‘자신의 수행’과 ‘타인의 수행’ 중 어느 쪽에 무게를 두느냐 하는 것입니다. 보수적인 교단의 경우 스님들이 자신의 수행에 너무 치중해 부처님의 가르침을 배우려는 신도들의 바람을 무시하는 쪽으로 흘러가 버렸는데, 이렇게 되다 보니 혼자만 깨달음을 구하려는 것으로 비쳐져서 ‘작은 수레’에 비유된 것이지요. 이에 비해 진보적인 교단의 스님들은 자신은 물론이고 신도들도 부처님의 가르침을 배우는데 동참하게 하니 이는 더불어 깨달음을 구하려는 것으로 스스로를 ‘큰 수레’라고 부른 것입니다. 하지만 보수적인 교단도 나름대로 장점이 있고 모두 부처님의 가르침을 배우는 제자들이니 앞으로는 남방불교와 북방불교라고 부르는 것이 좋겠지요.

인도로 가는 길
산을 넘고 강을 건너면서 여행은 시작되었지요.
무사히 강을 건너 서쪽으로 한참을 가다보니…
이번에는 황량한 사막이 펼쳐지는 겁니다.
낮에는 찌는 듯이 덥고 밤에는 뼛속까지 추워지는 사막의 날씨
모래 폭풍에 휩쓸리고 먹을 물이 떨어져 거의 죽을 뻔한 적도 있었지요.

사막을 지나 어느 산 속에서 쓰러져 있는 사람을 발견했습니다.
도저히 그냥 지나칠 수 없어서 며칠 동안 병간호를 해 드렸지요.
몸이 회복되자 그 노인은 제게 짧은 경전을 남기고 사라져버렸습니다.
그 후로도 수많은 어려움에 처할 때마다
그 노인이 전수해 준 경전을 외우면 힘이 나고 용기가 생겨 무사히 목적지에 도착할 수 있었습니다.
오늘은 현장 법사님을 초대손님으로 모시고
인도에 다녀오신 이야기를 들어보았습니다.
성공시대
현장 법사가 전수받은 짧은 경전을 '반야심경'이라고 합니다.

　"오공아, 불제자가 살생을 해서는 안 되느니라!" 〈서유기(西遊記)〉에 나오는 삼장법 사(三藏法師)가 손오공이 요괴를 죽이려고 할 때마다 말리면서 하는 말이지요. 삼장법사는 답답할 정도로 손오공의 살생을 말리는데 여기에는 다 이유가 있습니다. 삼장법사, 삼장법사 하니까 삼장이 법명이라고 생각하시겠지만 삼장법사의 법명은 현장(玄奘)입니다. 현장 스님은 실존하는 인물로 당 태종의 명을 받아 천축(인도)에 경전을 구하러 가지요. 당시 천축으로 가는 길에는 황량한 사막, 높은 산, 깊은 강, 험악한 날씨, 사나운 도적떼 등이 도사리고 있었습니다. 하지만 현장 스님은 출발한 지 14년만에 무사히 돌아와서 구해 온 많은 경전을 한문으로 번역한 것은 물론이고 〈대당서역기(大唐西域記)〉라는 12권으로 된 여행기를 남겼습니다.

　〈서유기〉는 현장 스님의 이 여행기를 토대로 해서 만들어진 것으로 손오공, 저팔계, 사오정은 가공의 인물이지만 삼장법사는 바로 현장 스님인 것입니다.

삼장법사의 정체는?

그런데 왜 현장법사라고 하지 않고 삼장법사라고 하느냐 하면 현장 스님이 삼장에 통달했기 때문입니다. 삼장(三藏)은 경장(經藏), 율장(律藏), 논장(論藏)을 말하는데 대부분의 스님들은 평생을 공부해도 이 하나에도 통달하기 힘들지요. 그래서 현장 스님처럼 셋 모두에 통달한 스님에게 삼장이라는 칭호를 주는 것입니다. 이제 삼장법사의 정체를 아셨지요? 그럼, 삼장법사가 손오공의 살생을 말린 이유를 알아봅시다. 경장은 진리에 대한 부처님의 가르침을 말하는데 경전(經典)이나 경(經)이라고도 합니다. 논장은 경에 대한 해석을 말하는데 논(論)이라고도 하지요. 율장은 계율에 대한 것으로 율(律)이라고도 합니다. 자, 그러면 계율에 통달해 있는 삼장법사가 틈만 나면 살생을 하려는 손오공을 가만히 두고 보겠습니까? 당연히 아닙니다. 특히 살생은 중죄에 속하니까요.

해피 엔딩…
앉아 있어도
누워도
이렇게까지
하는데도!
꿍
꿍

떠오르는 잡념을
끊을 수 없어.
미치겠네!

좋아, 그렇다면

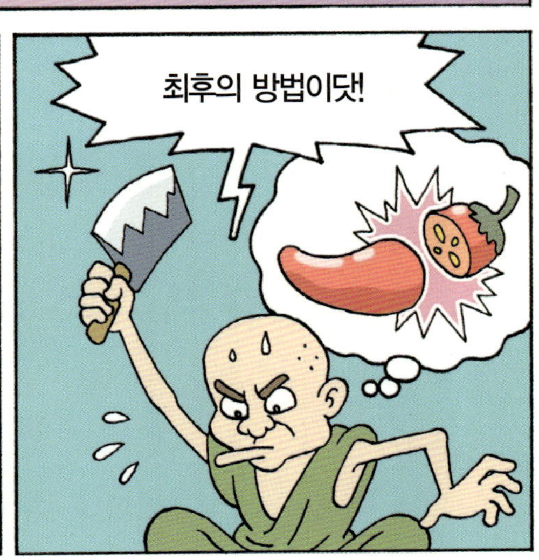

최후의 방법이댓!

컷!
거기까지
휴~
촤르르

표정연기
아주 좋았어요.
헤헤…

다음은
부처님 등장 장면
입니다.
레디- 액션!

어리석구나.
깨달음은 마음이
근본이거늘
자신이 죽을 것도 모르고
스스로 해치려 하다니.

그렇다면
어찌 하오리까?

먼저 어리석음부터 끊고
마음을 억제해야 한다.

마음은 선악의
뿌리이니
마음이 안정되고
생각이 풀린 뒤에라야
깨달음을 얻을 수
있느니라.

제가…
어리석었어요.
울지마.
엉
엉

감동적인
장면이야…
좋았어!
대박이다.

스물여덟

“**부**처님의 생생한 모습을 담고 있는 경전을 보고 싶다.”는 분들이라면 《아함경(阿含經)》을 봐야 합니다. 《아함경》은 산스크리트(인도의 상류계층이 쓰던 말)로 부처님 당시에 일어난 여러 가지 일들을 기록해 놓은 경전이지요. 따라서 《아함경》을 보면 깨달은 인간 석가모니 부처님의 기쁨과 슬픔 등 그 분의 숨결을 느낄 수 있습니다. 그런데 《아함경》은 하나의 경전이 아니라 “이와 같이 나는 들었다.”로 시작하는 여러 개의 경전이 모여 있으니 사실 ‘경전의 집합’ 인 것이지요. 그렇다고 아함(阿含)의 원어인 아가마(Āgama)에 ‘모이다’ 라는 뜻이 있는 것은 아니며, 그 말뜻은 ‘전하다’ 라는 것입니다. 왜 이런 이름이 붙었을까요? 그것은 마하가섭이 1차 결집을 행한 이후 그 내용이 그대로 전승(傳承)되었기 때문입니다. 물론 이후에 세 번 더 실시된 결집에서 약간의 변화는 있을 수 있지만 모두 제1차 결집의 내용을 대부분 이어받았습니다.

인간 부처님의 모습을 담은 아함경

한문으로 번역된 대장경을 기준으로 볼 때 《아함경》은 크게 장아함경《長阿含經》, 중아함경《中阿含經》, 잡아함경《雜阿含經》, 증일아함경《增一阿含經》의 네 부분으로 나뉘어져 있습니다. 이중 22권으로 된 《장아함경》은 길이가 긴 경전들을 모아둔 것이고, 60권으로 된 《중아함경》은 중간 정도의 길이를 가진 경전들을, 각각 50권으로 된 《잡아함경》과 《증일아함경》은 비교적 짧은 길이로 된 경전들을 모아둔 것입니다. 《아함경》에는 여러 가지 내용의 가르침들이 담겨 있지만 크게 본다면 중도, 삼법인, 사성제, 오온, 팔정도, 십이연기, 십팔계가 중심을 이루고 있습니다. 여기에 해탈에 이르는 수행법으로서 37조도품이 있는데 사염처 (四念處), 사정근(四正勤), 사여의족(四如意足), 오근(五根), 오력(五力), 칠각지(七覺支), 그리고 팔정도(八正道)가 그것입니다. 이렇게 《아함경》에는 부처님 당시 그분이 직접 가르친 내용들로 가득 차 있습니다.

향과 생선

이런 곳에서 비를 피하고 있으니 처량하군.
차라리 집에서 농사나 짓는 건데…
고향생각 난다…

지붕의 이엉을 성글게 이어 비가 오면 새는 것처럼

뜻을 굳게 지니지 않으면
유혹과 욕심이 마음을 뚫는다.

그래. 흔들리지 않는 마음으로!

…그래도 …서글프다

비가 그쳤으니 출발해볼까?

길에 종이가 떨어져 있구나.

향을 쌌던 종이인 것 같습니다.
아직도 향냄새가 배어 있는데요.
저기에 새끼줄이 떨어져 있구나.
비린내가 나는 것으로 보아
생선을 묶었던 것 같습니다요.
에구 냄새…
어떤 사람이든지 본래는 깨끗하지만 그 인연에 따라 죄와 복을 일으킨다.
종이가 향을 가까이했기 때문에 향내가 나고
새끼줄이 생선을 가까이했기 때문에 비린내가 나는 것처럼
지혜로운 사람을 가까이하면 좋은 일이 생기고
어리석은 사람을 벗하면 재앙이 닥치느니라.
맞아~
끄덕 끄덕
가뿐한 마음으로 출발~

스물아홉

우리 나라에는 '거사'와 '보살'이 넘쳐납니다. 어른 남자신도는 모두 거사라고 부르고 어른 여자신도는 모두 보살이라고 부르기 때문이지요. 부처님 당시 남자신자를 일컫는 말은 우바새(優婆塞)인데 이는 우파사카(upāsaka)의 음을 따서 만든 한자어입니다. 우파사카를 뜻으로 한역하면 근사남(近事男)이 되는데 이는 '부처님·경전·스님의 삼보(三寶)를 가까이에서 섬기는 남자'라는 뜻이지요. 또 '깨끗한 믿음을 가진 남자'라는 의미에서 청신사(淸信士)라고도 합니다. 이에 비해 거사(居士)라는 말은 '집에 있는 남자'라는 뜻의 그리하파티(gṛhapati)를 옮긴 것인데 그리하파티는 불교에서 사용되면서 '남자 불교신자'를 뜻하게 되었습니다. 그러면 우리 나라에서는 왜 우바새, 근사남, 청신사 등의 단어보다 거사라는 단어가 애용되는 것일까요? 이는 《유마경(維摩經)》 때문일 가능성이 큽니다.

거사와 보살

　이 경전에서는 재가신도인 유마힐(維摩詰) 거사가 출가한 스님들에게 심오한 설법을 하는데 이는 거사들도 스님들보다 높은 경지에 이를 수 있다는 것을 보여 주는 것이지요. 그러니 스님이 남자신도를 '거사님'이라고 부르는 데는 존중의 의미가 포함되어 있는 것입니다.

　이에 비해 여자신도를 일컫는 말은 우바이(優婆夷)인데 이는 우파시카(upāsika)의 음을 따서 만든 것이지요. 우파시카는 '부처님·경전·스님의 삼보(三寶)를 가까이에서 섬기는 여자'라는 근사녀(近事女), '깨끗한 믿음을 가진 여자'라는 청신녀(淸信女)의 뜻이 있습니다. 그런데 보살(菩薩)은 보디사쁘바(Bodhisattva)의 음을 딴 보리살타(菩提薩陀)의 준말로 '최고의 깨달음을 구하는 이'나 '깊은 지혜를 가진 이'를 말합니다. 경전을 보면 보살이라 불리는 이는 관세음보살, 문수보살, 보현보살, 지장보살 등 적은 수에 불과한데 우리 나라에서는 그 중에서도 여성으로 표현된 관세음보살이 대표자입니다. 그래서 여자신도를 존중하는 의미로 '보살님'이라고 부르는 것이지요.

향기 도둑?

당신 눈병은 연꽃 향기를 맡으면 나을 것이오.
허준

아무도 없네.

음~ 향기 좋고.
흠 흠

펑?!

금도끼가 네 것이냐?
은도끼가 네 것이냐?

아차! 이게 아니지…

이 연못은 내 담당구역인데
함부로 주거침입한 네 놈은 누구냐?

죄송합니다.
병을 치료하려고 연꽃 향기만 맡고 있었습니다요.
뭬이야?
그럼, 도둑놈 이구나!

연꽃은 손도 안 대고 향기만 맡았는데 어째서 도둑입니까요?
내 허락없이 향기를 맡았으니 도둑이다!

에?

배고픈데 연근조림이나 해 먹을까?
룰루~
철벅
철벅

저… 저 사람은 뭡니까?
사람 차별 하시는 거예욧?
그렇다!

검은 옷은 더러워져도 잘 모르지만
흰 옷은 더러워지면 금방 눈에 띄기 마련이다.

저 사람은 검은 옷을 입은 악인이지만
너는 깨끗한 옷을 입어서 조금만 더러워져도 곧 알 수 있느니라.
우쒸~!
그렇게 깊은 뜻이…

서른

어떻게 해야 보살이 될 수 있을까요? 불교에서 '보살'이란 단어가 처음으로 나오는 것은 석가모니부처님의 전생을 다룬 본생담(本生譚)인데 여기서 부처님은 유동보살(儒童菩薩)로 수행한 것으로 되어 있습니다. 이는 부처가 되기 전에 보살이라는 단계를 밟아야 한다는 것과 보살은 석가모니부처님의 전신인 유동보살 한 사람뿐이라는 것을 말하는 것이지요. 그런데 부처님이 열반한 다음 600년 정도 지나자 "부처가 되려고 마음을 내는 사람은 모두가 보살이다!"라는 주장이 나왔습니다. 이는 '본생담에 의하면 부처님은 전생에 왕, 대신, 사냥꾼, 사슴 등이기도 했었다.'는 생각에 근거한 것으로 이 주장에 의해 보살의 숫자도 자연히 한 명이 아닌 여러 명이 되었지요. 이 보살들의 특징은 최상의 깨달음을 얻기 위해 수행하는 한편 아직 보살의 길에 들지 못한 중생들을 위해 가르침을 편다는 것입니다.

보살이 되는 길

이렇게 보살의 길에 들어선 사람은 십바라밀이라 불리는 다음의 열 가지를 실천해야 합니다. ①물질이든 가르침이든 조건 없이 남에게 베푸는 보시(布施)바라밀 ②수행을 도와 주는 계율을 잘 지키는 지계(持戒)바라밀 ③언제 어디서나 잘 참는 인욕(忍辱)바라밀 ④흔들림 없이 수행에 몰두하는 정진(精進)바라밀 ⑤진리에 대해 명상하는 선정(禪定)바라밀 ⑥깨달음에 이르는 지혜(智慧)바라밀 ⑦배움과 가르침에 융통성을 갖추는 방편(方便)바라밀 ⑧반드시 최상의 깨달음을 이루겠다는(부처가 되겠다는) 원(願)바라밀 ⑨최상의 깨달음을 향해 흔들림 없이 나아가는 역(力)바라밀 ⑩부처님의 가르침을 완전히 이해하고 최상의 깨달음에 이르는 방법인 지(智)바라밀. 이 열 가지를 원만히 실천할 때 보살들은 부처의 길로 나아가면서 동시에 중생들도 그 길로 인도할 수 있는 것입니다.

4

보살도 등급이 있다?
저 언덕으로 가자!
있는 것도 없는 것도 아니다?
모든 강물들은 바다로 간다!
다이아몬드로 만들어진 경전?
분별을 버려라
마음을 닦아라!
불난 집에서 아이들을 구하다
모든 사물은 연관되어 있다
내가 바로 부처라고?

고통이란?

세상에서 가장 고통스러운 것이 무엇일까?

내 생각에는 사랑이 제일 고통스러워.

분노에 시달리는 것보다 더 고통스러운 것은 없어.
복수 할 거 야!

천만에! 허기와 갈증이 제일 고통스럽다니까.
배고파~
물~

공포야말로 세상에서 가장 큰 고통이지.
꺄오!

사랑이야!
분노야!
또 시작이구나….
허기와 갈증
공포라니까!

이 세상에서 제일 큰 고통은
너희들이 말하는 그런 고통이 아니다.
자기 몸을 소유하고 있다는 것 자체가 제일 큰 고통이다.
육체가 있으므로 허기와 갈증, 춥고 더운 고통이 있고
분노와 원한 공포와 사랑의 고통이 일어나는 것이다.
몸이 있어서 마음이 어지럽고 근심과 두려움이 생기니…
그럼, 고통에서 벗어나려면 어떻게 해야 합니까?
삶과 죽음의 고통을 생각하지 말고
조용하게 불도의 경지에 들어가야 하느니라.
쉬~
모든 고통의 근원은 몸이 있어서 생기는 것이다.

절에서 밥을 얻어먹으려면 누구에게 잘 보여야 할까요? 바로 '공양주 보살' 입니다. 공양주 보살은 절에서 식사를 담당하고 있는 여자신자를 일컫는 말인데 이 보살의 눈 밖에 나면 식사시간이 좀 괴로워지지요. 그러니 소위 실세 보살이라고 할 수 있는데 이 보살과 관세음 보살은 누가 더 높을까요? 이 문제를 풀기 위해서는 보살의 등급을 알아야 하는데 – 놀라지 마시라 – 그 등급은 자그마치 52개입니다. 이 52등급은 십신(十信), 십주(十住), 십행(十行), 십회향(十廻向), 십지(十地), 등각(等覺), 묘각(妙覺)으로 이루어져 있지요. 십신은 부처님의 가르침에 대한 10단계의 믿음을, 십주는 마음과 몸이 머물러야 하는 10단계, 십행은 마땅히 닦아야 할 10단계의 행동, 십회향은 그 동안 얻은 성과를 중생에게 돌려 주는 10단계, 십지는 지혜가 열린 상태에서 성불(成佛)을 향해 나아가는 10단계를 각각 말합니다.

보살도 등급이 있다?

등각은 부처님과 같은 깨달음을 얻었지만 성불하기 전의 단계이고, 묘각은 바로 부처의 경지에 든 단계지요. 불교신자들이 가장 많이 찾는 관세음보살은 십지의 최고위인 법운지(法雲地)에 있는 보살로 부처님의 가르침을 모두 이해하며 큰 자비심으로 중생을 이롭게 하려는 보살입니다. 그래서 대자대비(大慈大悲) 관세음보살이라고 하지요. 문수보살, 보현보살, 지장보살 등도 모두 관세음보살처럼 법운지에 있는 대보살들입니다. 문수보살은 중생들에게 지혜를 빌려 주는 보살인데 나병에 걸린 조선의 세조 임금이 오대산에서 동자로 변한 문수보살에게 등을 닦이고 난 다음에 병이 나았다고 하지요. 보현보살은 중생들이 수행에 힘쓰도록 도와 주는 보살이고, 지장보살은 자신의 성불을 뒤로 미루고 지옥의 중생을 구제하기 위해 나선 보살입니다. 공양주 보살들 중에도 분명히 이런 대보살들이 있을 것입니다.

돈! 돈? 돈…
사랑스러운 나의 분신들…
아이고! 이쁜 것들…

잠시라도 너희들을 떠나서 내가 어떻게 살 수 있겠니?

마누라도 자식들도 다 필요없어!
오직 돈만 있으면 돼!
흐흐

계십니까?

조금만 시주 하시지요.
뭐? 나보고 돈을 내라고?!

없어!
쿠앙
딴 데 가서 알아봐!

안 되겠다. 아무도 모르게 땅 속에 묻어 둬야지.

이렇게 돈 모으는 데 집착하여 몸을 혹사시키더니…
돈 돈 돈…
내 돈…
결국 병에 걸려 모아놓은 돈을 써보지도 못하고 죽어버렸다.

캄캄하네. 여기가 어디지?
돈이다. 돈! 내가 모아놓은 돈이야!
으엉? 내 몸이…
독사로 태어났잖아?
허, 참… 오늘도 시주가 없으니 어쩐다?
이봐요~ 스님!
뉘슈?
저예요, 저…
이크! 독사 아냐?
아랫마을에 살던 자린고비였는데…
돈을 너무 좋아하다보니 이렇게 독사의 몸으로 태어나고 말았습니다.
제가 모아놓은 돈을 모두 시주할 테니 제발 받아 주세요.
흑
흑
돈의 집착에서 벗어난 자린고비는 진정한 마음의 행복을 얻을 수 있었느니라.
앗, 돈이다!

서른둘

"**마**하 반야 바라밀다심경 관자재보살 행 심 반야바라밀다 시….""이렇게 시작하는 《반야심경》은 우리 나라 불교신자가 가장 많이 외우고 있는 불경(佛經)입니다. 하지만 《반야심경》에 들어 있는 놀라운 가르침에 대해 정확하게 파악하고 있는 사람은 드문데 그 이유는 우선 《반야심경》이 만들어진 배경과 공이라는 단어의 정확한 의미를 알아야 하기 때문입니다.

《반야심경》이 만들어진 배경을 알려면 지금 우리가 외우고 있는 한문 반야심경보다 조금 긴 산스크리트로 씌어진 《반야심경》을 보면 됩니다. 이 경은 대승불교라는 새로운 불교운동이 일어날 때 만들어진 것인데 보살은 이 대승불교운동의 지도자격인 중심인물이지요. 반면에 사리불은 대승불교도들에 의해 소승불교라고 불리는 스님들의 최고 지도자입니다. 원래의 《반야심경》에는 관세음보살과 사리불 외에 부처님도 등장하는데 그 내용의 전개는 다음과 같습니다.

저 언덕으로 가자!

부처님이 왕사성의 영취산에서 명상에 잠겨 계실 때 관세음보살도 반야바라밀을 닦고 있었는데 사리불이 (스스로의 힘으로는 불가능해서) 부처님의 힘을 빌어 관세음보살에게 "어떻게 해야 반야바라밀을 닦을 수 있는가?" 하고 묻자, 관세음보살이 그 방법에 대해 가르치는 것으로 되어 있습니다. 또 가르침이 끝나면 부처님이 관세음보살의 가르침이 옳다고 보증하는 것으로 끝이 납니다. 그러니 한문《반야심경》은 산스크리트《반야심경》의 앞 뒤 부분이 생략된 것이지요. 이렇게 소승불교의 대표 사리불이 대승불교의 대표 관세음보살에게 진리에 대한 가르침을 받는다는《반야심경》은 '대승불교가 소승불교보다 수준이 높다' 는 것을 알리려는 의도에서 만들어진 것이라고 할 수 있습니다. 그래서《반야심경》은 소승불교의 경전인《아함경》의 중심사상인 오온, 십팔계, 십이연기, 사성제 등을 부정해버리는 것입니다.

두려움 없는 인생
끙끙…
살 날이 얼마 안 남은 것 같구나.
무슨 병이길래 백약이 무효냐?
사리불께서 병문안 오셨구먼유.
병세는 차도가 있습니까?
아이고~~ 말도 마세요.
식욕도 없고 움직이기조차 힘이 듭니다.
이대로 죽을 것 같아 정말 두렵습니다.
엉 엉
걱정하지 마세요.
평생 동안 정성껏 부처님의 가르침을 받들고 행하면서 살아왔으니
이 세상에서 목숨이 다한다 해도 편안한 행복을 얻을 것입니다.
그래도 두려운데…
죽음을 두려워 할 사람들은 따로 있습니다.

하는 일마다
나쁜 짓을 저지르고
참된 가르침에 귀를
기울이지 않는 사람

항상 좋지 않은
생각을 마음 속에
품고 있는 사람

무자비하고
모든 일을 나쁜 쪽으로만
보는 사람

앗, 뜨거!

하지만
수행이 깊은
노인장은 반드시
고통에서 벗어나

옳지 않은
잔꾀를 부리는
사람들이야말로

죽어서 받을
지옥의 고통을
두려워해야 할
것입니다.

더 깊은
믿음과 깨달음을
얻게 될 것이
분명합니다.

말씀을 듣고보니
아픔이 사라지고
힘이 납니다!

아자!

벌
떡

이제 어떤 병이나
죽음의 고통도

두렵지 않습니다.

으쌰

으쌰

서른셋

    "공(空)은 있는 것도, 없는 것도 아니다!"《반야심경》에서 관세음보살이 사리불에게 주는 가르침의 핵심 내용인 공에 대해 질문을 받으면 스님들이나 불교학자들이 하는 대표적인 말이지요. 그런데 이런 대답은 공이라는 단어가 가지고 있는 의미를 파악하지 못한 데서 나온 잘못된 대답입니다. 공은 산스크리트 '슈냐타(Śūnyata)'의 뜻을 번역한 말이므로 공의 의미를 제대로 알려면 슈냐타의 뜻을 알아야 합니다. 슈냐타는 '슈리'라는 동사에서 유래된 것인데 슈리는 '부풀어 오르다'라는 의미를 가지고 있습니다. 따라서 동사 슈리에서 파생된 명사인 슈냐타는 '부풀어 오는 상태'라는 뜻이 되지요. 여기에는 "있는 것도, 없는 것도 아니다."라는 뜬구름 잡는 것 같은 의미는 그야말로 눈꼽만치도 없습니다. 슈냐타(공)는 '존재의 유무(有無)'가 아니라 '존재 형식'을 말하는 것이니까요.

있는 것도 없는 것도 아니다?

《반야심경》에 '오온개공(五蘊皆空)'이란 가르침이 있습니다. 오온은 색(色), 수(受), 상(想), 행(行), 식(識)의 다섯 가지인데 이 중에서 색은 물질적인 면을 수, 상, 행, 식의 네 가지는 정신적인 면을 말합니다. 이 우주는 크게 물질과 정신으로 되어 있으니 결국 오온은 우주를 말하는 것입니다. 따라서 '오온개공'을 풀이하면 '우주(오온)는 부풀어 오른 상태(공)다'라는 말이 되지요. 이는 불교의 우주관이라고도 할 수 있는데 현대물리학에서 말한 '빅뱅(Big Bang)이론'과 정확하게 맞아떨어집니다. 빅뱅이론에 의하면 '아주 작은 점과 같은 최초의 물질이 굉음을 내면서 터진 다음에 그 속에 있던 원소들이 아주 짧은 시간에 서로 섞여 여러 가지 물질을 만들어 내고 그 물질들이 사방으로 흩어져 나가면서 우주가 만들어 졌다'는 것이니 결국 '우주는 부풀어 오른 상태'에 있는 것입니다.

마늘밭
꼴깍~
양념으로 먹으면 맛있겠다.

드세요.
앗, 감사.

마늘밭 주인이 하루에 다섯 뿌리씩 나눠 주기로 했어.
오, 예~
웬떡이냐?

감질나게 조금씩 얻지 말고
일 년 동안 먹을 것을 한꺼번에 가져 오는 게 어때?
좋았어! 굿 아이디어!

메뚜기 떼가 휩쓸고 갔냐?
싹쓸이해 갔습니다요.

뭐이야?!

이런 배은망덕한
경우가 어딨습니까?
흠—

금빛 날개를 가진 기러기로
환생한 사람이 있었다네.

기러기는 집에 남아 있는
식구들을 위해서 매일
한 개씩 금빛 깃털을
떨어뜨려 줬는데…

어째서 매일 한 개씩
떨어뜨리고 가는 걸까?
감질나게…
한꺼번에 뽑아버리자!

금날개를 모두 뽑힌 기러기는
다시는 금날개가 나지 않고
보통의 흰 날개만 돋아났습니다.

금빛 기러기는
마늘밭 주인이고
식구들은 바로
너희들이니라.

똑바로 들어!
욕심이 지나치면
모두가 손해랍니다.

부처님이 열반한 지 500년 정도 지났을 무렵 스님들은 부처님의 가르침에 대한 해석을 둘러싸고 극심하게 대립하고 있었는데, 교리논쟁에 너무 몰두한 나머지 신도들에 대한 가르침을 소홀히 하게 되었지요. 그러자 재가신자들 사이에서 기존의 스님들과 그들의 주장을 배척하는 운동이 일어났는데 그것이 바로 대승불교운동이지요. 이들은 기존의 스님들을 자기들만 아는 소승이라고 하면서 '나와 남이 같이 깨달음의 세계로 간다'는 신념을 가진 보살을 이상적인 출가수행자의 모습으로 내세웠습니다. 여럿이 함께 가니 당연히 보살은 대승이지요. 그리고 교리에서는 사성제나 십이연기 등 기존의 여러 가지 가르침 대신에 '슈냐타(공)' 하나만을 내세웠는데 이는 여러 가지 가르침을 복잡한 교리논쟁으로 만들어버린 기존의 학설들을 물리치기 위한 방법이었지요.

모든 강물들은 바다로 간다! 4

부처님의 가르침은 우주와 자신의 진실한 모습을 깨우치라는 것인데 슈냐타에 대한 가르침은 '모든 존재의 본 모습을 있는 그대로 볼 수 있게 해 주는 가르침'이었습니다. 그래서 슈냐타의 세계에서는 물질과 정신, 주체와 객체, 객체에 대한 주체의 인식, 무명과 그로 인한 태어남과 죽음, 무명의 소멸과 그로 인한 태어남과 죽음의 소멸, 괴로움과 괴로움의 원인, 괴로움의 원인을 없앰과 깨달음을 이룸, 지혜와 지혜의 얻음 등이 모두 없는 것입니다(是故 空中無色 無受想行識 無眼耳鼻舌身意 無色聲香味觸法 無眼界 乃至 無意識界 無無明 亦無無明盡 乃至 無老死 亦無老死盡 無苦集滅道 無智 亦無得). 이는 슈냐타에 대한 깨달음을 통해 우주와 존재의 본질에 대한 통찰이 가능하기 때문에 기존의 스님들이 목숨을 걸고 매달리던 교리논쟁을 할 필요가 없다는 것입니다. 이는 마치 사성제나 십이연기 등 여러 강물들이 공이라는 바다로 흘러들어가 하나가 되는 것을 의미하지요.

마음
부럽지?
네 명의 아내와 함께 살고 있는 사람이 있었습니다.
내일부터 멀리 외국으로 떠나야 하는데…
가장 사랑하는 첫번째 아내
나하고 함께 가지 않겠소?
싫어요! 혼자 가세요.
그럭저럭 사랑하는 두번째 아내
딴 데 가서 알아보세요!
대충 사랑하는 세번째 아내
너… 너마저!
마을 밖까지 배웅은 해 드리지요.
구박만 하던 네번째 아내
당신이 가는 곳이면 아무리 먼 곳이라도 따라가겠습니다.
너는 같이 안 가도 되는데…
이 얘기는 무엇을 의미할까요?
다음 페이지를 보면 알 수 있답니다

짠~
이 남자는 인간의 영혼을 비유한 것이고
먼 외국으로 떠나는 것은 죽음의 나라를 뜻합니다.
안녕~
첫번째 아내는 인간의 육체를, 두번째 아내는 모아놓은 재산을 뜻합니다.
내꺼!
죽으면 이것들을 가지고 갈 수 없지요.
세번째 아내는 부모형제와 친척 친구들입니다.
이 사람들은 마을 밖의 묘지까지 배웅은 해 주지만
시간이 지나면 죽은 사람은 잊어버리고 살아가는 일에 몰두합니다.
네번째 아내는 인간의 마음입니다.
탐욕과 노여움과 어리석음을 버리고 인간의 도리를 지키는 것이야말로
진정으로 자신을 사랑하고 아끼는 길입니다.

서른다섯

"다이아몬드 경이라고? 그 경전은 다이아로 만들었나?" 서양의 불교학자들에 의해 영어로 번역된 '다이아몬드 수트라(Diamond Sutra)'라는 이름 때문에 《금강경》은 종종 이런 오해를 받습니다. 왜 이렇게 번역되었는가 하면 《금강경》의 산스크리트 제목인 '바즈라체디카 프라즈냐파라미타 수트라(Vajracchedika-prajñāparamita-sūtra)' 가운데 '바즈라'가 바로 금강석, 즉 다이아몬드이기 때문입니다. 그러면 인도인들은 왜 바즈라라는 단어를 썼을까요? 그 이유는 바로 인도에서 다이아몬드가 생산되기 때문입니다. 부처님이 탄생하기 100년쯤 전인 BC 7~8세기 경 인도의 드라비다족이 세계에서 다이아몬드를 처음으로 사용하기 시작했다고 하니 600~700년 정도 뒤인 《금강경》이 만들어질 당시의 인도인들은 다이아몬드의 성질과 용도에 대허서도 잘 알고 있었을 것입니다.

다이아몬드로 만들어진 경전?

다이아몬드, 즉 금강석은 밝은 빛이 나므로 보석도 되지만 어떤 물질보다도 단단하면서 날카롭기 때문에 다른 모든 물질을 부수거나 자르는 도구도 되지요. 지금도 보석으로 사용할 수 없는 다이아몬드는 공업용 다이아몬드로 절단기나 분쇄기 등에 사용되는데 성능과 효과가 좋아 수요가 점점 늘어나고 있다고 합니다. 이런 금강석을 자를 수 있는 것이라면 정말 최고의 보배라고 할 수 있겠지요? 그런데 불교에서는 금강석조차 자르는 것으로 '반야바라밀다'를 내세운 것입니다. '미혹의 세계에서 깨달음의 세계로 건너가는 지혜'를 뜻하는 반야바라밀다는 금강석같이 단단한 번뇌나 망상이라도 능히 없애버릴 수 있기 때문이지요. 그래서 이런 지혜를 가르치는 경의 이름을 '바즈라체디카 프라즈냐파라미타 수트라'라고 했으니 그대로 옮기면《능단금강반야바라밀경(能斷金剛般若波羅密經)》인 것입니다.

불 속으로
꼬르륵
꼬르륵
수행하느라 시간 가는 줄 몰랐네.
벌써 밥 먹을 시간인가?

배고프실 텐데 이것 좀 드세요.
오늘도 오셨군요. 매번 고맙습니다.

아이~ 뭘요…
꼭 깨달음을 얻으세요.

뽕
!!!

급기야 일이 벌어지고 말았는데…

이럴 수가… 내가 무슨 짓을 한거지?

토토이야!
토토이야!
뭐여?
미쳤군.

번뇌의 도둑에게 지금까지의 수행을 몽땅 빼앗겨버렸습니다.
엉
엉

진정으로 죄를 씻기를 원한다면…
내가 하라는 대로 하겠는가?
뭐든 하겠습니다!
저지른 죄를 소멸시키려면
이 속으로 뛰어들어야 한다.
화르르!
꿀꺽!
사람이… 불 속으로!
잡아라…! 잡아!
너의 죄는 이미 불 속에 소멸되었다.
두 번 다시 번뇌에 사로잡히지 말고 수행하도록 하여라.
옛썰!

서른여섯

금강경에 등장하는 인물은 부처님과 수보리입니다. 수보리가 누구냐 하면 바로 부처님의 십대제자 중에서 공(空)에 관한 이해가 가장 뛰어난 제자지요. 그런데 이 수보리가 부처님에게 "보살이 되고자 하는 사람들은 어떻게 해야 합니까?"라고 묻습니다. 새로운 불교운동이 일어날 무렵의 스님들은 부처님의 십대제자와 같은 경지에 오르는 것을 목표로 삼았습니다. 하지만 새로운 불교운동을 일으킨 신도들의 최종목표는 부처가 되는 것이었지만 우선 보살이 되는 것을 목표로 삼았습니다. 《금강경》도 《반야심경》처럼 새로운 불교운동을 일으키는 신도들이 만든 경전으로 보이는데, 그것은 수보리라는 구시대의 이상형이 등장해서 새로운 시대의 이상형인 보살이 되는 길에 대해 묻기 때문입니다. 다시 말해 금강경 역시 새로운 불교운동의 가르침을 홍보하려는 의도가 깔려 있는 경전이라는 것이지요.

분별을 버려라!

　장로(長老 : 고승에 대한 존칭으로 원래 불교용어임) 수보리의 질문에 대한 부처님의 답변은 "분별을 버려라!" 하는 것입니다. 예를 들면 "나라는 생각, 사람이라는 생각, 중생이라는 생각, 목숨이 있는 것이라는 생각 등을 일으키는 사람은 보살이라고 할 수 없다(有 我相 人相 衆生相 壽者相 卽非菩薩)."라거나 "만약 모든 상이 상 아님을 보면 곧 부처를 보는 것이다(若見 諸相非相 卽見如來)."라거나 "마땅히 머무르는 바 없이 그 마음을 내어야 한다(應無所住 而生其心)."라거나 "과거의 마음도, 현재의 마음도, 미래의 마음도 얻을 수 없다(過去心 不可得 現在心 不可得 未來心 不可得)." 하는 등이 모두 분별을 버릴 것을 강조하는 대표적인 가르침입니다.《반야심경》처럼 공에 대한 직접적인 언급은 없지만 분별을 버리라는 가르침은 '모든 것이 하나가 되어 분별이 없는 공'의 세계에 대한 것이니까요.

사랑하면…

애지중지하던 칠대독자 외아들이

갑자기 병에 걸려 죽었습니다요.

어헝엉 엉

사랑이 생기면 걱정과 슬픔, 괴로움과 번민이 따르는 것입니다.

엥?

부처님께서… 이러쿵 저러쿵… 하시던데…

그럴 리가 있습니까?

사랑이 생기면 당연히

기쁨과 즐거움이 따르는 것 아닌감?

소문은 돌고 돌아서…

뭣이라?!

사랑을 하면 슬픔과 괴로움이 따른다고?

부처님 말씀이 옳은 것 같은데요.

설마… 혹시 점심때 뭘 잘못 먹은 거 아니오?

신하 중에 가장 믿고 총애하는 경호대장에게
무슨 변이 생긴다면 어떻게 하시겠습니까?
나?
안타깝고 괴로운 일이오.
만약 이 나라에 무슨 일이 생긴다면 어떤 마음이시겠습니까?
서럽고 비통함을 금할 수 없을 것이오.
대왕께서는 저를 어떻게 생각하고 계십니까?
왕비를 누구보다 깊이 사랑하고 있지.
그럼, 저에게 병이 생겨 내일이라도 세상을 떠나게 된다면 어떻겠습니까?
생각만 해도 슬프고 괴로운 일이오!
부처님 말씀도 바로 그런 뜻이랍니다.
그, 그런가?

서른일곱

공 (空)은 새로운 불교운동의 핵심사상이었지만 이를 해석하는 데 다른 견해가 생겨났습니다. 즉 공은 "아무것도 없는 상태를 말하는 것이다."라고 주장하는 무리들이 나타났는데 이들은 신자들 사이에 허무주의를 불러일으키기도 했지요. 또 공에만 너무 집착해 다른 가르침은 모두 가치 없는 것으로 몰아버리는 편견에 빠진 무리들도 나타났습니다. 불교계가 이렇게 혼란스러울 때 용수(龍樹 : 나가르주나, 150~250년경)라는 스님이 나타났습니다. 그는 인도 남부지역 출신으로 방탕한 생활을 하다가 목숨을 잃을 뻔했는데 이 때 크게 뉘우치고 불교에 귀의했지요. 북부지역에 와 새로운 불교사상을 배운 용수 스님은 "분별과 집착을 버리게 하기 위해 공을 가르쳤는데 다시 공에 집착해 다른 가르침들과 분별한다는 것은 잘못된 생각이다."며 "중도(中道)의 입장에서 공을 봐야 한다."는 가르침을 폈습니다.

마음을 닦아라!

4

　한편 공에 대한 잘못된 생각들을 극복하는 방법으로 새로운 관점을 가진 사상도 생겨났습니다. 이 사상의 핵심은 "공은 존재의 참된 모습에 대한 가르침인데 이를 잘못 파악하는 것은 우리의 마음에 문제가 있기 때문이다. 따라서 먼저 우리의 마음을 잘 관찰하여 그 본성을 깨닫는다면 참된 진리를 깨우칠 수 있다."는 것입니다. 용수 스님이 열반한 다음에 성립되었다고 하는《해심밀경(解深密經)》은 이 새로운 사상을 담고 있는 경전인데 인간의 심리와 그 변화에 대한 가르침이 주된 내용입니다.《해심밀경》에 의하면 인간이 생각하는 밑바탕에는 아뢰야식(阿賴耶識)이 있는데 '제8식'이라고 불리는 이 아뢰야식이 분별하고 집착하는 마음을 버리면 곧 미망(迷妄)에서 벗어난 '제9식'인 아마라식(阿摩羅識)이 된다고 합니다. 이런 가르침 역시 사람들에게 공의 의미에 대해 올바른 판단을 내리는 지혜를 주기 위한 것이지요.

소나기

휴~ 덥다, 더워…

모내기를 해야 하는데 비가 안 와서 큰일입니다.
걱정 마세요. 오늘 중으로 비가 내릴 겁니다.

농담도 잘 하시는군요. 날씨가 이렇게 맑은데 무슨 비가 옵니까?

두고보세요. 틀림없이 비가 올 겁니다.

그럴 리가 있겠습니까?
비가 온다니까요!
그럼, 내기를 할까요?

여기 있는 쌀을 다 걸겠습니다.

그럼 나는 저 소를 걸겠습니다!

오늘 공짜로 쌀이 생기겠구나.
히힛!

'소내기'를 했다고 해서
갑자기 내리는 비를
'소나기'라고
한답니다.
믿거나
말거나~

서른여덟

“**불** 이야!” 어느 집에 큰불이 났습니다. 다른 사람들은 모두 빠져 나왔는데 세 어린아이들은 노는 데 정신이 팔려서 자칫하면 목숨을 잃을 위기에 처했습니다. 이 때 지혜로운 아버지는 양이 끄는 수레인 양차(羊車), 사슴이 끄는 수레인 녹차(鹿車), 소가 끄는 수레인 우차(牛車)를 주겠다면서 차례로 아이들을 집밖으로 유도해서 모두 살려냅니다. ‘화택(火宅)의 비유(比喩)’라는 유명한 이 이야기는 《법화경(法華經)》에 나오는 것인데 여기서 세 아들은 각각 성문(聲聞)과 연각(緣覺)과 보살(菩薩)을, 지혜로운 아버지는 부처님을 의미합니다. 성문은 부처님 당시의 제자들과 그 이후 보수적인 입장을 취하는 스님들을 낮추어 부르는 말인데 부처님의 음성[聲]을 직접 들어야만[聞] 깨달을 수 있다는 의미지요. 성문의 목표는 아라한이 되는 것입니다. 연각은 연기[緣]에 대한 통찰을 통해 깨달음[覺]을 얻었지만 다른 사람들에게 가르침을 주려고 하지 않는 이를 말합니다.

불난 집에서 아이들을 구하다

보살은 새로운 불교운동을 일으킨 사람들이 내세우는 이상형으로 부처가 되기 직전의 경지에 오른 사람이지요.

새로운 불교운동을 일으킨 사람들이 스스로 대승이라 하면서 보수적인 스님들을 소승이라고 얕잡아보자 보수적인 스님들은 새로운 불교운동을 일으킨 사람들을 불교도가 아니라고 하면서 아예 상대조차 하지 않으려 했습니다. 두 집단의 이런 심각한 갈등을 극복하려는 취지에서 만들어진 것이 바로 《법화경》입니다. 《법화경》에서는 "부처님이 성문승(聲聞乘), 연각승(緣覺乘), 보살승(菩薩乘)을 가르친 것은 중생을 부처가 되는 길, 즉 일불승(一佛乘)으로 이끄는 방편이다."라고 가르칩니다. 여기서 성문승, 연각승, 보살승은 각각 성문, 연각, 보살을 위한 가르침을 말합니다. 그리고 마하가섭, 수보리, 가전연, 목련, 아난다, 라훌라, 부루나, 교진여 등 여러 성문이 장차 부처가 되리라는 언질(수기)을 받게 하여 교단의 화합을 시도하지요.

심봤다?
모진 고생을 하며 수도를 한 지 삼십 년…
가난과 배고픔으로 풀뿌리나 캐어 먹는 처량한 신세…
심마니가 따로 없군.

휴-
그러나 아직 부처님의 도를 깨닫지 못했다.

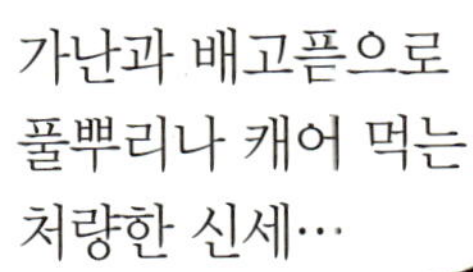

심봤다

툭
어? 이게 뭐야!

심봤다 도야

깨달음은 다음으로 미루고 우선 이 돈으로 출세부터 하고 보자!
힝!

룰루 랄라
어라?

이것보시오. 보아하니 출가한 여승인 것 같은데…

삭발을 하고 법복을 입으면서
분을 바르고 눈썹을 그리고 온갖 치장을 하다니
그래서야 되겠소?!

출가한 몸으로
당신은 무슨 꼴입니까?

온갖 고생하며
삼십 년 동안
수행하고서

이제 와서 산에서 주운 돈으로
출세해 보겠다고 하다니….

그래서야
되겠소?

아니!
그걸 어떻게…

내가 누구인지 다시 한 번 보시오.

앗, 부처님…

진정 가치있는 것이
무엇인지 잘 생각해
보시오.

이제야 뭔가
깨달을 것 같다.

하 하 …

제법인데?

179

서른아홉

새로운 불교운동가들은 분별과 집착을 가장 경계하는데 이런 생각을 모든 존재에게 적용시킨 것이 바로 《화엄경》입니다. 《화엄경》을 연구한 학자들은 여러 가지 경전들이 모여서 만들어진 것이 《화엄경》이라고 하는데 그 이유는 《화엄경》의 〈십지품(十地品)〉과 〈입법계품(入法界品)〉이 산스크리트로 된 독립된 경전의 형태로 발견되었기 때문이지요. 이는 이 두 품이 《화엄경》에서 가장 중요한 부분이라는 것을 말해 주는 증거이기도 합니다. 〈십지품〉은 보살이 밟아가는 열 가지 단계에 대한 것이고 〈입법계품〉은 선재동자라는 구도자가 53명의 깨달은 사람들을 만나 가르침을 받고 결국 큰 깨달음을 얻는 과정에 대한 것입니다. 언뜻 생각하면 상관이 없을 것 같은 〈십지품〉과 〈입법계품〉을 하나의 경으로 묶었다는 것은 서로 통하는 것이 있기 때문입니다. 선재동자가 만나는 53명은 비구와 비구니처럼 스님들은 물론이고 바라문, 뱃사공, 기생 등 실로 다양한 직업을 가진 사람들입니다.

모든 사물은 연관되어 있다

이들에게 선재동자는 문수보살이 일러 준 대로 "보살은 어떻게 보살행을 배우고 닦으며, 어떻게 해야 보현행을 속히 성취합니까?" 하고 묻습니다. 이 질문에 대해 53명은 자신이 깨달은 경지에서 나름대로 대답을 하지요. 이들 53명이 이렇게 대답할 수 있는 것은 그들이 보살의 54가지 경지 중 어느 한 가지 경지에 이르러 있다는 것을 말하는 것입니다. 이들은 성별이나 사회적 신분이 모두 다르지만 깨달음의 세계에서는 모두 부처가 되는 길을 가는 보살들이지요. 한마디로 깨달음을 이루는 데는 차별이 있을 수 없다는 것입니다. 《화엄경》은 이런 무차별의 세계를 사람뿐만이 아니라 우주의 모든 존재에까지 확대하는데 '모든 존재는 다르지만 서로 영향을 주고받으며 공존하는 하나이기도 하다' 는 깊은 가르침을 주고 있습니다.

아름다운 여인
마시자 ♡♥
술집
이봐, 마담~
여기 술 가져와!
네… 네…
가져왔으면 따라야지!
슥 슥
뽀뽀 한 번 할까?
으이그 지겨워…
부처님을 찾아가서 출가해야겠다.
에고, 다리야~
내 얼굴이 아직도 탱탱하네.
호호…
몸매도 어디 가서 빠질 정도는 아니고
지금 출가하기는 아깝다!
뒤로 돌아갓!
여보세요~

내려가는 길이면 저와 함께 가 주시겠어요?
인정하긴 싫지만 나보다 몇 배는 더 아름답구나.
아~ 기죽어.

여기서 잠시 쉬어갈까요?
제가 몸이 약해서…
그러세요.
쳇! 미인은 원래 그러냐?

깜빡 졸았네.
이제 내려가야 지요?

그렇게 아름답던 여인이…
죽으니 이런 모습이 되다니…
헉!

육신이란 길고 영원한 것이 아니라
덧없는 껍질에 불과한 것이니라.

마흔

“**이** 몸이 그대로 부처다!” 이 놀라운 표현을 보는 독자 여러분은 이렇게 말할 것입니다. “헉, 그렇다면 내가 부처란 말인가?” 황당해하면서 던지는 여러분의 질문에 부처님의 입멸 후 1100~1200년(서기 600~700년) 즈음에 완성된 것으로 보이는 《대일경》이나 《금강정경》은 “그렇다!”라고 대답합니다. 이 경전들은 《반야경》, 《해심밀경》, 《법화경》, 《화엄경》 등의 핵심사상을 중심으로 하지만 힌두교의 영향도 받았습니다. 불교의 융성으로 인해 위축되어 있던 브라만교는 불교를 포용하면서 새롭게 변신하는데 그것이 바로 힌두교입니다. 힌두교에서는 부처님 역시 우주를 유지하는 신인 비슈누의 화신이라고 하며 지금도 신전에 모시고 있지요. 이렇게 되자 힌두교의 교세는 폭발적으로 커지고 불교는 상대적으로 위축되었습니다. 이에 힌두교의 주술적인 요소를 정화된 형태인 진언(眞言)으로 받아들여 만들어진 것이 《대일경》과 《금강정경》이며 이 경전들에 근거한 것이 바로 밀교(密敎)입니다.

내가 바로 부처라고?

부처가 되는 것을 목표로 하고 있는 대승불교도들이 반드시 거쳐야 하는 단계가 바로 일생보처보살(一生補處菩薩)입니다. 이 보살은 범부중생에서부터 수많은 생을 거치면서 수행을 한 결과 최고 경지의 보살이 되었으며, 바로 다음 생에 부처가 없는 세상에 태어나 성불을 이룰 것이기 때문에 '일생보처' 라는 이름이 붙은 것입니다. 다시 말해 어느 보살이라도 다음 생에 부처가 된다면 일생보처보살이 되는 것이지요. 그런데 《대일경》과 《금강정경》은 그 고된 수행의 과정을 생략하고 "지혜와 방편이 하나라는 것을 알면 지금의 네가 바로 부처이며 모든 중생도 역시 그러하다."고 하니 기절초풍할 일이지요. 그런데 이렇게 즉신성불(卽身成佛)을 외치자 이 경전들은 불교도들에게 폭발적인 인기를 얻었으며, 많은 사람들이 불교신자가 되어 인도에 다시 불교가 융성하게 되었습니다.

5

가슴 속의 불법

불법이란?
부처님의 가르침인 진리 …
?

고려시대 한 스님이 어느 절에서
오랫동안 수도를 하고 계셨는데…
공부…
工夫…
study…

그 절 뒷산에는 도둑이 살고 있어서
항상 죄를 짓지 말라는 스님을
아니꼽게 생각하였다.
NEWS
흥! 흥! 흥!
도둑 ***

사건 당일 밤

너희 중들은 말할 때마다
불법이 있다고 하는데 말야!
빡
퀵

도대체 불법이
어디 있단 말이냐!
쓱!…
쓱!…

목탁 속에
있느냐?
동냥자루에
들어 있느냐?

아니면
부처님 뱃속에
있느냐?

불법은
내 가슴 속에
있소!

그으래?

사람잡아 가슴을 쪼개는 것이
내 직업이니까 어디 한 번
네 가슴을 쪼개 보자.

이 미련한 자야.
거미가 실을 뽑는다고
거미 뒤를 자르면
뭐가 있더냐?
하
하
하

누에가 실을 뽑는다고
누에 입을 자르면
뭐가 있더냐?

봄마다 피는 꽃이 아무리 예뻐도
나무를 쪼개면 그 속에서 꽃을
찾을 수 있더냐?

다만 밖에 드러날 때
꽃이 되고 실이 되는
법이니라!

스님~
배워서 남 주냐?
도둑은 그 후
새 삶을 살았다고
합니다.

마흔하나

"**마**음을 바로 가리키니 그 성품을 보면 부처가 된다!" 이는 "이 몸이 그대로 부처다!"라는 말이 인도 대륙을 풍미할 때 히말라야 산맥 북쪽의 중국 대륙을 휩쓴 말입니다. 이런 말이 생겨난 것은 천축(지금의 인도) 출신의 한 스님 때문이지요. 소림사의 뒤에 있는 작은 굴에서 벽을 바라보고 앉아서 명상만 하는 이 스님이 바로 그 유명한 달마대사였습니다. "본래의 청정한 마음을 직관(直觀)해야 한다."는 달마의 가르침은 논리보다는 실용을 중요시하는 중국인들의 절대적인 환영을 받았습니다. 달마의 5대째 제자인 혜능(638~713)의 시대가 되자 그의 아래서 큰 깨침을 얻은 스님들이 40명이 넘게 나왔습니다. 이 40여 명의 고승이 중국 전국으로 흩어져 가르침을 전하니 "마음을 바로 가리키니 그 성품을 보면 부처가 된다."는 말이 중국 전체를 뒤흔들었습니다.

글자 없는 경전?

이들 역시 달마대사처럼 앉아서 수행하기를 즐겨했는데 이것이 바로 좌선(坐禪)입니다. 좌선하는 스님을 선승(禪僧)이라고 하는데 선승들은 '마음의 정체'를 밝히기 위해 밤낮으로 피나는 수련을 했습니다. 그들에게는 수행을 위해 따로 정해진 경전이 없습니다. 대신 그들이 몰두하여 생각하는 것은 '부처님께서 설법하실 때 꽃을 들어 보이자 마하가섭만이 빙그레 웃었다는데 그 뜻이 뭘까?' 와 같은 구체적인 행동이나 '나부끼는 깃발을 보고 두 사람이 다투자 혜능 스님이 움직이는 것은 바람도 아니고 깃발도 아닌 그대의 마음이라고 했다. 도대체 이 마음이란 놈은 무엇인가?' 와 같은 고승들의 말이었습니다. 그래서 '문자로 된 경전 이외에 따로 전하는 것으로 마음을 바로 가리키니 그 성품을 보면 부처가 된다.'고 했는데 이 가르침은 한국과 일본으로 전해져 크게 성행했고 미국이나 유럽에도 그 바람이 불고 있지요.

그림자

깨가 쏟아지게 살던 신혼부부가 있었는데…
부엌에 가서 가져올게, 자기야~
분위기 있게 와인 한 잔 할까?

나 몰래 다른 여자를 숨겨놓다니!

야, 인간아 벌써 바람 피우냐!

흥! 흥!
무슨 소리야? 가져오기 싫으면 싫다고 할 것이지…

허 걱!

너야말로 다른 남자 숨겨뒀잖아!

누가 할 소리!
당장 나가!
나가! 나가!
잠 좀 잡시다!

친하게 지내던 친구가 두 사람을 화해시키러 찾아오는데…
술 한 잔씩 하면서
화해하세요.
흥!
쳇!
오 잉?
나보다 더 친한 친구를 숨겨 뒀더군!
치사하다, 치사해!
이럴 수 있나?
짜증나!
뭔 소리여?
어리석은 사람들을 깨우치는 나는야~~~
해결맨~~
싸움의 원인은 바로 이것!
파샤
항아리 속의 그림자를 실상으로 착각하고 있었네….
음하하하!

마흔둘

힌두교의 등장으로 세력이 약해지기는 했지만 불교는 인도에서 여전히 번성했습니다. 하지만 이슬람교도의 침입 이후 인도에서 불교는 자취를 감추기 시작하지요. 1100년 무렵부터 이슬람교도는 인도로 침입하기 시작했습니다. 흔히 이슬람교도들은 침입한 땅의 주민들에게 "코란이냐, 칼이냐?" 하면서 "이슬람교도가 되거나, 아니면 죽거나 택일하라."고 강요했다고 알려져 있습니다. 그런데 실제로는 일정한 돈, 즉 종교세금을 내면 주민들의 종교선택권을 주었다고 합니다. 하지만 불교의 경우는 사정이 달랐습니다. 처음에는 불교와 힌두교의 차이를 두지 않고 공격했지만 조금 지나자 불교만 집중적으로 공격하기 시작했습니다. 이들은 스님을 보면 무조건 죽이고 절이 나타나면 완전히 파괴해버렸습니다. 이슬람교도들의 무자비한 살육에서 살아남은 스님들은 카라코람 산맥을 넘어 티베트로 피신했습니다.

인도에서
불교가 사라진 이유는?

이슬람교도들이 불교를 철저하게 탄압한 이유는 크게 두 가지로 추측해 볼 수 있습니다. 첫째는 그들이 우상으로 보는 불상을 모신다는 것인데 이 점이 불교도에 대한 적대감을 키웠다고 할 수 있지요. 이는 아프카니스탄의 이슬람 원리주의자인 탈레반에 의해 2001년 3월에 파괴된 세계 최고의 입불상(立佛像)이었던 바미안 석불(石佛)의 경우를 봐도 잘 알 수 있습니다. 힌두교 역시 여러 가지 동상을 만들지만 그것은 신상(神像)이라는 점에서 차이가 있다고 봐야 합니다. 두번째 이유는 종교세를 바치지 않았기 때문이라고 봅니다. 당시 스님들은 무소유를 기본으로 하고 있었기 때문에 이들에게 바칠 돈이 없었지만 이슬람교도들의 입장에서는 이교도들의 사정을 봐 줄 이유가 없었던 것이지요. 이런 상태가 계속되자 1500년 무렵 불교는 인도에서 사라져버리고 말 았습니다.

니다이

퍼~
똥 푸는 직업을 가진 '니다이'라는 사람이 있었는데…
웩! 냄새
개! 가란 말야!
목욕이나 해!
첨벙
부처님.
나와 함께 가지 않겠는가?
니다이가 출가하여 부처님 제자가 됐다는 소문이 퍼지고…
속닥
속닥
나불
나불
수군
수군
이럴 수가 있나!
요즘은 개나 소나 승려가 되는구만!
코앙!
당장 가서 알아봐야지!
부 다 다 다 다

어서 오십시오.
기다리고 계십니다.

안녕하세요?
내가
왜 이러지?

조금 전의
성자님은
누굽니까?

아! 그 사람은
얼마 전까지
똥 푸는
일을 하던
'니다이' 라고
합니다.

니다이
라고라…
띵

채소밭에 거름 줘야
되겠는데요.

이리 주세요.
니다이 성자님!

나는야~ 흙에 살리라
깨달음에는
귀천이
없지요.

마흔셋

 "**나**는 티베트불교 신자입니다." 미국의 인기 영화배우 리처드 기어가 한 말입니다. 그뿐만 아니라 여자 영화배우 샤론 스톤이나 팝 가수 마돈나도 신자라고 외치고 다니는 덕분에 서양에는 지금 티베트불교 바람이 불고 있지요. 해발 4,000m 이상의 고원지대로 이루어진 티베트에 불교가 전해진 것은 600년대 초반 무렵입니다. 당시의 왕인 쏭첸깜뽀 (?~649)는 당나라와 네팔왕국에서 각각 왕비를 맞이하게 되는데, 불교 신자인 두 왕비가 자국의 스님들을 데려오게 되어 불교가 전해졌습니다. 이 때 불교는 주술을 중요시하는 티베트의 고유 신앙 본교를 흡수하여 독특한 모습을 가지게 됩니다. 그런데 700년대 중반에 인도에서 온 샨티 락시타와 파드마 삼바바라는 두 스님이 밀교를 전한 뒤부터는 밀교가 티베트 불교의 중심이 되었지요.

티베트불교

　이슬람교도의 박해를 피해 많은 인도 스님들이 티베트로 들어왔는데 밀교 계통의 스님들이 많아 밀교는 더욱 확고하게 자리를 잡았습니다. 1300년대 후반부가 되자 쫑까빠[宗喀巴]라는 큰스님이 나타났는데 그는 《반야경》의 사상을 가미해 밀교에 새로운 활력을 불어넣었습니다.

　쫑까빠를 따르는 스님들은 노란 모자를 썼고 예전의 밀교를 그대로 신봉하는 스님들은 붉은 모자를 썼기 때문에 전자를 황모파라 하고 후자를 홍모파라고 합니다. 이후 티베트불교는 황모파에 의해 주도되지요. 티베트불교의 특징은 삼사도(三士道)라는 수행방법에 있는데 탐욕을 없애고 선업을 쌓는 하사도(下士道), 깨달음을 얻어 열반에 들어가는 중사도(中士道), 중생을 위해 자비심을 내는 상사도(上士道)를 차례로 닦아야 합니다. 그런 다음에야 비로소 즉신성불(卽身成佛 : 이 몸이 그대로 부처다)의 경지에 들어갈 수가 있는 것이지요.

노힐부득 과
달달박박

백월산에서 수행하던
달달박박
득도
계세요?

날이 저물었는데
하룻밤 쉬어가게
해 주셔요.

여기는 여관도 아니고
러브호텔도 아니란 말이오!

깨달음을 얻는 데 방해되니
재워 줄 수 없어욋!
CLOSED

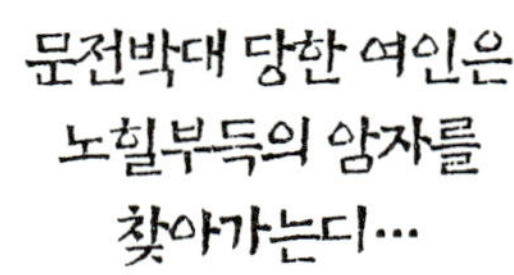

문전박대 당한 여인은
노힐부득의 암자를
찾아가는디…
얼쑤~

고민되네,
이거…

쫓아버려!
자비를
베풀어야 해!

쉬어가세요.

스님…
스님!

아이가 나오려고 해요.
도와 주세요.

응애~
산부인과 간호사
노릇하랴…

스님, 목욕하고 싶은데
도와주시는 거죠?

목욕 시중까지 하느라 밤새도록
쉴 틈이 없었다.

아이고~
온 몸이
쑤시네.

대사의 자비심으로
깨달음을 얻게 될 것이니
어서 목욕을…
관세음보살님!

노힐부득을 찾아온 달달박박
자네도 목욕하게.
?

목욕물이 모자라서….

마흔넷

중국에 불교가 전해진 것은 부처님의 열반 후 약 600년이 지났을 때입니다. 이 때 중국에는 이미 도교나 유교 등 전래의 사상이 있었는데 중국인들은 무(無)를 강조하는 도교와 비슷한 것으로 불교를 받아들였지요. 왜냐 하면 중국에 처음 전래된 불교는 중국인들에게 무와 비슷한 개념으로 보이는 공을 강조하는 대승불교였기 때문입니다. 그래서 중국의 불교인들은 도교사상을 기준으로 경전을 번역하면서 불교를 이해하려고 했는데 이를 격의불교(格義佛敎)라고 하지요. 그런데 구마라습이라는 고승이 서기 401년부터 10여 년 동안 대승불교의 여러 경전들을 번역해 세상에 내놓자 중국인들도 불교의 시각에서 불교를 연구하기 시작했습니다. 이는 불교가 중국땅에 확실히 뿌리를 내렸다는 것을 의미하지요. 당나라(618~907) 시절이 되면 중국 불교의 황금기라고 불려지게 될 만큼 불교가 융성하게 됩니다.

중국불교

    삼장법사인 현장 스님이 황제의 명을 받고 인도에 가서 불경을 구해 와 번역한 것도 당나라 초기의 일이지요. 이 시기에는 불교에 대한 연구가 더욱 깊어져 저마다의 독특한 주장을 하는 여러 종파들이 생겨났습니다. 《반야경》의 사상을 중심으로 한 삼론종, 《해심밀경》의 사상을 중심으로 한 법상종, 《법화경》의 사상을 중심으로 한 천태종, 《화엄경》의 사상을 중심으로 한 화엄종, 《대일경》과 《금강정경》의 사상을 중심으로 한 진언종, 경전에 의지하지 않는 중국 자생의 불교인 선종 등 종파가 13개나 되었지요. 몽고족이 중국을 지배한 원나라 때는 라마교라 불리는 티베트불교가 성행하기도 했습니다. 유교를 정치이념이나 생활규범으로 본다면 도교를 크게 능가하는 전통종교로서 명나라와 청나라 시대를 지나 온 불교는 종교를 부정하는 공산주의 국가인 중화인민공화국 시대인 지금 교세가 크게 줄어들어 있는 상태입니다.

마음의 불
내 이름은 덕산
하지만 사람들은 '주금강'이라 부르지.
왜냐고? 금강경을 통달했으니까.
점심을 굶었더니…
떡 한개 서 푼, 오늘은 특별세일 두 개 닷 푼이야.
헌데… 짊어지고 있는 건 뭐유?
'청룡소'라는 금강경 해설서 올시다.
궁금한 게 있는데…
오~케이!
답해 주면 점심은 공짜야.
금강경에 써 있기를 "과거의 마음도 없고 현재의 마음도 없고 미래의 마음도 없다"고 했는데…
스님은 어느 마음에 점을 찍으시겠수?
뻥
점
心
심
용담원에 가서 숭신 선사한테 여쭤보구랴.
쯧쯧
용담원?
용이 사는 연못인가?

무슨 용담이
요모양이냐?
용도 보이지 않고
연못도 없잖아!

쨔잔~
네가 있는
곳이 바로
용담이니라.

이 날부터 주금강은
용담원에서 밤 늦도록
공부하는데…

정전
이잖아!

어둡지?
자, 여기…
땡큐~
사부님!

앗!

이제 그만
하산하여라.
허
허
허

한순간에
깨달음을 얻은
주금강은
'청룡소'를
불태워버린다.
캠프파이어
하는감?
마음의 불을
밝히는 중
입니다.

마흔다섯

구마라습(鳩摩羅什 : 344~413)은 본명이 쿠마라지바이며, 아버지는 인도인이고 어머니는 구자국 사람이라 중국인은 아닙니다. 신동 소리를 듣던 구마라집은 일곱 살에 출가해 인도 등 여러 나라의 고승들을 찾아다니며 불교를 배워 어린 나이에 불교에 정통하게 되었는데, 그 후론 누구도 그를 이기지 못했습니다. 어학에도 천부적인 소질이 있어 여러 나라의 말을 자유롭게 할 수 있게 된 구마라습은 구자국에 돌아와 가르침을 폈지요. 그런데 구마라습의 소문이 중국 쪽으로 흘러들어가자 여러 나라에서 그를 차지하기 위해 전쟁을 일으켰습니다. 결국 57세 때 후진(後秦)의 서울인 장안에 들어간 구마라습은 국빈대우를 받으며 번역에 힘쓰는 한편 승조와 같은 훌륭한 제자들도 길러내었습니다. 왕이 그의 아들들을 얻기 위해 10명의 미녀를 보내 곤란하게 만들 정도로 구마라습은 천재였으며, 그의 번역으로 인해 비로소 중국불교가 제자리를 잡게 되었지요.

중국의 고승들

당나라 초기에 홀어머니를 모시고 사는 가난한 나무꾼 총각이 있었습니다. 그런데 이 나무꾼이 하루는 어느 스님에게서 《금강경》에 있는 "마땅히 머무르는 바 없이 마음을 내어라." 하는 구절을 듣고는 출가를 결심하게 됩니다. 양자강을 건너 700명의 제자를 거느린 유명한 홍인대사를 찾아가 가르침을 구하자 "남쪽의 오랑캐가 불법을 알아서 무엇 하려고?" 하는 것이 아닙니까? 그러자 나무꾼은 "사람에게는 남북이 있을지 몰라도 불법에는 남북이 없습니다." 하고 당돌하게 받아넘겼지요. 아, 그러자 홍인대사가 방아찧는 일을 맡기는 것이 아닙니까!

스승의 뜻을 알고 8개월 동안 묵묵히 방아를 찧으며 마음 공부를 하던 나무꾼은 마침내 홍인대사에게서 달마대사 이래로 전해진 승복과 밥그릇을 수제자의 증표로 받고 혜능(慧能 : 638~713) 스님으로 거듭납니다. 그리고 그의 활약으로 마침내 선종이란 종파가 성립되어 중국불교를 대표하게 되지요.

암소와 세 사람

NEWS
뉴스를 말씀드리겠습니다.
오늘 아침, 이웃마을 주민 한 사람이
암소에 받혀 목숨을 잃는 사고가 발생했습니다.
주인은 소를 팔아버렸는데
소를 산 사람이 물을 먹이려고 끌고 가다가…
소가 뒤에서 떠받는 바람에 목숨을 잃었습니다.
아버지!
열받은 아들은 소를 죽여 시장에 팔아버리고…
SALE 30%
소머리를 사가지고 가던 시골사람이 잠시 쉬고 있던 중에
소뿔에 찔려 또다시
목숨을 잃었다고 합니다.
이상, 뉴스끝!
암소 한 마리가 세 사람을 죽였다고 합니다.
우째 이런 일이…?

모든 일에는 원인과 결과가 있습니다.

어느 날 상인 세 사람이 날이 저물자 할머니가 사는 여관에 머물게 되었는데…

며칠 동안 편하게 지내고 말도 없이 몰래 빠져 나와 버렸습니다.

뒤늦게 쫓아간 할머니가 숙박비를 요구하자
아침에 드렸잖아요!
정신이 오락가락 하나봐.
또 달라는 겁니까?

억울한 일을 당한 할머니는 화가 나서 그들을 저주했습니다.
내가 지금은 힘이 없어 너희들을 그냥 두지만…

다음 생에 만나면 지금 당한 원한을 꼭 갚아 주겠다!

맘대로 하셔~

그 때의 할머니는 암소
소한테 받혀 죽은 세 사람은 숙박비를 떼어먹고 달아난 상인들이지요.

마흔여섯

우리 나라에 불교가 처음으로 전해진 것은 고구려 소수림왕 2년(372년)이라고 합니다. 중국 전진(前秦)의 왕 부견의 명을 받은 순도(順道)라는 스님이 불상과 경전 등을 가지고 왔는데 소수림왕은 그를 위해 초문사라는 절을 지어 주었다고 합니다. 백제의 경우 침류왕 1년(384)에 마라난타(摩羅難陀)라는 천축(인도)의 스님이 중국의 진나라를 거쳐 들어오면서 불교가 전해졌다고 합니다. 신라에는 눌지왕(訥祗王 : 재위 417~458) 때 아도(阿道), 혹은 묵호자(墨胡子)라고 불리는 스님이 불교를 전했는데 귀족들의 반발에 의해 법흥왕 때 이차돈의 순교사건을 겪고 난 다음에 비로소 공인되었다고 하지요. 이런 점을 미루어 보면 순조롭게 불교가 전파된 고구려와 백제의 경우 이미 민간에는 불교가 널리 알려져 있었다고 볼 수 있습니다. 특히 백제 침류왕의 경우 신하들을 거느리고 성문 밖까지 마중을 나갔다고 하니 말입니다.

한국불교

5

고려시대에는 태조 왕건이 유언으로 불교사상에 입각해 나라를 다스리라고 했는데, 이 유언은 잘 지켜져 이후 불교는 500년간 황금기를 누리며 번성하게 됩니다. 그런데 조선시대에 들어오자 유학(儒學)이 국가의 정치이념으로 채택되었지요. 이렇게 되자 유학자들인 신하들의 주장으로 조선의 왕들은 숭유억불(崇儒抑佛 : 유학을 숭상하고 불교를 억압함)을 기본정책으로 정합니다. 그래서 조선시대 500년 동안 불교는 위축될 수밖에 없었는데, 스님들의 지위는 국가 지도자에서 천민으로 격하되었고 모든 절은 산 속으로 들어가야만 했습니다. 하지만 일반 백성들이나 양반의 부녀자들은 대부분 불교를 믿었기 때문에 가혹한 탄압에도 불구하고 불교는 명맥을 유지할 수 있었습니다. 현재 불교는 공식적인 신도 수 1,000만 명인 한국 최대의 종교로 활발하게 활동하고 있습니다.

언니와 동생
계세요?
똑 똑

안녕하세요?
저는 공덕천녀라고 합니다.

뭐하시는 분인지…?
제가 가는 곳마다 재물이 넘쳐나고 무엇이든 원하는 대로 얻을 수 있습니다.

아이고! 어서 들어오세요.
귀한 분이 오셨다! 차 끓이고 음식도 내와라! 빨리, 빨리…

너… 너는 뭐냐?

내 이름은 흑암!
내가 가는 곳마다 재물은 사라지고 집안은 거덜난다!

썩 꺼져라. 재수없다!
흥!

흑암은 내 동생입니다. 나를 반긴다면 내 동생도 반겨 주셔야 합니다.
우리는 듀엣!

언니는 주고
동생은 빼앗는다?
공

할 수 없군,
둘 다 나가 주시오!

에잉~~
문 밖에 소금 뿌려라!
바보!
콰쾅

두 자매는 다른 집을 찾아갔습니다.

어쩔래?
그렇다면…
편안하게 쉬어
가십시오.

너는 내가 두렵지도 않냐?
허
허
허

괜찮습니다.
어서 들어오세요.

공덕천녀는
'태어남'을
흑암은
'죽음'을
뜻한다.

태어남이 있으면
반드시 늙고
병들어 죽음이
있다는 것을
어리석은 사람은
받아들이지 않으려고
하느니라.
혹시, 나?

1700년이 되어가는 우리 나라 불교는 많은 훌륭한 스님들을 배출했습니다. 특히 신라시대에는 수많은 고승들이 있었는데, 그 중에서도 대표적인 스님이 원효대사입니다. 중국으로의 유학 길 도중에 해골바가지에 담긴 물을 마시고는 모든 것이 마음에 달렸다는 것을 깨치고서 일체의 의문이 사라진 청년 원효는 발길을 돌려 신라로 돌아와 가르침을 펴지요. 원효대사는 불교의 경전들과 그에 따른 이론들 사이에서 일어나는 여러 가지 모순을 모두 풀어 보이고는 결국 부처가 되고자 하는 데 있어서는 모두가 마찬가지라는 주장을 했습니다. 경전마다 가르침이 다른 것은 배우는 사람의 수준에 따른 것이므로 결국 모든 교리(敎理)는 하나로 통한다는 의미에서 원효대사의 주장을 '통불교(通佛敎)'라고 하는데 이런 주장을 하려면 불교에 정통하지 않으면 안 되지요.

고려시대의 대표적인 스님은 의천대사와 지눌대사입니다.

한국의 고승들

　문종 임금의 아들이기도 한 의천대사는 중국에 유학하여 천태종과 화엄종의 교리에 통달하게 되었는데, 고려에 돌아와 천태종을 만들어 여러 종파들을 통합했습니다. 이에 비해 중국 선종의 중흥조인 혜능대사의 저술인 《육조단경》을 보다가 크게 깨달은 지눌대사는 흩어져 있던 참선 종파들을 모아 선종으로 통일했는데 그것이 바로 오늘까지 내려오는 조계종입니다. 조선시대의 대표적인 스님은 서산대사와 사명대사인데, 스승과 제자인 두 스님은 임진왜란을 당하자 승군을 조직하여 나라를 구하는 데 앞장섰습니다. 이로 인해 호국불교(護國佛敎)라는 이름을 얻었는데 일제시대에도 많은 스님들이 비밀리에 상해 임시정부에 자금을 보냈지요. 일제시대에는 만해 한용운 스님이 활약을 했으며 해방 이후에도 많은 고승들이 나왔습니다.

오늘도 내가 참는다
동네북이 또 나타나셨군!
사리불
라후라
내가 주는 공양이다. 받아라!
팍
삭
이게 무슨 짓이오!
공양은 못할망정 그릇을 깨다니…
어쭈! 요 쬐끄만 게!
니가 대들면 어쩔 건데?
건방진 녀석 맛 좀 봐라!
사부님, 어째서 세상에는 악한 사람들이 있는 것입니까?
정말, 세상에는 더러운 일이 너무 많습니다.

라후라야.
악한 자들이
아무리 행패를
부려도

불제자는 성내는 마음을
참고 높은 덕을 쌓아야 한다.

부처님께서도 참고 견디는 것이
수행하는 데 있어서
가장 중요하다고
하셨느니라.

온갖 고난과
괴로움을 참고 견디면
반드시 큰 깨달음을
얻는 날이 올 것이니라.

오늘도 라후라 녀석을
괴롭혀 주자!

큭큭…

참고 견디는 데 있어서
타의 모범이 되므로
이 상을 수여함.

땡큐!
사부님…

오잉?
어느새…

놀라워라!

손이
안 닿는다.

마흔여덟

일본에 불교가 처음 전해진 것은 백제 성왕(聖王) 538년 도장(道藏) 스님이 불상과 경전을 가지고 일본에 건너갔을 때입니다. 이후 백제는 물론이고 고구려나 신라의 스님들도 일본으로 건너가 가르침을 폈는데 호족들과 왕실의 지지를 받아 마침내 국교가 되지요. 백제가 망한 다음 그 유민들이 대거 일본으로 건너가 활동한 나라시대(奈良時代 : 710~784년)에는 불교가 더욱 융성하여 황금기를 누렸습니다. 헤이안시대(平安時代 : 794~1192년)에는 사이초[最澄] 스님과 구카이[空海] 스님이 당나라에 유학한 다음 돌아와 각각 천태종과 진언종을 전하지요. 이 두 종파는 특히 귀족들의 귀의와 보호를 받았는데 귀족들은 많은 절과 탑을 만들었고, 법회와 기도회도 수시로 열었다고 합니다. 이 때 일본의 유력한 절들은 귀족들로부터 기부받은 많은 토지를 지키기 위해 승병제도를 운영해 여러 가지 문제점을 만들기도 했습니다.

일본불교

가마쿠라시대(鎌倉時代 : 1192~1333년)에는 호넨(法然) 스님에 의해 아미타불이라고 부르는 것만이 극락정토에 태어나는 길이라는 정토종이 생겨났는데 곧 백성들 속으로 광범위하게 퍼져 나갔습니다. 호넨 스님의 제자인 신란(親鸞) 스님에 의해 지금의 최대 종파인 정토진종으로 발전되었지요. 또 도겐(道元) 스님에 의해 중국에서 도입된 선종 역시 무사계급과 결부되어 발전하였습니다. 가마쿠라시대 말기에 등장한 니치렌[日蓮] 스님은 《법화경》의 사상을 중심으로 하고 진언밀교를 가미한 가르침으로 독창적인 니치렌종[日蓮宗]을 열었습니다. 니치렌종은 백성들의 환영을 받았는데 현재 일본의 2대 종파 중의 하나로 큰 영향력을 발휘하고 있지요. 이후 일본불교는 쇠퇴했지만 메이지유신[明治維新 : 1867년] 이후 전국적으로 중흥운동이 일어난 결과 현재는 일본 국민의 90% 이상이 불교를 믿고 있습니다.

우물속 의 사나이
내가 왜 여기 이렇게 매달려 있냐구요?
글쎄, 내 말 좀 들어보세요.
사형수로 감옥에 갇혀 있다가 탈출했는데…
어느새 미친 코끼리가 쫓아오는 거야!
급한 김에 근처에 있던 우물 속으로 뛰어들었지.
아래로 내려 가려니까 악어가 입을 벌리고 기다리고 있는 거야!
주위를 살펴보니 독사 네 마리가 혀를 날름거리고…
메롱 ~
혁!

내가 매달려 있는 칡넝쿨을 들쥐 두 마리가 갉아먹고 있지 않겠어?
사각
사각
야, 저리 개!
쩝… 쩝…
절망적인 상황에서 슬퍼하고 있는데 우물 옆에 있는 나무에서 맛있는 꿀 한 방울이 떨어지는 거야.
이제 알았지?
나는 여기서 꿀이 떨어지는 것을 기다리는 거라구.
아~
어서 떨어져라, 맛있는 꿀.
아~ 맛있다! …
한 방울의 꿀과 같은 세상의 환락에 집착하여
우물 속 같은 무상의 고통에서 깨어나지 못하는
어리석은 중생의 모습이니라.
시청각 교육이네.

마흔아홉

남부 아시아 지역의 불교를 말하는 남방불교(南方佛敎)에는 스리랑카, 태국, 미얀마, 베트남, 캄보디아, 라오스 등이 속해 있습니다. 약 2300년 전에 인도로부터 불교가 전해진 스리랑카의 경우 초기불교의 전통을 가장 잘 지키고 있지요. 스님들은 계율을 철저하게 지키며 신자들도 이런 스님들의 권위를 100% 존중해 준다고 합니다. 또 스리랑카는 유일하게 팔리어 대장경을 가지고 있는데 경·율·논 삼장과 이에 대한 주석서 등이 있어 불교 연구에 귀중한 자료를 제공해 주고 있지요. 스리랑카와 비슷한 시기에 불교가 전해진 태국은 국민의 95% 이상이 불교신자입니다. 이들 역시 초기불교의 전통을 지키고 있는데 남자들은 만 20세가 되면 '부엇낙(buactnak)'이라고 하는 단기출가를 해야 하지요. 절대적인 권위를 가지고 있는 왕실의 남자들도 예외일 수는 없다고 하는데, 짧게는 일주일에서 길게는 3년까지 절에서 살며 스님과 똑같은 생활을 합니다.

5 남방불교

미안마는 1600여 년 전에 인도로부터 초기불교의 전통을 따르는 불교를 받아들였으며 대부분의 국민이 불교신자입니다. 이들 역시 5~15살 사이에 '신퓨(shinpyu)'라고 불리는 단기출가를 해야 하는데 장마기간인 3개월 동안 예비스님(사미승)으로서 불교 교리와 예절 등을 배우면서 청소나 물긷기 등을 하지요. 이렇게 경험을 해 본 때문인지 태국과 미안마의 국민들은 어려운 길을 가는 스님들에게 절대적인 존경심을 가지며 스님들 역시 엄격하게 계율을 지켜지도자의 역할을 훌륭하게 수행하고 있습니다.

약 1800년 전에 불교가 전래된 것으로 보이는 베트남의 경우 중국의 영향을 많이 받은 관계로 불교 역시 북방불교의 전통이 섞여 있습니다. 공산주의 국가이지만 전 국민의 70% 정도가 공개적으로 불교를 믿으며, 많은 스님들이 활동하고 있습니다. 캄보디아와 라오스 역시 국민의 절대다수가 불교신자인 불교국가입니다.

후회
여보…
내가 잘못했어.
제발 집으로
돌아갑시다.

다른 여자와 바람피우고
나를 내쫓을 때는 언제고
이제 와서
무슨 소리예요!
흥!

다시는 안 그렇게
한 번만 봐 주세요.
딴 데 가서 알아보셔!
게임 끝났어.

쯧쯧…
자네는 전생에도
아내를 버린 일이
있더군.

현명하고
아름다운 아내를
알아보지 못하는
남편이 있었다네.

모과나무 열매가
잘 익었구나.

냠냠
저도 좀
주세요.

자 !

아직 익지도 않은 열매잖아!
자기만 익은 것을 먹고…
맛있는 것을 먹고 싶으면 올라와서 따 먹어!
할 수 없지!
깡!
깡!
치사해서 정말…
남편은 아내가 나무에서 내려오지 못하게 만들어 놓고 돌아가버렸다.
빠이! 빠이!
남편한테 버림받은 아내는 어떻게 됐을 것 같은가?
글쎄요.
아내는 그곳을 지나던 국왕을 만나 왕비가 되었다네.
그리고… 남편은 요렇게 됐지롱~
엉 엉
다시는 안 그렇게 돌아와 줘~

1800년대 영국과 프랑스, 독일은 기독교나 천주교 선교사와 군대를 앞세워 인도와 베트남 등 동남아시아 각국을 침입해 식민지로 만들었습니다. 이들은 많은 것을 빼앗아 갔는데, 이 때 불교도 유럽으로 소개되었지요. 영국의 경우 학문적으로 접근하는 경향이 두드러져 뛰어난 불교학자들이 남방불교의 팔리어 대장경을 영어로 번역하는 놀라운 업적을 이루어 냈습니다. 하지만 보수적인 성향이 강한 영국인들은 불교를 종교로 받아들이는 데는 소극적이라 현재 영국의 불교신자는 50만에서 100만 정도라고 합니다. 독일의 경우 서재에 불상을 모실 정도로 불교에 심취한 철학자 쇼펜하우어(1788~1860)가 철학으로 불교를 소개해 알려졌습니다. 티베트와 베트남 계통의 불교가 중심역할을 하는 독일에는 약 100만의 불교신자가 있으며 불교에 대한 이해 수준 또한 매우 높다고 합니다.

서양의 불교

프랑스의 경우 진보적인 성향의 국민성 때문인지 500만에 달하는 불교신자가 있으며, 현재 유럽불교의 중심지 역할을 하고 있습니다. 베트남 스님들이 많은 활동을 하고 있지만 일본에서 들어간 선불교도 큰 세력을 형성하고 있다는군요. 미국의 경우 달라이 라마의 설법을 듣기 위해 수십만 명이 몰려드는 등 티베트불교가 미국인들에게 선풍적인 인기를 끌고 있습니다. 일찍이 소개된 일본의 선불교 역시 수행하는 사람들이 많이 있는데 최근에는 한국의 스님들도 활발하게 활동하고 있지요. 미국인 불교신자는 사찰이나 선센터 등에 등록된 사람들을 기준으로 하면 1000만 명 정도인데 개인적으로 수행하는 사람들을 포함하면 훨씬 많다고 합니다. 지금 서양에서는 기독교나 천주교의 맹목적인 신앙 강요에 염증을 느낀 많은 사람들이 속속 합리적이고 평화적인 불교에 귀의하고 있습니다.

6

원불교도 불교?
권은 무엇일까?
주문, 그거 효과 있나?
단전호흡이 참선?
화두야 놀자
묵조선과 위빠사나
종정과 총무원장, 그리고 방장과 조실
염불과 독경의 차이
절터는 명당자리인가?
왜 까까머리에 먹물 옷인가?

밥상 위의 깨달음

누님…

매일같이 놀지만 말고 공덕을 닦으셔야지요.
하낫, 둘! 우쌰!

콩떡? 나 그거 좋아해!

콩떡이 아니라 '공덕' 말예욧!

공덕은 자네가 내 몫까지 많이 닦았으니
내가 닦은 거나 마찬가질세.
에어로빅…
원, 투, 쓰리, 포

공덕 많이 쌓아두게 동생~
노세, 노세~ 젊어서 놀아~

흥!
도저히 이대로는 안 되겠군!

기대 하시라.

하루 종일
놀다 왔더니
배가 고프네.
꼬르륵
맛있는
냄새…
오셨어요, 누님.
혼자 다 먹네.
냠 냠 후루룩… 짭짭
사람을 앞에 놓고
먹어보란 말도 없나?
너무 하잖아!
배고파
죽겠는데!
고것이 무슨 말씀?
나만 불법을 닦아도
누님에게까지 공덕이
된다고 하면서
동생이
음식을 먹는데
누님의 배가
안 부르시단
말입니까?
잘한다 ~
그게…
그러니까…
밥 먹듯이
불법을 닦으라는
말씀.

쉰하나

“**원**불교? 불교의 한 파벌인가?” 이것이 사람들이 원불교에 대해서 가지는 일반적인 생각입니다. 원불교신자들이 들으면 섭섭하겠지만 불교라는 단어 앞에 둥글 원 자를 하나 더 붙여서 원불교(圓佛敎)라고 하니까 불교가 큰집이라면 원불교는 작은집일거라고 생각하는 것이지요. 그런데 이런 추측이 전혀 틀린 것만은 아닙니다. 1891년 전남 영광에서 평범한 농민의 아들로 태어난 박중빈은 어릴 적부터 우주와 인생에 대해 깊은 관심을 보였으나 유학의 가르침이나 다른 수행자들에게서도 그 해답을 얻지 못했습니다. 홀로 수행을 시작한 박중빈은 결국 1916년에 “만유(萬有)가 한 체성(體性)이며 만법(萬法)이 한 근원이다.”라는 깨달음을 얻었지요. 그래서 “물질이 개벽(開闢)되니 정신을 개벽하자!”는 표어를 내걸고는 모여든 마을 사람들 중에서 제자를 뽑아 교단을 만든 것이 바로 원불교입니다.

원불교도 불교?

6

　그런데 새로운 교단의 이름을 원불교라고 한 것은 불교의 교조인 석가모니부처님을 선각자로 인정했기 때문입니다. 왜냐 하면 그가 깨달음을 얻고 난 직후 불교, 유교, 도교, 기독교 등의 경전들을 모두 보다가 불교의 《금강경》에 나오는 가르침이 자신이 깨친 내용과 같았기 때문이지요. 결국 부처님의 가르침을 깨달았다는 것을 알게 된 박중빈이었지만 새로운 불교운동의 필요성을 느껴 교단을 세웠던 것입니다. 그래서 부처님의 몸을 본뜬 불상이 아니라 부처님이 가르친 진리를 상징하는 원을 신앙의 대상으로 내세우니 '원'과 '불교'가 합하여 '원불교'가 된 것입니다. 저축조합, 간척사업, 농장, 한의원 등의 사업을 통해 교단에 필요한 경비를 스스로 조달하면서 '생활불교'를 표방하는 원불교는 《정전(正典)》과 《대종경(大宗經)》 같은 경전이 있지만 《금강경》과 《반야심경》도 공부하며 참선과 염불을 통한 수행도 하지요.

법화경

어려서 아버지를 여의고 출가하여
범어사에서 수행하던 스님이 계셨는데…

어느 날 꿈 속에서…

노승을 만나 따라가 보니…
드라이브 오케이?

생전 처음 가보는 곳이었다.

이보우 젊은이,
얼굴이 낯이 익은데
혹시?

두 사람은 부자지간이었다.
주민등록등본

애야, 사실 이곳은
염부제 동쪽
요사지옥이란다!
휴식 끝!

네가 나를 위해서 법화경을 한 벌을 쓰고…
저 무거운 걸

만 번을 읽어 주면 내가 이 고통에서 벗어날 수 있다.

아버지!

그로부터 널리 보시를 청하여 3년 만에 사경에 착수하게 된다.

이런! 붓이 없구나….

오호라~ 너도 보시를 하려는구나?

담비털로 붓을 만드니 법화경을 모두 쓰는데도 닳지 않았다고 한다.

고맙구나~

불 상, 스님, 절과 함께 불교를 나타내는 것은 무엇일까요? 그것은 바로 '卍'이지요. 이 표시는 한자이기도 한데 절에 가면 볼 수 있기 때문에 흔히 '절 만'자라고 합니다. 하지만 이 표시에는 단순히 절을 상징하는 것 이상의 심오한 뜻이 있습니다. 이 표시는 인도나 중국, 그리스 등 고대문명이 있었던 곳에서 발견되는데 인도의 경우 브라흐만이 창조한 이 우주를 유지하는 비슈누 신의 가슴에 그려져 있습니다. 옛날부터 인도인들에게 아주 좋은 조짐을 나타내는 뜻으로 사용된 이 표시는 '부처님의 가슴이나 손발에 나타나는 덕(德)의 상징'으로 불교에 받아들여졌지요. 그런데 나중에 卍만 단독으로 사용되면서 부처님이나 부처님의 가르침을 의미했지만 언제부터인가 절을 대표하는 상징으로 쓰인 것입니다. 따라서 卍은 단순히 절을 나타내는 것이 아니라 부처님이나 부처님의 가르침으로 봐야 합니다.

卍은 무엇일까?

이 표시는 제2차 세계대전을 다루는 영화에서도 흔히 볼 수 있는데, 나치스 독일이 그들의 문장으로 이 표시를 사용했기 때문이지요. 나치스 독일의 통치자인 아돌프 히틀러는 인간의 종족 문제에 지나치게 집착했는데, 유태인을 열등한 민족으로 몰아 수백만 명의 유태인을 죽이기도 했습니다. 1935년에 히틀러의 친위연구기관으로 '종족연구팀'이 만들어졌을 때 자문관인 에른스트 쉐퍼는 불교국가인 티베트에 관심이 많았습니다. 그는 티베트가 인류의 저울이며 아리아 인종(독일인이 속한 인종) 가운데 수수께끼 인종의 피난처이고, 스님 계급이 '샴브하라'라는 신비로운 지식의 제국을 창조했다고 생각했지요. 자연히 불교에 관심을 가진 쉐퍼는 불교의 상징인 卍을 활용한 갈고리십자가(卍과 소용돌이 방향이 반대로 아리안족 최고의 상징을 의미)를 고안해 냈는데, 나치스가 이를 자신들의 상징으로 채택했던 것입니다.

법문선

나, 안진홍!
직업은 매 사냥꾼.

취미는
맨손으로
암벽등반

저 녀석을 잡아서
길들여야겠다.
미 끌!

원숭이도 나무에서 떨어진다 했던가?
쌤통이다!
으아아아아

필름이 끊기고…

정신을 차려보니
요렇게 되어 있었다.

관음보살님 제발
살려 주세요~

혁!

떨어져 죽기 전에
구렁이 밥이 되겠구나 !

야 타!
스으
어라?

가지고 있던 칼을
구렁이 등에 꽂고
매달려 절벽을
오르게 되었다.

휴~ 살았다.

다음 날 아침…
앗!

늘 읽던 보문품에
어제의 그 칼이
꽂혀 있었다.

관음보살님의 은혜를 입어 안진홍은
살생하는 직업을 버리게 되었다.
매사냥
끊었어요.

쉰셋

이런 경향은 후에 진언을 받아들인 불교에서도 마찬가지인데, 번역을 하면 의미가 제한되고 주문의 힘이 약해진다고 보기 때문입니다. 예를 들어 '옴'의 경우 아(a)-우(u)-움(m) 세 자가 합성된 것으로 '태초의 소리'나 '우주의 모든 진동을 응축한 기본음'입니다. 따라서 옴은 모든 주문 가운데서 가장 큰 힘을 가진 것으로 여겨지는 신성한 음절이며, 외우는 사람이 부처님에게 귀의하는 마음의 자세를 나타내는 것이기도 합니다. 그래서 대부분의 진언은 앞부분에 옴이 붙어 있습니다. 그런데 번역하는 것이 나은 경우도 있는데, 《반야심경》에 있는 '아제 아제 바라아제 바라승아제 모지 사바하'가 바로 그것입니다. 산스크리트로는 '가테 가테 파라가테 파라상가테 보드히 스바하'로 그 의미는 '가니 가니 저 언덕(깨달음의 세계)으로 건너가니 저 언덕으로 완전히 건너가보니 깨달음이(을) 있다(이루다)'는 것입니다.

불을 찾아서

할머니 죽이라도 좀 드세요.
어서 드시고 기운차리세요.
이러다 생사람 잡겠네.

무슨 일입니까?

애지중지 하던 외아들이 얼마 전에 죽는 바람에…
실의에 빠져 굶어 죽겠다고 저럽니다.
단식

죽은 아들을 살릴 수 있는 방법이 있긴 한데…
벌떡

제발 가르쳐 주세요. 부처님!
뭐든지 다 하겠어요!

아직 한 번도 죽은 사람이 없는 집의 불씨를 얻어 오면
내가 법력으로 아들을 다시 살려 드리지요.

할머니는 불씨를 찾으러 전국을 헤매는데…

죽은 사람이 없는 집 입니까?
할아버지 아버지 모두 돌아가셨 구먼유~

조상님 모두 돌아가셨소이다.
다 돌아가셨어요.
돌아가셨고마!
돌아가셨당께!

터덜..
터덜..

불씨를 찾아 오셨습니까?

아직 한 번도 사람이 죽지 않은 집은 없었습니다
뚝!
엉
엉
울지 말고 내 말을 들어 보세요.

천지개벽 이후로 태어났다가 죽지 않은 사람은 없습니다.

세상에 태어난 사람은 다들
살려고 노력을 하는데
죽은 자식의 뒤를 따르는 것은 잘못!

생명을 소중하게 생각하세요.
내가 잠시 노망이 들었나 봐요.

인생은 육십부터!

쉰넷

건강에 대한 관심이 높아지자 시중에 'O호흡'이니 'OO호흡'이니 하는 간판이 많이 생겨났습니다. '호흡을 통해 건강을 좋게 만든다.'는 이들 단체는 모두 단전호흡에 그 뿌리를 두고 있습니다. 단전(丹田)이란 배꼽 아래의 몸 안쪽에 위치한 부분으로 생체에너지의 근원이라고 하는 곳이지요. 단전호흡은 우리의 들숨을 통해 들어오는 우주의 기운을 단전에 모으고, 우리의 몸 속에서 만들어진 나쁜 기운을 배출하는 것입니다. 좋은 것은 받아들이고 나쁜 것은 내보내니 자연히 몸이 좋아지는 것이지요. 그러면 참선은 어떤 것일까요? 참선은 세 가지를 필요로 합니다. 먼저 몸을 바로잡는 조신(調身)으로 주로 가부좌(양발을 각각 다른 발 넓적다리에 올리고 앉는 자세)나 반가부좌(한 발만 다른 발 넓적다리에 올리고 앉는 자세)를 말하지요. 다음은 조식(調息)으로 호흡을 가다듬는 것을 말하는데, 이 때 단전호흡을 하는 것입니다.

단전호흡이 참선?

마지막은 조심(調心)으로 마음을 가다듬어 진리에 대해 명상을 하는 것입니다. 대개 몸의 자세가 좋고 호흡이 순조로워야 진리에 대한 명상도 잘 되지만 역시 참선에서 가장 중요한 것은 마음을 다스리는 조심이지요. 참선을 하는 이유는 진리를 깨우쳐서 부처가 되려고 하는 것인데 자세와 호흡이 아무리 좋아도 잡생각을 하고 있으면 '기왓장을 갈아 거울을 만들려는 것'과 같으니 목적이 이루어질 수가 없겠지요. 자, 이제 단전호흡과 참선의 차이가 명확해졌습니다. 단전호흡은 '건강증진'을 목적으로 하는 '호흡방법'이고, 참선은 '성불'을 목적으로 하는 '수행방법'인 것이지요. 단, 참선을 위한 호흡방법으로 단전호흡이 사용되는 것이니 참선 속에 단전호흡이 포함되어 있는 것입니다. 그러니 여러분도 하루에 단 한 번, 10분 정도라도 매일 참선을 해보십시오. 몸과 정신이 함께 건강해집니다.

선업의 힘

네가 지금 누리는 이 부귀영화는 누구 덕이라고 생각하느냐?
전생에 제가 지은 선업 덕분이죠.
파사익왕
선광공주

흥! 고얀것…

뭐! 이 애비 덕이 아니라 네 덕이란 말이지?

아이 참! 그게 아니라 전생에 지은 선업 때문이라니까요.

그렇다면 거지와 결혼해서도 부귀영화를 누릴 수 있는가 두고 보자!

옜다! 너 가져라!

말씀드리는 순간 이게 웬일입니까? 모든 일이 뜻대로 풀린 공주부부, 오래지 않아…

재벌 됐네!

은근히 후회되고 궁금한 왕은 딸네 집에 찾아 가는데…

제가 전생에 지은 선업 때문이에요.
또 그 소리.

부처님을 찾아간 파사익 왕은…
우째 이런 일이?

옛날 비바시불 시절 왕비는 금관에서 떼어낸 보석을 공양하였는데
그 업보로 다음생에 큰 부자의 아내가 되었소.
이 때도 남편을 설득해 가섭부처님과 제자들에게 음식을 공양하였는 바
그 업보로 이번생에 그대의 딸로 태어난 것이오.

선광 공주는 이렇게 여러 생에 걸쳐 선업을 닦았기 때문에
궁중에서 쫓겨나 거지와 결혼했지만 곧 부자가…

나도 선업을 닦아서 다음생엔 대통령으로!

"스님, 개도 불성이 있습니까?" 중국의 당나라 때 어느 스님이 조주(趙州 : 778~897) 스님에게 한 질문입니다. 이에 조주 스님은 "없다!"고 답했습니다. 그런데 다른 스님이 같은 질문을 하자 이번에는 "있다!"고 대답하는 것이 아닙니까? 이 이야기를 들은 사람들은 모두 이렇게 생각합니다. "이상하다. 왜 똑같은 질문에 정반대가 되는 답을 했을까? 왜? 왜?…" 이처럼 선사(禪師 : 참선을 하여 최고의 깨달음을 얻은 스님)들과 질문자들 사이의 문답을 바로 '화두(話頭)'라고 하며 화두를 곰곰이 생각하는 것을 간화(看話)라고 합니다. 화두는 공안(公案)이라고도 하는데, 공안은 '정부에서 확정한 법률안으로 국민이 반드시 지켜야 할 사안'을 뜻하는 공부안독(公府案牘)의 약칭이지요. 그러니 화두는 참선을 하는 사람들이 반드시 지켜야 할 법률이라고 할 수 있습니다.

6

화두야 놀자

그러면 화두는 몇 개나 될까요? 자그마치 2500여 년의 역사를 지닌 불교인지라 화두의 수도 많아 1,700여 개가 됩니다. 참선 수행자가 간화(看話)할 때는 이 1,700여 가지 중에서 자신에게 가장 잘 맞는 것을 하나 골라서 하면 되는데, 이 하나를 깨치면 나머지도 자연히 깨치게 된다고 합니다. 이렇게 깨달음을 얻은 수행자는 자신의 깨달음이 참된 것인가를 알기 위해서 여러 선사들을 찾아가 확인을 하는데 이 과정에서 새로운 화두가 만들어지기도 합니다. 화두로 수행하는 방법은 중국인들에게 잘 맞아 선종이라는 종파로 발전했지요. 이렇게 경전이 아니라 화두를 주된 공부수단으로 삼기 때문에 선종의 교리는 "문자에 얽매이지 않아 경전 이외에 따로 전하니 네 마음의 정체를 밝혀 부처가 되라(不立文字 敎外別傳 直旨人心 見性成佛)."인 것입니다. 여러분, 마음이 뭘까요?

전등사 은행나무

큰일났습니다.
스니~~임!

관가 사람들이
은행 스무 가마를
바치라고 합니다.
핵
핵

머시라? 스무 가마?
열 가마도 힘든 터에…
앳!
고구마.

어찌할꼬…
어찌할꼬…
IMF 이후로
최대의 환란이
닥쳤구나!
어지러워요

백련사로 가서
추송 스님을 모셔오너라.
옛썰!

신통력이 있는 스님이니까
은행 스무 가마쯤은
문제 없으실 거야.
출동 ~

은행나무 아래
제단이 차려지고…

소문을 들은 주민들과 벼슬아치들도 모여들었다.
뭐야?
영화 찍나?
차력쇼라도 할 셈인가?
게릴라 콘서트 아니야?
해동 조선국 강화도 전등사에서 정성으로 기원하오니…
두 그루 은행나무에 천 년이고 만 년이고
절대로 은행나무에 열매가 열리지 않게 하여 주십시오!
번
쩍!
솨아 아아아
어떠냐? 내 실력이
캡이에요.
이후로 관가에서는 더 이상 전등사 스님들을 괴롭힐 수 없었다.

쉰여섯

중국이나 우리 나라의 불교에서 하는 참선은 주로 화두에 집중하는 간화선(看話禪)인데 비해 일본의 참선은 주로 묵조선(默照禪)입니다. '묵조'는 말 그대로 '묵묵히 비추어 본다'는 뜻인데, 그렇게 함으로써 자신의 마음이 본래 청정한 것임을 깨달아 부처의 경지에 들어간다는 것이지요. 따라서 묵조선의 수행자는 화두는 물론이고 다른 어떤 교리에 대해서도 생각하지 않고 정신의 긴장을 푼 채 오로지 자신의 마음을 관찰하는 것으로 수행방법을 삼습니다. 이런 방법은 화두에 대한 의문을 풀려고 자나 깨나, 앉으나 서나 화두에 대한 생각으로 정신을 긴장시키다가 어느 순간에 깨달음을 얻는 간화선과는 반대되는 것이라고 할 수 있지요. 묵조선의 수행자들은 "묵조선이야말로 부처님의 가르침이다." 라고 하는데, 이는 묵조선이 부처님이 닦은 수행법인 '위빠사나'와 닮았기 때문입니다.

묵조선과 위빠사나

출가한 이후 부처님은 이전부터 전해 내려오던 사마타라는 수행방법을 따랐는데, 이는 주로 하나의 대상에 의식을 집중함으로써 심리적인 평화나 고요함을 얻는 것입니다. 그런데 이런 방법으로는 깨달음을 얻을 수 없다는 것을 알게 된 부처님이 만든 새로운 수행방법이 바로 위빠사나라는 것이지요. 이는 '자신이나 주변에서 일어나는 여러 가지 현상을 관찰함으로써 깨달음을 얻는 수행방법'으로 백골관(白骨觀)이나 부정관(不淨觀)이 대표적인 경우입니다. 백골관은 '시체가 썩어서 백골이 되는 과정을 관찰하고 무아, 무상, 괴로움을 깨닫는 것'이고, 부정관은 '몸의 각 부분이 더러운 것임을 관찰하고 여러 가지 번뇌를 없애는 것'입니다. 최근 우리 나라에는 이 위빠사나가 젊은 층을 중심으로 큰 인기를 끌고 있지요. 이상의 세 가지 방법은 모두 깨달음을 얻기 위한 수단이므로 수행자에게 가장 잘 맞는 것을 택하면 됩니다.

세상에서
가장 즐거운 일이
무엇일까?

따뜻한 봄날어
꽃 피는 들판을
산책하는 것이지.

친구들과 함께
신나게 음주가무를
즐기는 게 최고야!

무슨 소리!
좋은 옷 입고
쇼핑하면서
돈 뿌리는 재미가
최고!

미스코리아 뺨치는
아름다운 아내와
노는 것이 짱이야!

이렇게
도토리 키재기를
하고 있는데…

앗!
싸부님!
세상 만물은
봄에는 싱싱하다가
겨울이 오면 시들어
없어지고…

친구들과 즐기다가도 시간이 되면 헤어진다.
재물이 많은 곳에 원한과 재앙이 끊이지 않고…
결국은 패가망신 하느니라.
요약 정리 해볼까?
사랑을 하는곳에 두려움이 …있고…
기뻐하는 곳에 근심이 있다
에브리바디 ~
욕심을 내다가…두려움을 만든다.
욕정을 누르고 탐욕을 … …일으키지 않으면
반드시 … 생사의 강을 건너리 …

쉰일곱

해마다 부처님 오신 날이 되면 '종정'이나 '총무원장'이란 말을 신문이나 텔레비전에서 자주 접하게 됩니다. 현재 우리 나라 불교는 조계종, 태고종, 천태종, 진각종 같은 여러 개의 종단으로 나뉘어져 있는데 종정(宗正)은 그 종단의 최고지도자를 말하지요. 보통 출가한 지 오래되는 스님들 가운데서 수행이 깊고 덕이 높은 스님이 종정이 됩니다. 그렇지만 종정은 영국이나 일본의 왕들처럼 상징적인 존재이고, 종단의 행정적인 실무는 총무원장(종단에 따라 다른 이름으로 불릴 수도 있음)이 맡아보게 됩니다. 그러니 종단의 인사나 예산의 집행, 기타 종단의 여러 가지 활동에 있어서는 총무원장이 그 종단을 대표하게 되지요. 하지만 종단 전체에 관계되는 큰일의 경우에는 종정의 결정이 절대적인 힘을 가집니다. 결국 종정스님과 총무원장스님이 서로 역할을 분담해서 종단을 이끌어 나가는 것이지요.

종정과 총무원장, 그리고 방장과 조실

절 가운데서 경전을 가르치는 강원(講院), 참선수행을 하는 선원(禪院), 계율을 가르치는 율원(律院) 등을 모두 갖춘 곳을 총림(叢林)이라고 합니다. 말하자면 종합수도원인 셈인데, 이 총림의 최고 지도자를 방장(方丈)이라고 합니다. 현재 통도사를 중심으로 한 영축총림, 해인사를 중심으로 한 해인총림, 송광사를 중심으로 한 조계총림, 수덕사를 중심므로 한 덕숭총림, 백양사를 중심으로 한 고불총림 등이 있는데 각각 방장을 두고 있습니다. 참선과 교리에 두루 밝은 방장스님은 상징적인 지도자인 동시에 스님들의 교육에 관한 한 절대적인 권한을 가지고 있지요. 조실(祖室)은 총림보다 한 단계 낮은 절의 최고지도자를 말하는데 대개 참선에 정통한 선사들이 많습니다. 조실스님 역시 그 절의 상징적인 최고지도자로 스님들의 교육에만 힘쓰며, 행정적인 면은 주지스님이 도맡아 처리하고 있지요.

최후의 결심

몸에 좋은 것을 먹고 바르기까지 하는데…

어째서 깨달음을 얻지 못하는 것일까?
고민…고민
고민…고민

이거야! 이거 .
깨달음을 알려주마
우바 기꾸타 성자

깨달음.
깨달음.

이 나무에 올라가거라!

나의 가르침을 지킨다면 설법을 하겠노라.

예! 무엇이든 따르겠습니다.

끙!..
끙!..
평소에
다이어트를
해두는 건데…

성자님~~
다 올라왔습니다.

왼쪽 다리도
놓고…
오른쪽
다리를
놓고
오른팔도
놓아라!

왼팔도 놓아라!
이것마저 놓으면
떨어져 죽는다고요…
무슨 일이든 가르침에
따른다고 하지
않았는가!

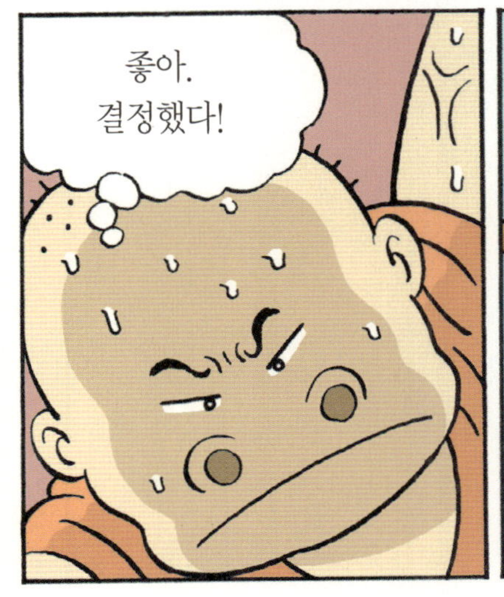

좋아.
결정했다!

어떻게 되었을까요?

오예!
성자의 설법을 듣고
깨달음을 얻었다고
합니다.

쉰여덟

“가나다라♪ 마바사♬…” 불교의 염불(念佛)을 흉내낸 어느 가수의 노래구절이지요. 불교신자가 아닌 사람들이 스님이나 불교신자들이 목탁소리에 맞춰서 하는 염불을 들어보면 이렇게 들릴 수도 있습니다. 염불이란 무엇일까요? 그것은 부처님[佛]을 생각하는[念] 것입니다. 불교신자들이 즐겨하는 대표적인 염불로 ‘석가모니불’이나 ‘나무아미타불’, ‘관세음보살’ 등이 있습니다. 이 가운데서 석가모니부처님을 생각하는 ‘석가모니불’이 가장 표준적인 경우지요. ‘나무아미타불’은 ‘돌아가 의지한다’는 의미를 가진 ‘나무(南無)’라는 말을 앞에 붙여서 ‘극락세계를 관장하는 아미타부처님에게 귀의한다’는 염불입니다. ‘관세음보살’의 경우 아직 부처님이 되지 못한 보살이지만 장차 부처가 되리라는 증명을 받았기 때문에 ‘염보살’이 아니라 ‘염불’에 넣는 것이지요.

염불과 독경의 차이 6

그런데 염불로 오해받을 수 있는 것으로 독경(讀經)이 있습니다. 독경은 '부처님의 가르침을 담고 있는 경전[經]을 읽는다[讀]'는 의미지요. 대표적인 독경으로는 "마하반야바라밀다심경 관자재보살 행심반야바라밀다 시…"로 시작하는 '반야심경 봉독(奉讀)'과 "정구업진언 수리수리 하마수리…"로 시작하는 '천수경 봉독', "일시 불재 사위국…"으로 시작하는 '금강경 봉독' 등이 있습니다. 그런데 독경을 할 때도 목탁을 치면서 하기 때문에 불교신자가 아닌 사람들에게는 염불처럼 들릴 수 있지요. 하지만 염불의 경우 "석가모니불, 석가모니불…"처럼 부처님이나 보살들의 명호(名號)가 반복해서 계속되기 때문에 잘 들어보면 금방 알 수 있습니다. 또 염불을 할 경우 대부분은 108배나 3000배처럼 절을 하면서 하기 때문에 무릎을 꿇고 가만히 앉아서 하는 독경과는 대조적이지요. 여러분, 이제 구별이 됩니까?

집으로 ...
COME BACK HOME
밖에서는 술 마시고 싸움질.
집에 와서는 홀어머니에게 함부로 대하는···
그만 해라. 많이 묵었다···.
주막
배고파 밥 줘!
반찬이 이게 뭐야!
와장창
천하에 싸가지 없는 날건달이 있었다.
꼽냐?
이래서는 안 되겠죠?
보타산에 계시는 관세음보살님이
소원을 들어 주신다는구먼.
할 일 없던 건달은 바로 작업에 들어갔다.
풀장 있는 저택에서 폼나게 살아야지.
한 달 동안 찾았는데 허탕이네.
로또 복권 당첨되게 해 주세요.
우쒸
미스코리아랑 결혼하고 싶어용.

이보슈, 노인장 이 산에 관세음보살이 어디 있수?
건들
버릇 없는 놈! 내가 니 친구냐!
뚝 악
관세음보살은 네 놈 집에 계신다.
엎드려 절하고 성심성의껏 잘 모시거라. 알겠냐!
네~
네 어머니와 똑같은 노인이 옷을 뒤집어 입고 신을 거꾸로 신고 너를 마중나올 것이니 그 분이…
빨랑 문 열어!
에구… 깜빡 졸았네.
아이고~ 관세음보살님!
엉
엉
그 후로 어머니를 관세음보살님 모시듯 잘 모셨다고 합니다.
내가 관세음보살 이지롱~

쉰아홉

"대통령이 될 사람의 조상 무덤은 명당(明堂)자리에 있다!" 대통령 선거 때만 되면 어김없이 등장하는 말인데 이는 돌아가신 조상이 좋은 자리에서 편안하게 쉬어야 그 자손이 잘된다는 생각에 바탕을 두고 있는 주장입니다. 그래서 대통령 후보들이 너도나도 부모님 등 조상의 묘소를 소위 명당이라는 곳으로 옮기는, 국민들의 눈총을 받는 일도 일어나곤 하지요. 명당은 좋은 집터나 묏자리를 말하는데, 이는 풍수지리설에 근거를 둔 것입니다. 풍수지리설은 집이나 무덤이 들어설 땅과 근처의 산, 물 등의 형세를 살펴서 관련된 사람의 좋고 나쁨을 설명하는 이론입니다. 우리 나라에 풍수지리설이 본격적으로 유행한 것은 신라 말기에 활동한 도선(道詵, 827~898)대사가 지리쇠왕설(地理衰旺說)과 산천순역설(山川順逆說), 비보설(裨補說) 등을 주장하고 난 뒤부터지요.

절터는 명당자리인가?

지리쇠왕설은 땅의 기운이 약해지는 곳과 세어지는 곳이 있다는 것이며, 산천순역설은 산과 내 (혹은 강)는 순리에 맞는 형태와 순리를 거스르는 형태가 있다는 것입니다. 따라서 도선대사는 쇠지와 역지는 피하고 왕지와 순지를 골라서 집이나 무덤을 만들라고 가르쳤지요. 또 쇠지와 역지를 왕지와 순지로 만들려고 한다면 그 땅과 산, 물의 기운을 도와 주면 된다고 했는데, 이것이 바로 비보설(裨補說)입니다. 도선대사는 전국의 땅 중에서 쇠지와 역지를 골라 절을 세움으로써 부처님의 힘으로 그 땅을 왕지와 순지로 만들어 나라가 편안해지기를 기도했습니다. 그러니 도선대사가 비보설에 의해 점찍은 장소에 세워진 절터는 사실 명당은 아닌 것이지요. 하지만 매일 염불과 독경 그리고 향 내음이 끊이지 않는다면 그 땅이 어떻게 명당이 되지 않겠습니까? 게다가 그 절에 덕이 높은 스님들이 산다면 더욱 그러하겠지요.

코끼리의 교훈

실력이 뛰어난
코끼리 조련사가 있었다.

앉아!

일어나!

물구나무 실시!

좌로 굴러!

잘 되가고
있나?

훌륭히
길들여
졌습니다요.

승차감 좋고~

흠~

리무진 코끼리구나.

숲속에서 암코끼리를 본 순간…

오예!

으악

Stop!
브레이크!

두다다다 다 다…

뭐냐고…
… 이게…

알라뷰~

넌 해고야, 해고!

바베큐 통구이를 해버릴까?
전하~ 부디 고정하시고 한 번만 더 기회를…

당장 먹는다. 실시!
찔끔

뜨거운 쇠구슬을 먹은 코끼리는 그 자리에서 죽고 말았다.

보시는 바와 같이 코끼리 성능은 완벽합니다요.

그런데… 숲속에서는 어째서 고장났느냐?

저는 코끼리의 몸만 다룰 수 있고 마음은 다루지 못합니다.
부처님이라면 몸도 마음도 다룰 수 있습니다요.

……!

그렇다면… 나도 부처의 공덕을 닦아
모든 중생의 몸과 마음을 다루겠노라.

예순

"중 중 까까중…" 어린아이들이 스님들을 보고 놀리는 말이지요. 이런 놀림을 듣지 않으려면 머리카락을 기르면 될 것인데 왜 스님들은 머리카락을 죄다 밀어버릴까요? 한마디로 말해 수행에 방해가 되기 때문입니다. 출가하여 스님이 된다는 것은 열심히 수행해서 부처가 되고자 함인데 머리카락을 다듬는 데 시간을 낭비해서야 되겠습니까? 여러분도 잘 알다시피 3일만 머리를 안 감으면 엄청 가렵지요. 그래서 머리를 감고 나면 수건으로 잘 닦고 드라이어로 말려야 하는데 만약 원하는 대로 머리 모양이 안 나오면 은근히 열받지요. 그러니 출가수행자가 머리카락이 있다고 하면 여간 귀찮은 일이 아니지요. 게다가 견물생심(見物生心)이라고 머리카락을 보면 황금색으로 염색하고 싶어질지도 모르지요. 그래서 스님들은 이런 잡생각이 일어나지 않게 하기 위해 머리카락을 일명 무명초(無名草)라 하여 아예 없애버리는 것입니다.

왜 까까머리에 먹물 옷인가?

이번에는 옷에 대해 살펴볼까요? 스님들의 옷은 크게 가사와 장삼으로 나뉩니다. 제자들이 옷에 대한 욕심을 가지는 것을 경계한 부처님이 남이 버린 옷이나 죽은 사람의 옷을 가지고 스님들의 옷을 만들게 했습니다. 이렇게 하다보니 자연히 여러 조각의 옷을 꿰매서 입게 되었는데, 108번뇌를 상징하는 108조각으로 만든 천이 기본형이었다고 합니다. 이 천을 두 겹으로 접어서 입었는데 이것이 가사(袈裟)지요. 하지만 중국이나 우리 나라, 일본처럼 사계절이 있는 곳에서는 가사 아래에 장삼(長衫)이란 옷을 입습니다. 가사만 입었다가는 겨울에 얼어죽게 되니까요. 장삼은 길이가 길고 품이 넉넉하며 소매가 넓은 특징을 가지는 옷으로 삼국시대에 불교가 들어오면서부터 스님의 전용 옷[法服]으로 사용되었다고 합니다. 가사나 장삼 모두 화려한 색을 피해야 하므로 가사는 적갈색, 장삼은 회색으로 정해졌지요.

마음을 밝혀주는 60가지 이야기

초판 9쇄 발행 | 2013년 12월 31일
지은이 | 방경일 글 / 김장열 그림
펴낸이 | 이동출
펴낸곳 | 도서출판 솔바람

등록 | 1989년 7월 4일(제5-191호)
주소 | 서울시 종로구 삼봉로81 두산위브 파빌리온 504호
전화 | (02)720-0824   전송 | (02)722-8760
이메일 | sulpub@nate.com

편집장 | 김용란 편집 · 디자인 | 이현희
마케팅 | 박기석

값 12,000원

* 잘못된 책은 바꾸어 드립니다.

중국어

열공 왕초짜

첫걸음

동인랑

성조
중국어의 기본이 되는 4성을 익힌다.

성모와 운모
중국인이 녹음한 발음을 듣고 큰소리로
따라하면서 발음의 기초를 다진다.

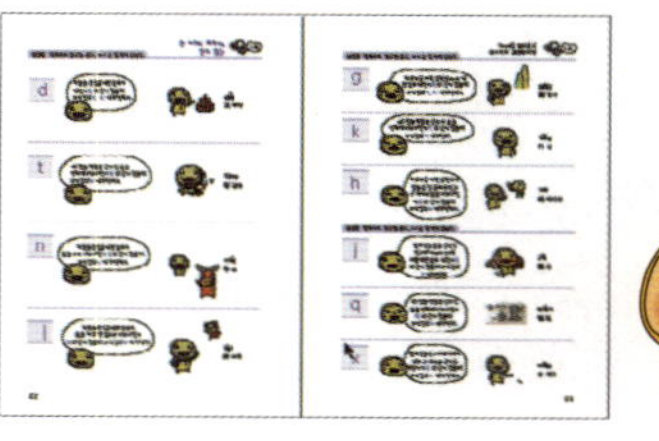

원리를 알면 중국어가 보인다
일러스트로 설명하는 중국어의 기본 원리를
이해하고 되풀이 연습을 한다.

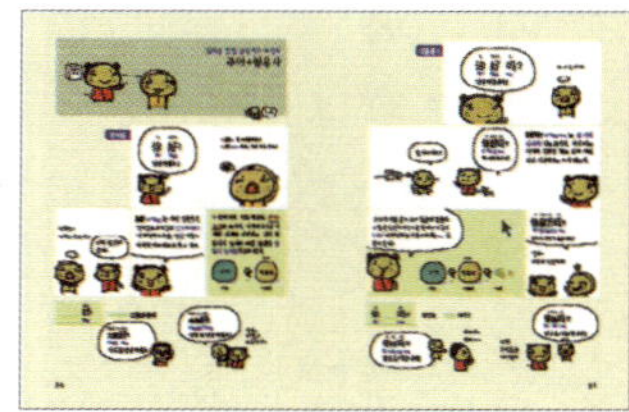

왕초보를 위한 기초회화
간단하고 쉬운 실제 대화문과
밑거름이 되는 **새 단어**를 익힌다.

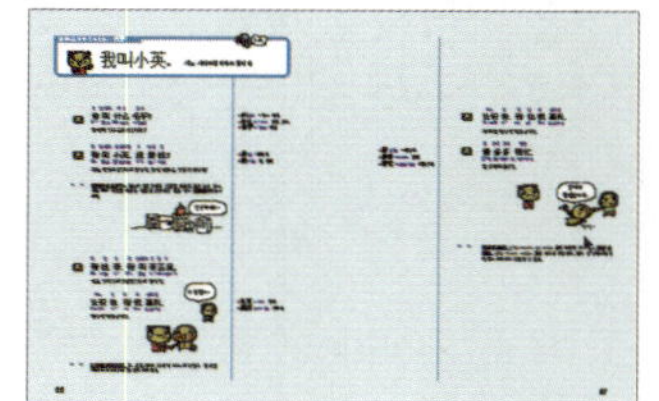

한번만 읽어도 머리에 쏙쏙~ 어법 **포.인.트.**
꼭 필요한
기초 문법을
이해한다.

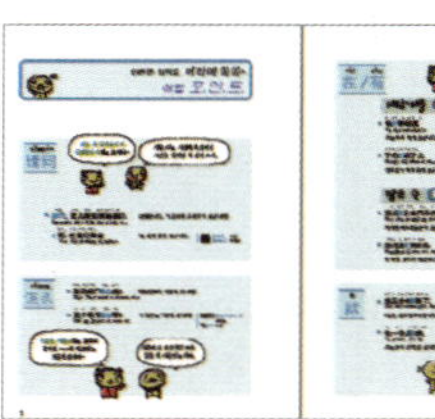

일러스트로 알아보는 **표현**
알아두면 도움이
되는 표현들을
재미있는 그림과
함께 배워본다.

간체자 쓰기
본문과 합본부록 간체자쓰기를
통해 필수한자를 쓰면서 외운다.

재미있는 중국에 대한
기초상식과 **문화**

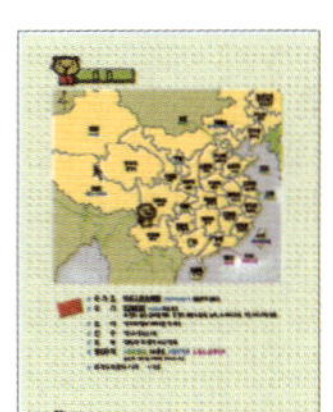

꼭! 알아야 할 **한·중단어**
가나다순으로 엄선된 단어를 필요
할 때마다 유용하게 활용한다.

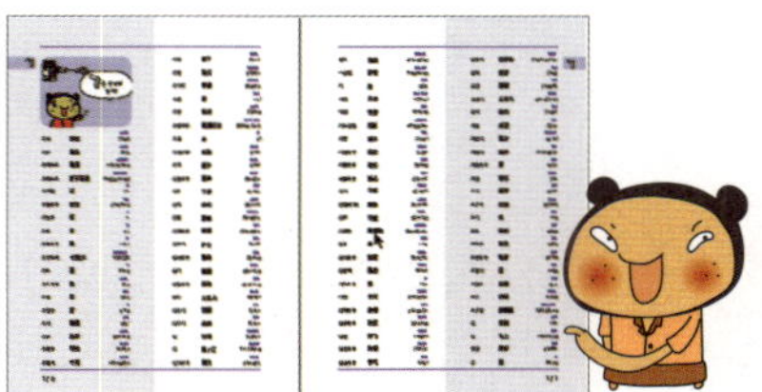

본문

오늘 몇월
며칠이지?

On-line 과 Off-line을 통한 디지털 중국어 학습 Digis

발음과 기초회화

실제 중국인이 녹음한 발음을 듣고 큰 소리로 따라하면서
중국어의 발음과 기초 회화를 익히도록 한다.

기초회화는 본문이 다 끝난 후 학습하면 더욱 효과적이다.

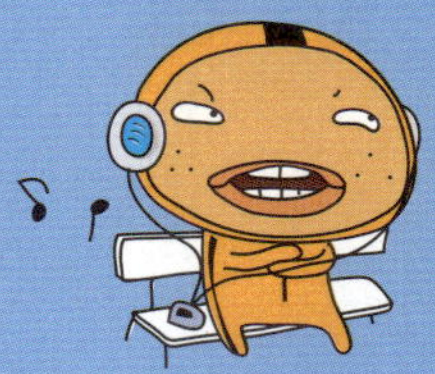

오늘의 중.국.어.

★ 한어와 보통화

중국어
부숴 버릴꺼야~
주ㅇ국어
성룡아~
뭐해?
10분후....

★ 간체자

國 → 国

한자가 너무 어려워서
잠깐 머리 식히고 있는 중이야~
중국에서 사용하는 한자는
누구나 쉽게 따라 쓸 수 있는 간단한
간체자 简体字 라는거 몰라?
그런것도 있어?
쉽게 말하면
중국식 약자야.
아~
그럼 우선 간체자를
중심으로 연습을 많이
해야 겠다~

현재 우리가 사용하는
정자체 한자는 번체자 로 대만과
홍콩 등에서 사용되고 있어.
응~ 나 다시 공부하러
가야 겠어~
탄력 받은듯 해~

열심히 공부해서
내일 또 잘난 척 해야지~

★ 한어병음

근데, 이걸 어떻게 읽지?
你好!

한자는 뜻글자표의 문자 야.
즉, 글자가 의미만을 나타내기 때문에 어떻게 읽어야 하는지 알 수가 없어.

Nǐ hǎo
알파벳을 이용하여 발음기호를 표시하고 있어.
이것을 한어병음 汉语拼音, 줄여서 병음이라고 해.
그럼 어떻게 해?

간체자
한어병음
国 guó
주음부호
번체자
國 ㄍㄨㄛˊ

중국에서는 한어병음을 1958년부터 사용하고 있으며 대만에서는 주음부호
예) ㄆ, ㄏ, ㄔ, ㄅ... 를 사용하고 있어.

중국어의 특.성.

★ 성조가 있다

★ 한자 하나마다 독립된 뜻을 가지고 있다

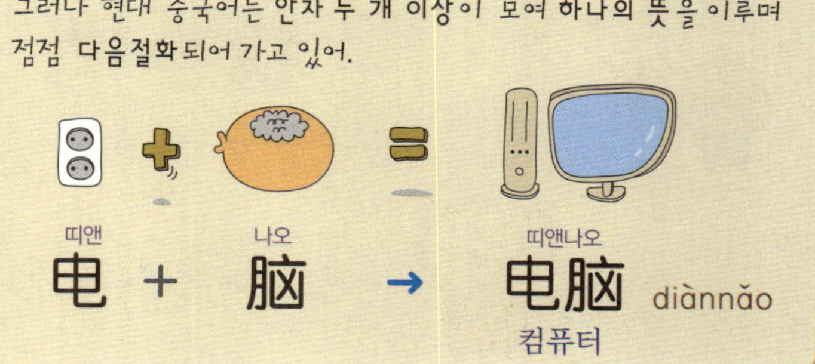

★ 어법상의 특징

공부하기 쉽게 어법상의 큰 특징을 요약 정리해서 말 해줘~
공짜론 어림도 없지?

앗!
내가 젤 좋아하는 케이크다!
그거 주면 알려줄께~

1. 격에 따른 변화가 없다
2. 동사의 변화가 없다
3. 명사의 성별 및 단수·복수의 변화가 없다
자세히 말해봐~

첫째, 우리말은 격에 따라 단어 뒤에
은·는·이·가 주격, 을·를
목적격 등의 조사가 붙고
나
는
너
를
사랑해

영어는 격에 따라 형태가 변하지만
나는
나를
I
me
그는
그를
he
him

爱
사랑해
我
他
나
그
중국어는 우리말이나
영어와는 달리
인칭에 따라 한자가
변하지 않아.

격에 따른 변화가 없어서
더 쉽다고 생각이 들지?
정말
그렇네~

둘째, 영어는 주어의 인칭이나 시제에 따라 동사가 변하고
went
go
과거
현재

우리말도 과거나 현재, 미래에 따라 어미가 변하지만
갔다
간다
과거
현재

중국어는 변하지 않고 시간을 나타내는 명사나 부사를 사용하거나 동사 뒤에 조사를 넣어 시제를 나타내~
去＋了
동사
조사

셋째, 명사의 성별 및 단수·복수의 변화가 없고 관사나 관계대명사도 없어.
없는게 많아 간편하긴 하네~

또한 조사가 없고 우리말에 발달되어 있는 존칭어 또한 대단히 단순해서 请, 敬, 老 등만 사용해도 존칭어로 충분해~
아~

원래 중국어는 띄어쓰기가 없어. 단, 본문 대화문에서는 초보자들의 학습 편의를 위해 한 단어씩 띄어쓰기를 했어.
这 是 什么?
Zhè shì shénme

성.조. 란?

성조는 크게 4가지,
즉 1성·2성·3성·4성으로
나누는데 이를
4성 四声 이라고 해~

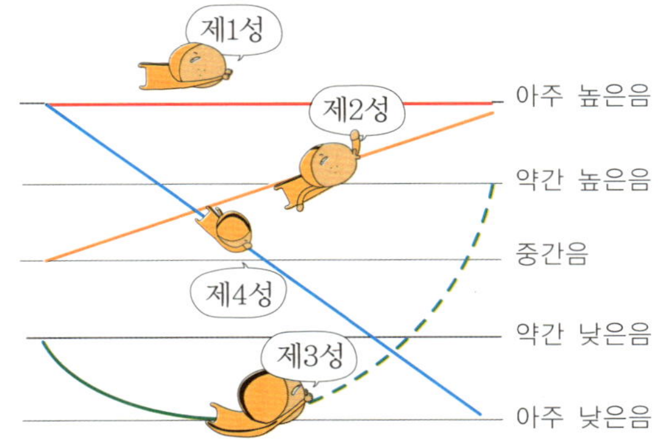

제1성
제2성
제4성
제3성
아주 높은음
약간 높은음
중간음
약간 낮은음
아주 낮은음

성조에 따라 같은 음이라도 뜻이 달라지며
같은 글자라도 성조가 달라질 경우 뜻이 달라져.
그래서 기본적인 의사소통을 위해서 성조는 정확히 익혀야 해.
성조를 정확히 익히려면 배우는 초기에 성조를 정확히 기억하고
많이 연습하면 돼.

아~ 성조가
중요하구나

★ 4성

제1성

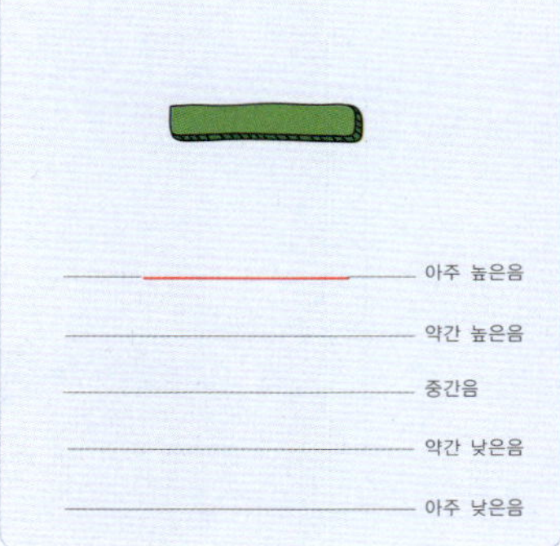

아주 높은음
약간 높은음
중간음
약간 낮은음
아주 낮은음

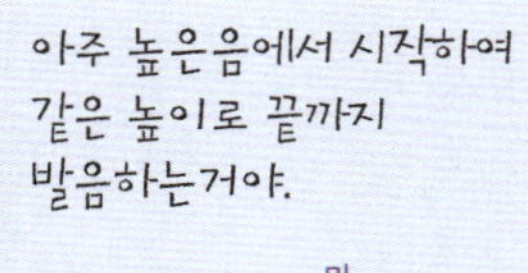

아주 높은음에서 시작하여
같은 높이로 끝까지
발음하는거야.

마
mā 妈 엄마

제2성

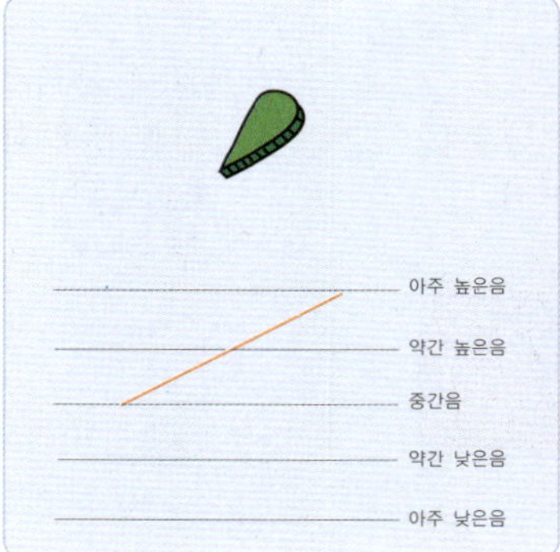

아주 높은음
약간 높은음
중간음
약간 낮은음
아주 낮은음

중간음에서 아주 높은 음으로
올라가며 소리를 내봐~

마
má 麻 삼베

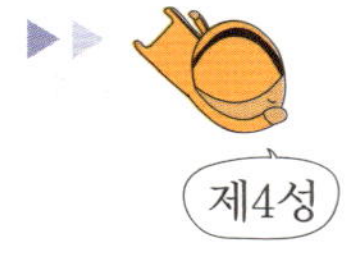

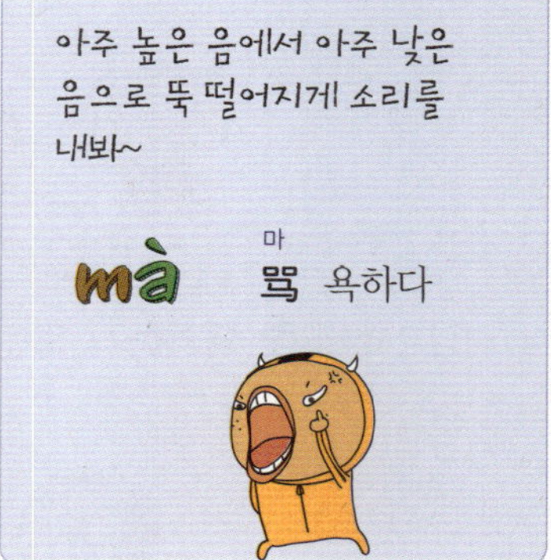

★ 성조 부호의 표기 방법

1 모음이 하나만 있을 경우, 그 **모음 위**에 표기하며 모음 i 에 성조부호를 붙일 때는 **i 위의 점을 없애고** 표기한다.

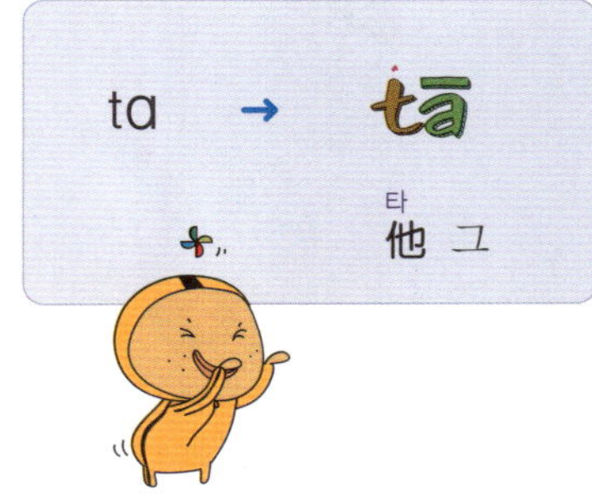

② 둘 이상의 모음이 있을 경우, 성조부호는 주요 모음 입 벌리기가 큰 모음 인 a, e, o 순으로 표기한다.
모음 a가 있으면 **a위에 붙이고** a가 없으면 **e, o 위에 표기**한다.

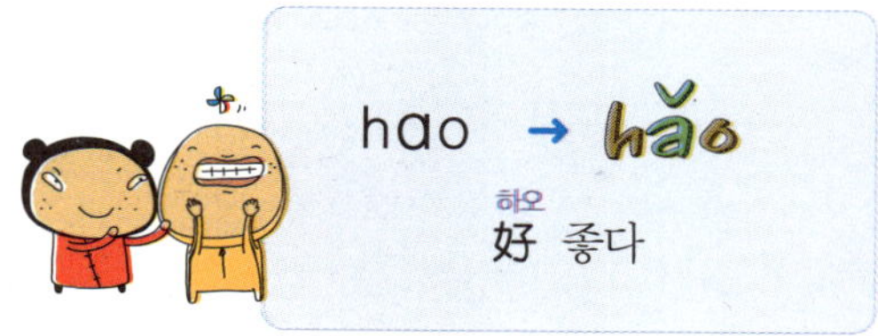

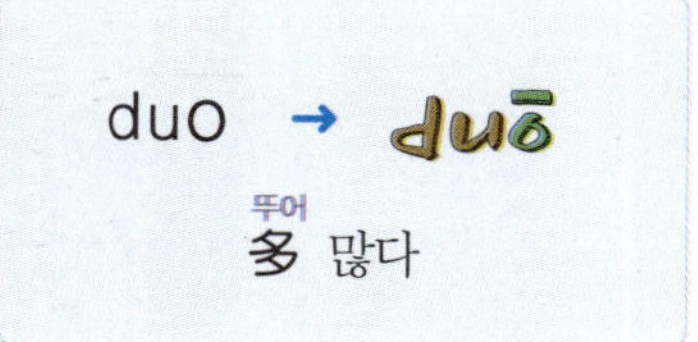

③ 모음 i, u, ü 가 있을 경우에는 **가장 끝에 쓰인 모음** 위에 표기한다.

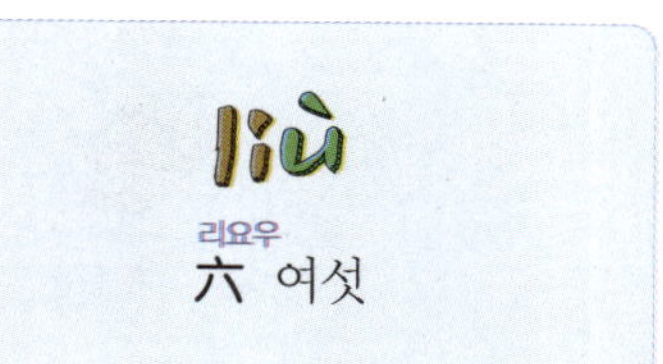

④ 경성은 **성조를 표기하지 않는다.**

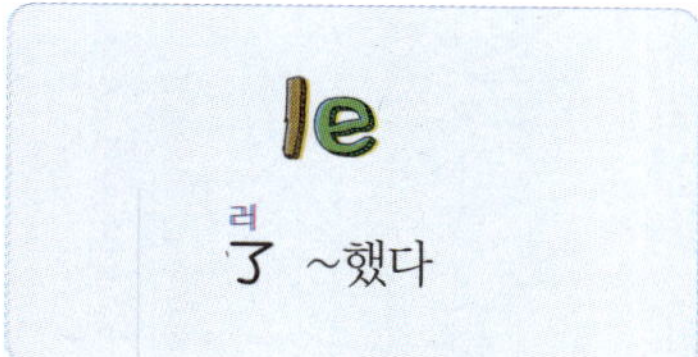

★ **격음부호**

a, e, o 로 시작되는 음절이 다른 음절의 뒤에 올 때는 두 음절의 구분을 확실히 하기 위해서 그 사이에 **격음부호 '** 를 쓴다.

★ 경성 轻声

① **음이 같거나 뜻이 같은 말이 중복**되어 쓰일 때

māma
마마
妈妈 엄마

xièxie
시에시에
谢谢 감사하다

② **뜻이 같은 글자끼리**, 또는 **반대인 글자끼리** 쓰일 때

péngyou
펑요우
朋友 친구

dōngxi
똥시
东西 물건

③ **조사**로 쓰이는 경우

nǐne
니 너
你呢? 당신은요?

zǒu ba
조우 바
走吧 갑시다

④ **접미사**로 쓰이는 경우

wǒmen
워먼
我们 우리

yǐzi
이즈
椅子 의자

★ 3성의 성조 변화

제 3성 뒤에 3성이 연이어 올 경우, 발음상의 편의를 위해 **앞의 3성은 2성**으로 변한다. 그러나 표기는 그대로 3성으로 하고 **발음만 2성으로** 변한다.

★ 반 3성

3성은 제 1, 2, 4성 및 경성 앞에서는 3성의 발음 부분 중 내려가는 앞부분 ✓ 만을 소리내는데 이것을 **반 3성**이라고 한다.

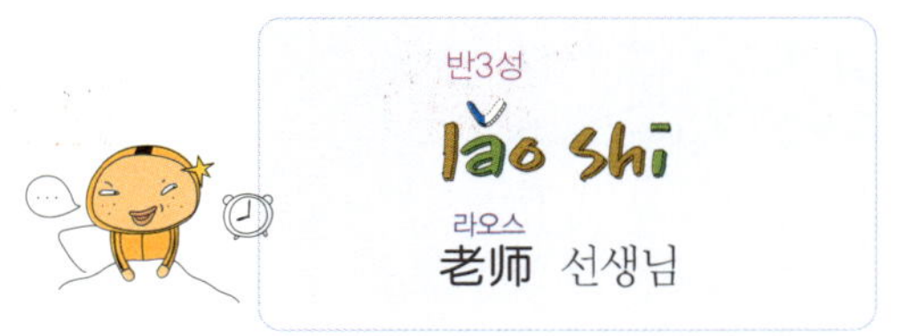

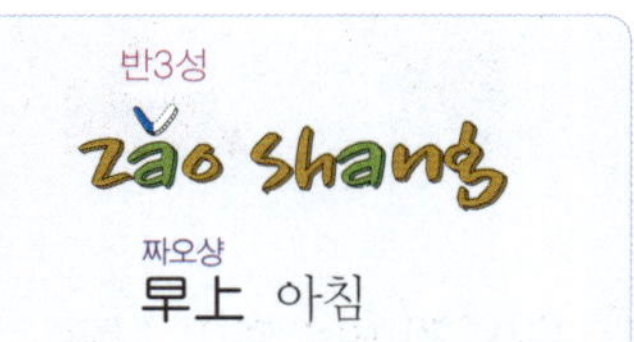

★ 不의 성조 변화

不 bù 는 원래 4성이지만 **뒤에 4성이 올 경우, 2성**으로 발음이 변한다.

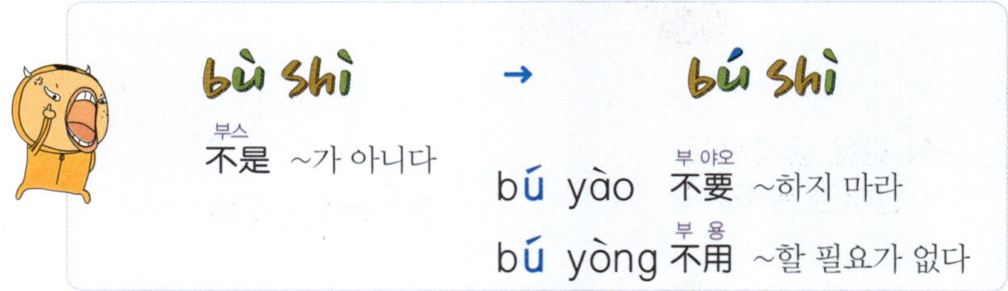

★ 一의 성조 변화

[1] 一 yī 는 원래 1성이지만 뒤에 4성이나 4성이 변한 경성이 올 경우, **2성**으로 발음이 변한다.

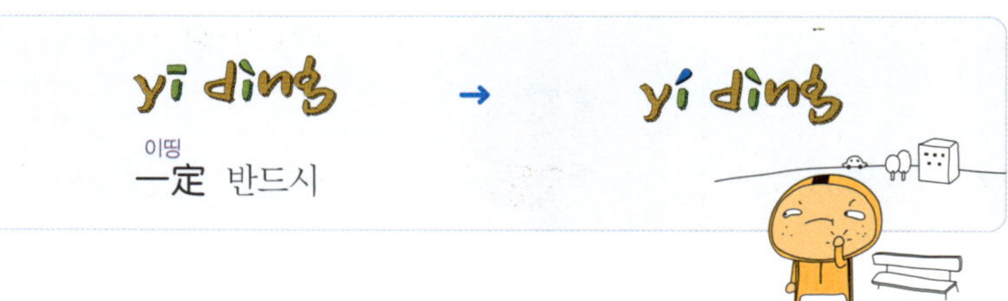

[2] 뒤에 1 · 2 · 3성이 올 경우, **4성**으로 발음이 변한다.

[3] 서수로 쓰일 때는 **그대로 1성**으로 발음한다.

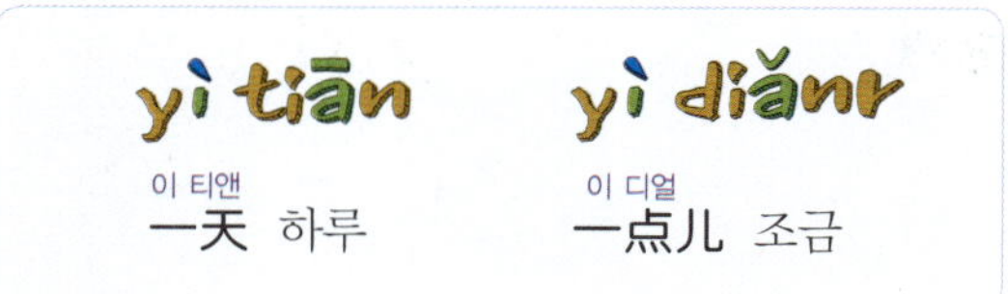

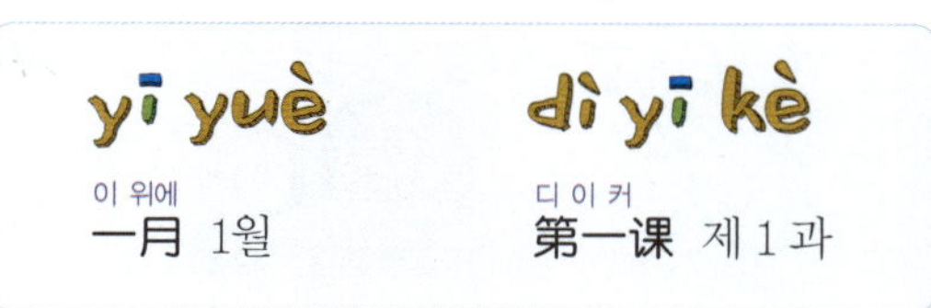

★ 형용사의 중첩

일부 형용사는 **중첩**두번 반복**하여 부사로 쓰이는 경우, 두번째 음절의 성조가 원래의 성조와 상관없이 **1성**으로 변하고 소리는 **얼화** 儿化가 이루어진다.

mànmānr
만말
慢慢儿 천천히

hǎohāor
하오할
好好儿 아주, 잘

★ 얼화

1 마지막 모음이 **-a, -o, -e, -u** 로 끝날 때는 **ɾ** –ㄹ 음만 첨가된다.

huār
활
花儿 꽃

2 마지막 모음이 **-ai, -ei, -n, -ng** 로 끝날 때는 **-i** 나 **-n, -ng** 음이 탈락되면서 **ɾ** –ㄹ 음만 첨가된다.

nánháir
묵음
난할
男孩儿 남자아이

wánr
묵음
왈
玩儿 놀다

3 마지막 모음이 **-i, -ü** 로 끝날 때는 **-er** –얼 음이 첨가된다. 또한 **-in, -ing** 로 끝날 때는 **-n, -ng** 음이 탈락되면서 **-er** –얼 음이 첨가된다.

shuǐr
쉐이얼
水儿 물, 즙

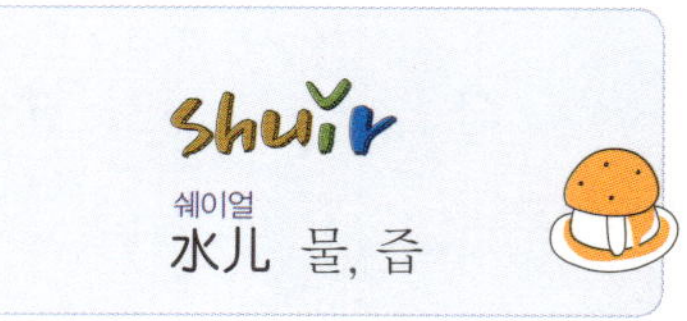

xìnr
묵음
씨얼
信儿 편지

성.모.声母란?

1-A 발음의 한글표기는 이해를 돕기 위해 원음에 가깝게 표기했을 뿐 실제음이 아니다. Tape를 통해 정확히 익히도록 하자.

순음	b 뽀	p 포	m 모	f 포

윗입술과 아랫입술, 또는 윗니와 아랫입술이 작용하여 내는 소리. o오 음을 붙여서 읽는다.

설첨음	d 떠	t 터	n 너	l 러

혀끝과 윗잇몸이 작용하여 내는 소리. e어 음을 붙여서 읽는다.

설근음	g 꺼	k 커	h 허

혀뿌리와 여린 입천장연구개이 작용하여 내는 소리. e어 음을 붙여서 읽는다.

설면음	j 지	q 치	x 시

혓바닥과 굳은 입천장경구개이 작용하여 내는 소리. i이 음을 붙여서 읽는다.

권설음	zh 즈	ch 츠	sh 스	r 르

혀끝을 말아서 작용하여 내는 소리. 음가 없는 i이 음을 붙여서 읽는다.

설치음	z 쯔	c 츠	s 쓰

혀끝과 윗니가 작용하여 내는 소리. 음가 없는 i이 음을 붙여서 읽는다.

b

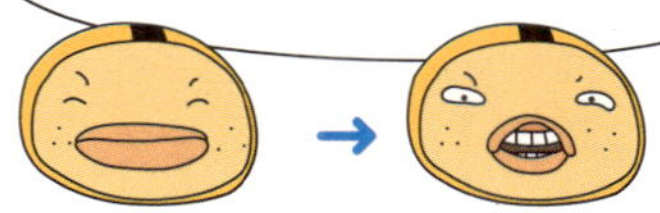

bā 빠
八 여덟, 8

p

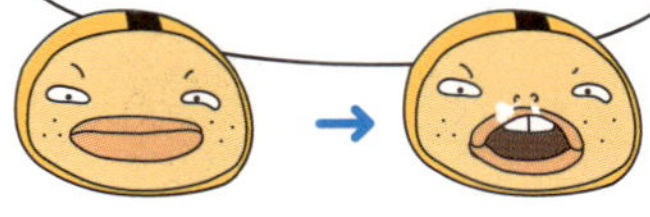

piào 피야오
票 표

m

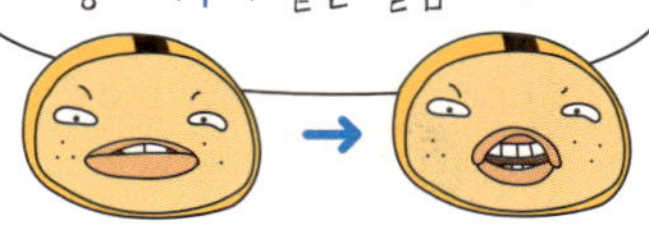

mén 먼
门 문

f

fàn 판
饭 밥

설첨음 e 어를 붙여서 읽는다.

d

dà 따
大 크다

t

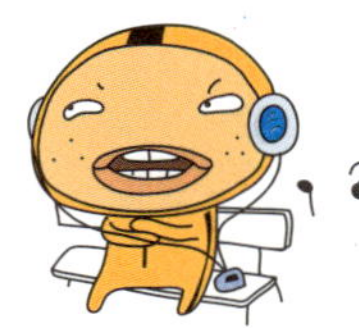

tīng 팅
听 듣다

n

niú 니요우
牛 소

l

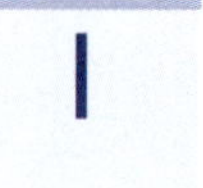

lái 라이
来 오다

설근음 e 어를 붙여서 읽는다.

g

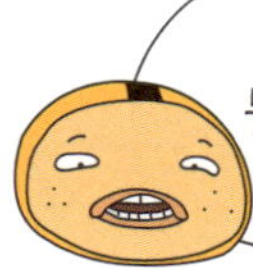

gāo 까오
高 높다

k

kǒu 코우
口 입

h

hē 허
喝 마시다

설면음 i 이를 붙여서 읽는다.

j

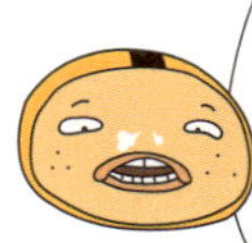

jiǔ 지요우
酒 술

q

qián 치앤
钱 돈

x

xiǎo 시야오
小 작다

성모란? **23**

권설음 음가가 없는 i를 붙여서 읽는다.

zh

zhè 쩌
这 이것

---

ch

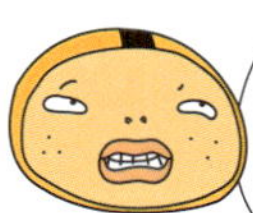

chī 츠
吃 먹다

---

sh

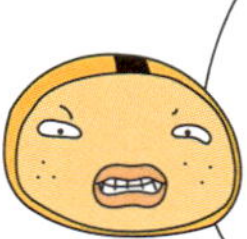

shū 슈
书 책

---

r

ròu 로우
肉 고기

설치음 음가가 없는 i이 를 붙여서 읽는다.

z

zǎo 짜오
早 아침

c

cài 차이
菜 음식

s

sān 싼
三 셋, 3

운.모.声母란?

발음의 한글표기는 이해를 돕기 위해 원음에 가깝게 표기했을 뿐 실제음이 아니다. Tape를 통해 정확히 익히도록 하자.

단운모	a 아	o 오	e 어	i 이
	u 우	ü 위		

운모 중 가장 기본이 되는 발음으로 하나의 운모로 된 것을 말한다.

복운모	ai 아이	ei 에이	ao 아오	ou 오우

두 개의 단운모가 결합하여 이루어진 것이다.

부성운모	an 안	en 언	ang 앙	eng 엉
	ong 옹			

단운모에 비음인 n · ng가 결합하여 이루어진 것이다.

권설운모	er 얼

성모와 결합하지 않고 항상 단독으로 쓰이는데, 때로는 단어의 끝에 붙어서 발음 변화를 일으키는 데 이러한 현상을 얼화라고 한다.

· i가 단독으로 음절을 구성할때는 **yi** 라고 표기한다.
· u가 단독으로 음절을 구성할때는 **wu** 라고 표기한다.
· ü가 단독으로 음절을 구성할때는 **yu** 라고 표기하고 앞에 성모 j, q, x 가 오면 위의 두 점은 생략해서 쓴다.

·ü → yu   

a

mā 마
妈 엄마

o

pò 포
破 깨다

e

è 으어
饿 배고프다

i

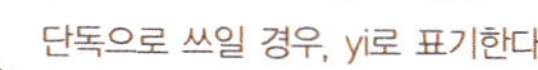

yī 이
一 하나, 1

u

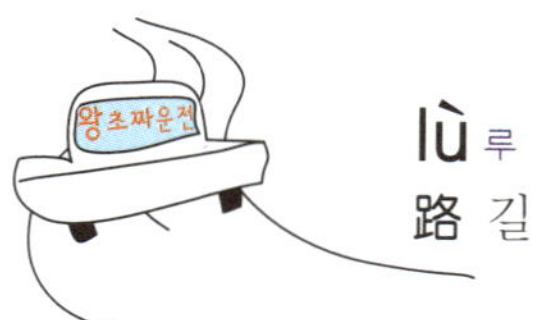

lù 루
路 길

ü

nǚ 뉘
女 여자

ai

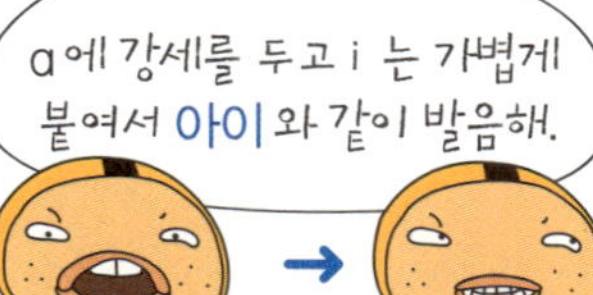

ài 아이
爱 사랑하다

ei

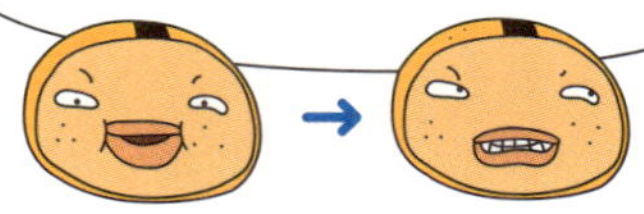

fēi 페이
飞 날다

ao

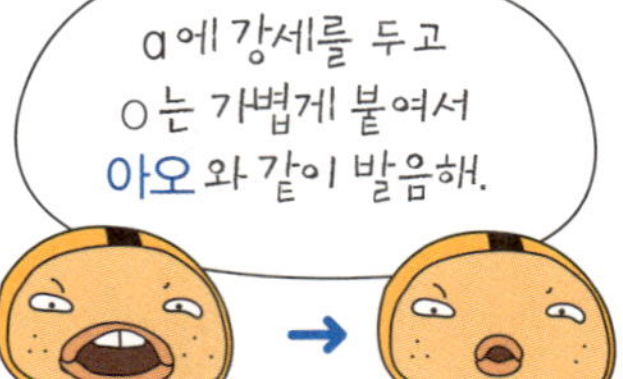

hǎo 하오
好 좋다

ou

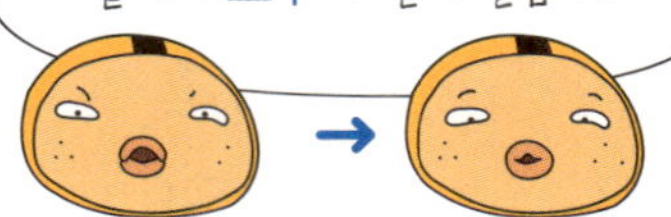

zǒu 조우
走 걷다

부성운모

an

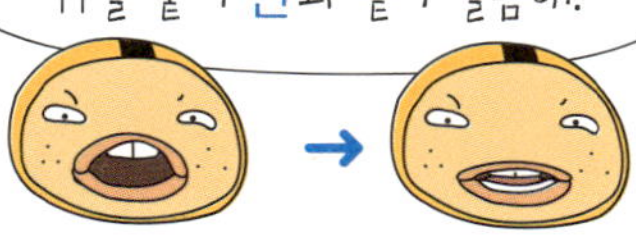

nán 난
男 남자

en

rén 런
人 사람

ang

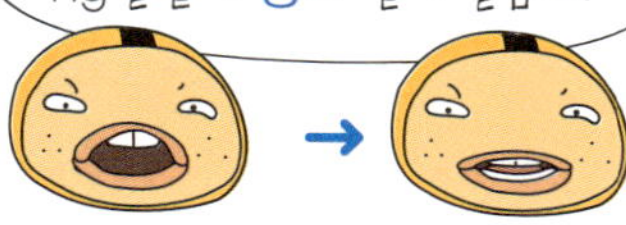

shàng 샹
上 위

eng

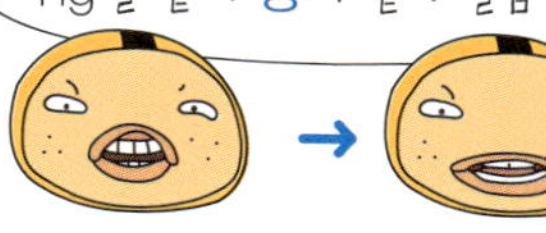

lěng 렁
冷 춥다

ong

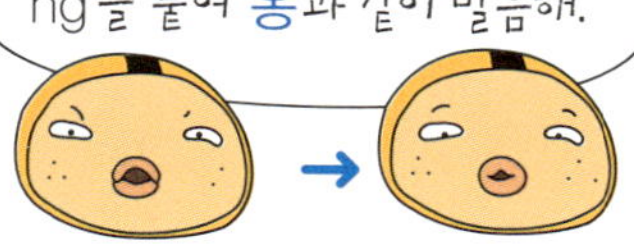

zhōng 쫑
中 가운데

권설운모

er

èr 얼
二 둘, 2

1-A 발음의 한글표기는 이해를 돕기 위해 원음에 가깝게 표기했을 뿐 실제음이 아니다. Tape를 통해 정확히 익히도록 하자.

i와 결합운모	ia 이아	ie 이에	iao 이아오	iou 이오우
	ian 이앤	iang 이앙	in 인	ing 잉
	iong 이옹			

u와 결합운모	ua 우아	uo 우오	uai 우아이	uei 우에이
	uan 우안	uang 우앙	uen 우언	ueng 우엉

ü와 결합운모	üan 위앤	üe 위에	ün 윈

ie → ye · i로 음절이 시작될 경우, i를 y로 바꾸어 표기한다.

i + iou → liu · iou는 앞에 성모가 오면 가운데 o가 없어지고 -iu라고 표기한다.

ua → wa · u로 음절이 시작될 경우, u를 w로 바꾸어 표기한다.

ㅎ + uei → ㅎui · uei, uen는 앞에 성모가 오면 가운데 e가 없어지고 -ui, -un이라고 표기한다.

üan → yuan · ü로 음절이 시작될 경우, yu로 바꾸어 표기하고 앞에 성모 j, q, x 가 오면 ü 위의 두 점은 생략해서 쓴다.

ia

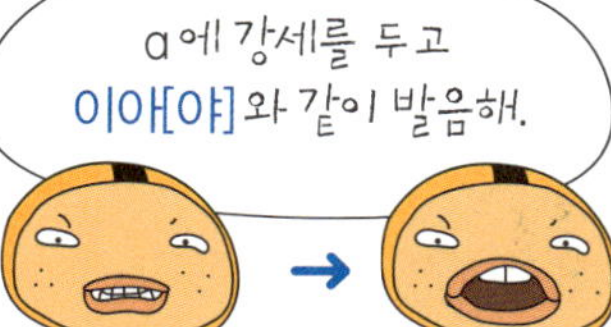

jiā 지아
家 집

ie

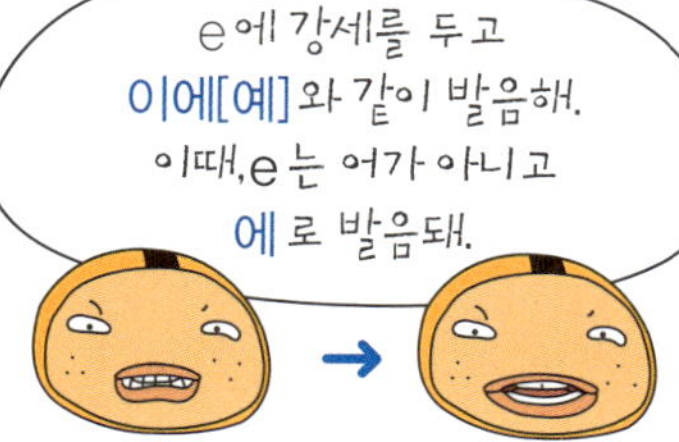

xiè 시에
谢 감사하다

iao

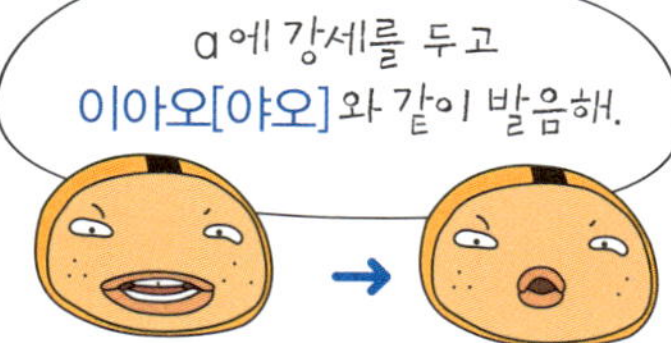

xiào 시야오
笑 웃다

iou

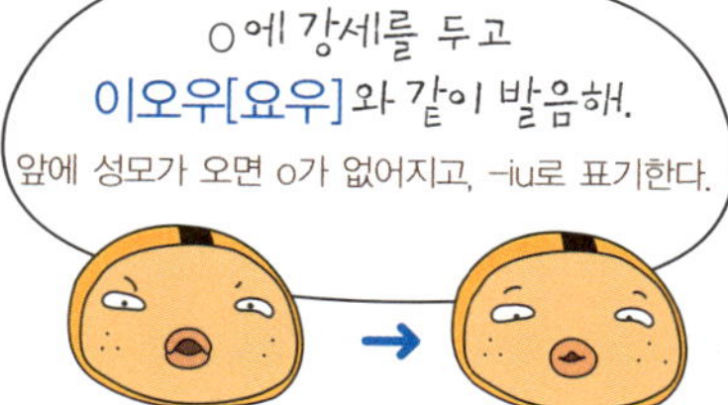

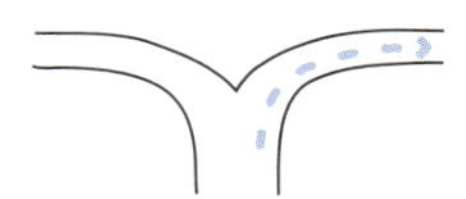
yòu 요우
右 오른쪽

ian

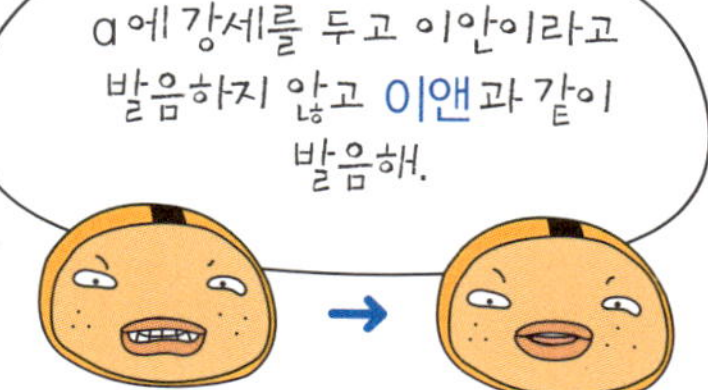

qián 치앤
前 앞

iang

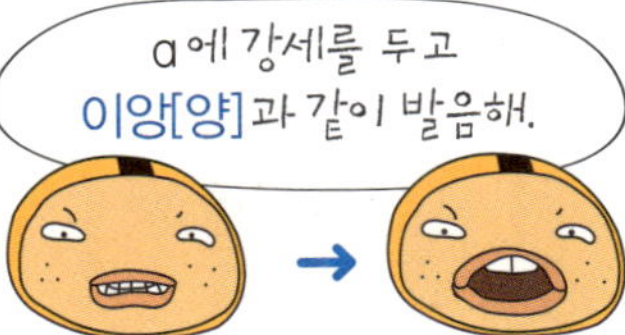

liǎng 량
两 둘

in

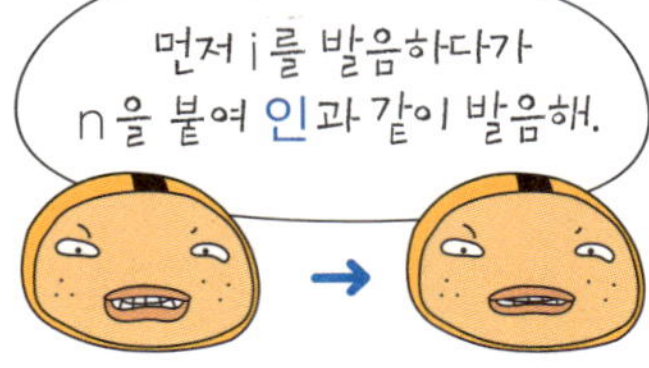

xīn 씬
新 새롭다

ing

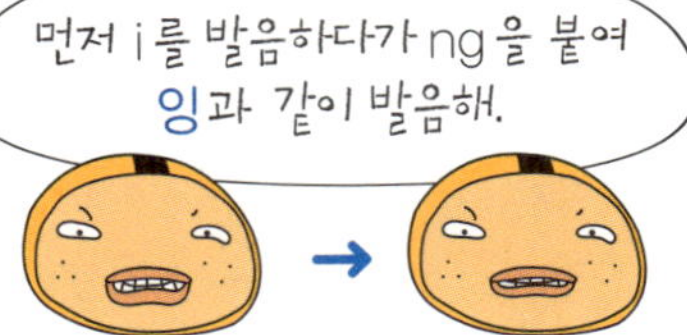

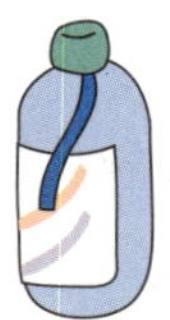

píng 핑
瓶 병

iong

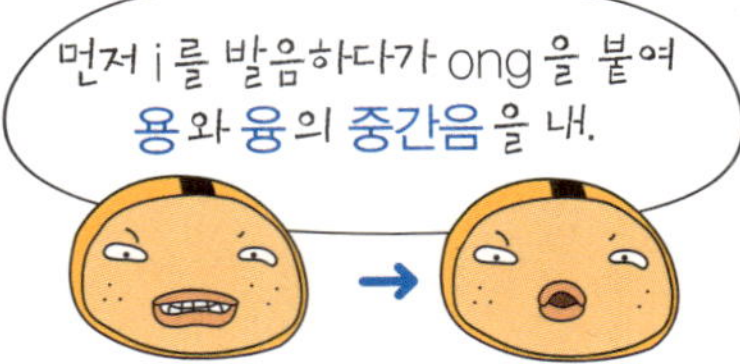

xiōng 숑
兄 형

u와 결합한 부성운모

ua

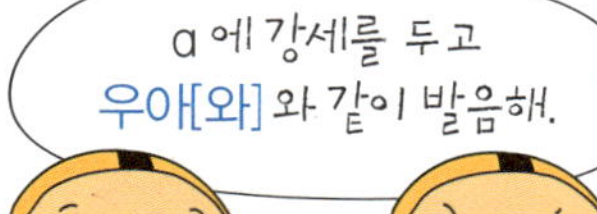

huā 화
花 꽃

uo

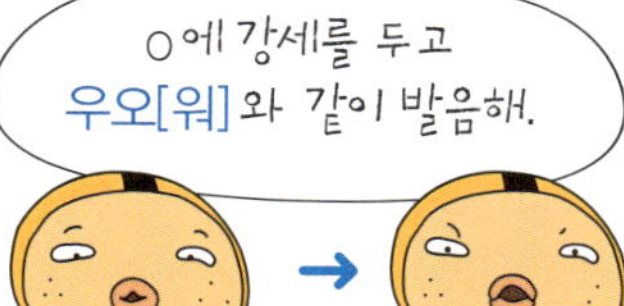

wǒ 워
我 나

uai

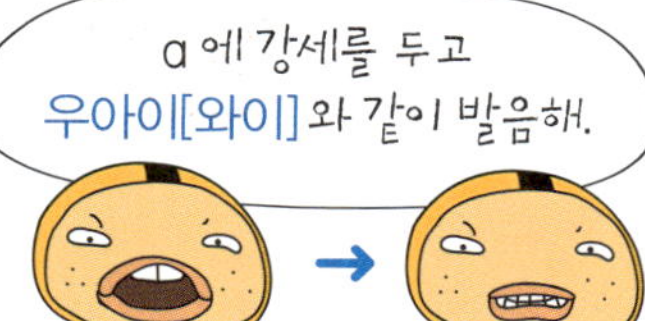

kuài 콰이
快 빠르다

uei

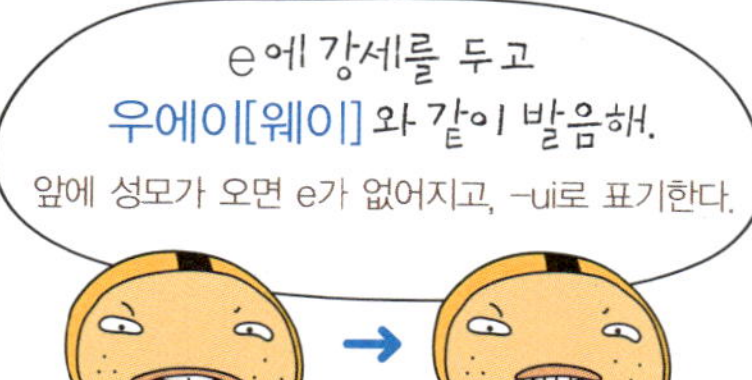

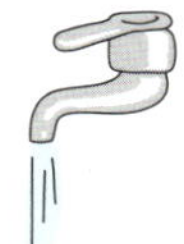

shuǐ 쉐이
水 물

uan

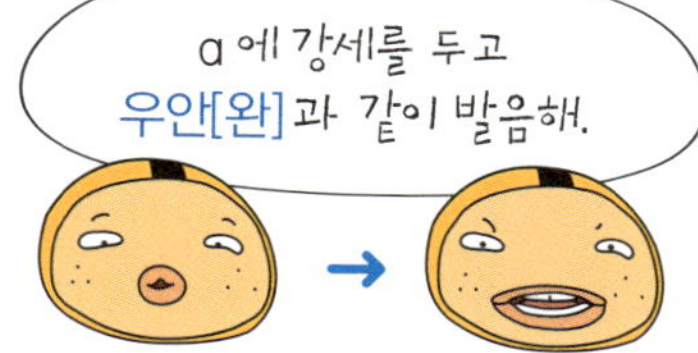

wǎn 완
晩 저녁

uang

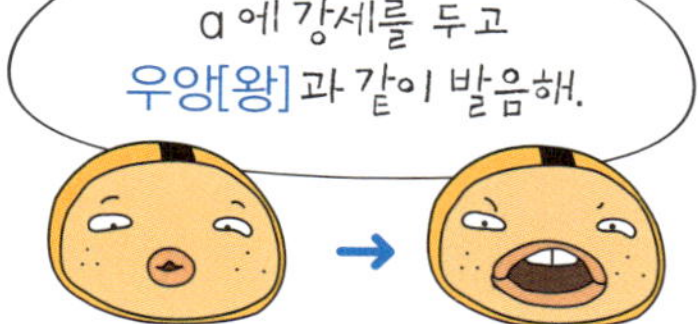

huáng 황
黃 노란색

uen

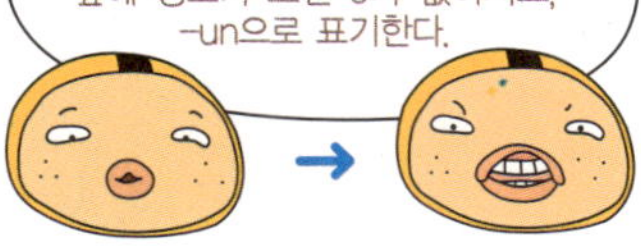

chūn 춘
春 봄

ueng

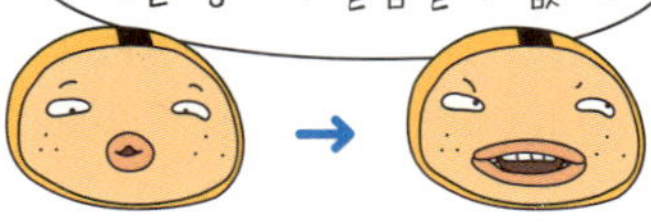

wēng 웡
翁 노인

ü와 결합한 부성운모

üan

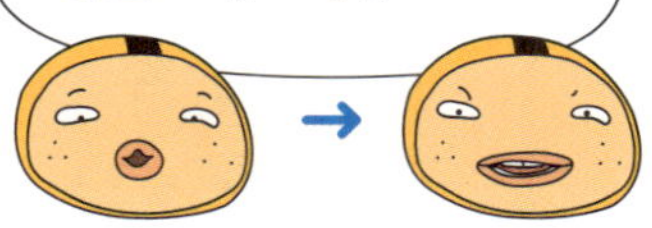

yuǎn 위앤
远 멀다

üe

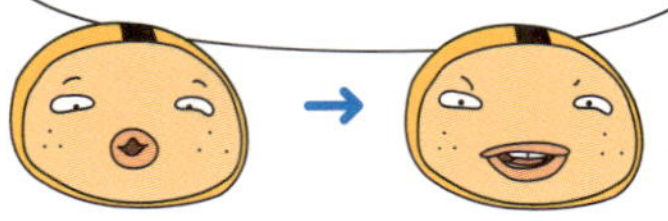

xuě 쉬에
雪 눈

ün

yún 윈
云 구름

★ 제 1성

▶ 1성+1성

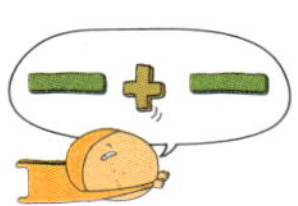

춘티앤
春天 봄

페이지
飞机 비행기

▶ 1성+2성

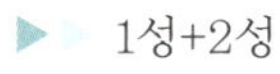

쭝구어
中国 중국

꽁위앤
公园 공원

▶ 1성+3성

치앤삐
铅笔 연필

지창
机场 공항

▶ 1성+4성

샹띠앤
商店 상점

셩르
生日 생일

▶ 1성+경성

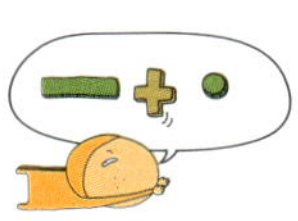

이푸
衣服 옷

쭈어즈
桌子 탁자

★ 제 2성

▶▶ 2성+1성

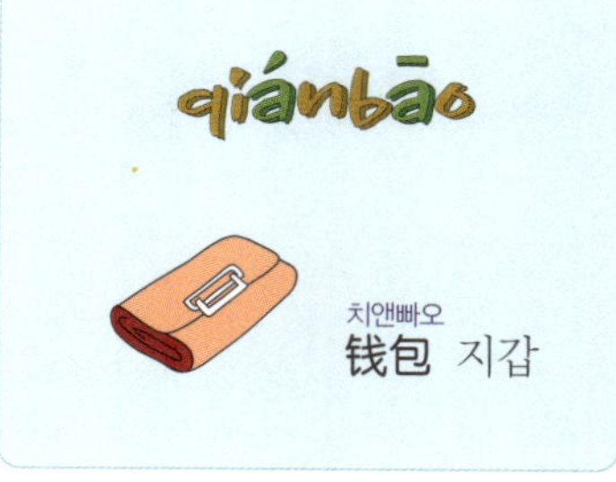
qiánbāo
치앤빠오
钱包 지갑

jiéhūn
지에훈
结婚 결혼하다

▶▶ 2성+2성

xuéxí
쉬에시
学习 공부하다

yínháng
인항
银行 은행

▶▶ 2성+3성

cídiǎn
츠디앤
词典 사전

píjiǔ
피지요우
啤酒 맥주

▶▶ 2성+4성

yóupiào
요우피야오
邮票 우표

zázhì
자즈
杂志 잡지

▶▶ 2성+경성

érzi
얼즈
儿子 아들

pútao
푸타오
葡萄 포도

★ **제 3성** ▶ 3성+1성

베이징
北京 베이징

후이쳐
火车 기차

▶ 3성+2성

메이구어
美国 미국

뤼씽
旅行 여행(하다)

▶ 3성+3성

쉐이구어
水果 과일

쇼우비야오
手表 손목시계

▶ 3성+4성

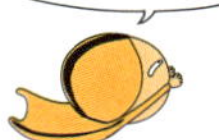

리우
礼物 선물

비싸이
比赛 시합

▶ 3성+경성

번즈
本子 노트

이앤징
眼睛 눈

★ 제 4성

4성+1성 

치쳐
汽车 자동차

미앤빠오
面包 빵

4성+2성 

따쉬에
大学 대학

원티
问题 문제

4성+3성 

르번
日本 일본

띠앤잉
电影 영화

4성+4성 

띠앤화
电话 전화

판띠앤
饭店 호텔

4성+경성 

따이푸
大夫 의사

콰이즈
筷子 젓가락

응답 应答 1-B

그렇습니다.	스 是。 Shì
아닙니다.	부 스 不是。 Bú shì
있습니다.	요우 有。 Yǒu
없습니다.	메이요우 没有。 Méiyǒu
맞습니다.	뚸이 对。 Duì
틀립니다.	부 뚸이 不对。 Bú duì
계십니다.	짜이 在。 Zài
안 계십니다.	부 짜이 不在。 Bú zài
알겠습니다.	즈다오 러 知道了。 Zhīdao le
모릅니다.	뿌 즈다오 不知道。 Bù zhīdào
정확하지 않습니다.	부 타이 칭츄 不太清楚。 Bú tài qīngchu
됐습니다.	싱 行。 Xíng
좋습니다.	하오 러 好了。 Hǎo le
안 됩니다.	뿌 싱 不行。 Bù xíng
맞습니다.	메이 추어 没错。 Méi cuò

안녕하세요!	니 하오 你好。 Nǐ hǎo
안녕하세요?	니 하오 마 你好吗? Nǐ hǎo ma
안녕하세요. 아침	짜오샹 하오 짜오 안 早上好。早安。 Zǎoshang hǎo Zǎo ān
안녕하세요. 저녁	완샹 하오 晚上好。 Wǎnshang hǎo
오랜만입니다.	하오지우 부 찌앤 好久不见。 Hǎojiǔ bú jiàn
건강하십니까?	션티 하오 마 身体好吗? Shēntǐ hǎo ma
아주 좋습니다.	팅 하오 挺好。 Tǐng hǎo
여전히 그렇습니다.	하이 하오 还好。 Hái hǎo
예전 그대로입니다.	하이스 라오 양즈 还是老样子。 Háishi lǎo yàngzi
그저 그렇습니다.	마마후후 马马虎虎。 Mǎma hūhū
다시 뵙겠습니다.	짜이 찌앤 再见。 Zài jiàn
내일 뵙겠습니다.	밍티엔 찌앤 明天见。 Míngtiān jiàn
잠시 후에 뵙겠습니다.	이훨 찌앤 一会儿见。 Yíhuìr jiàn
안녕히 주무세요.	완 안 晚安。 Wǎn ān
안녕히 가세요.	만 조우 慢走。 Màn zǒu

감사합니다.	시에시에 谢谢。 Xièxie	
대단히 감사합니다.	타이 간시에 니 러 太感谢你了。 Tài gǎnxiè nǐ le	
도와주셔서 감사합니다.	시에시에 니 더 빵쥬 谢谢你的帮助。 Xièxie nǐ de bāngzhù	
수고하셨습니다.	신쿠 러 辛苦了。 Xīnkǔ le	
괜찮습니다.	부 (용) 시에 不(用)谢。 Bú (yòng) xiè	
별거 아닙니다.	메이 선머 没什么。 Méi shénme	메이 셜 没事儿。 Méi shìr
사양하지 마세요.	비에 커치 别客气。 Bié kèqi	

처음 뵙겠습니다.	츄츠 찌앤미앤 初次见面。 Chūcì jiànmiàn
당신의 성함은 무엇입니까?	닌 꿰이 씽 您贵姓? Nín guì xìng
나는 박선영입니다.	워 스 피야오 샨잉 我是朴善英。 Wǒ shì Piáo shànyīng
만나게 되어 기쁩니다.	찌앤따오 니 헌 까오씽 见到你很高兴。 Jiàn dào nǐ hěn gāoxing
알게 되어 무척 기쁩니다.	런스 니 페이창 까오씽 认识你非常高兴。 Rènshi nǐ fēicháng gāoxing
많이 보살펴 주십시오.	칭 뚜어뚜어 관짜오 请多多关照。 Qǐng duōduo guānzhào
제가 소개 좀 하겠습니다.	워 게이 니 찌에샤오 이시아 我给你介绍一下。 Wǒ gěi nǐ jièshào yíxià

축하합니다.	쭈허 니 / 꽁시 꽁시 祝贺你。 恭喜恭喜。 Zhùhè nǐ　Gōngxǐ gōngxǐ
생일 축하합니다.	쭈 니 셩르 콰이러 祝你生日快乐。 Zhù nǐ shēngrì kuàilè
행복하세요.	쭈 니 싱푸 祝你幸福。 Zhù nǐ xìngfú
건강하세요.	쭈 니 찌앤캉 祝你健康。 Zhù nǐ jiànkāng
성공하시길 기원합니다.	쭈 니 청꽁 祝你成功。 Zhù nǐ chénggōng
무사하시길 바랍니다.	이루 핑안 / 이루 순펑 一路平安。 一路顺风。 Yílù píng'ān　Yílù shùnfēng
모든 일이 다 잘 되시길.	완스 루이 万事如意。 Wànshì rúyì
즐거운 여행이 되십시오.	쭈 니 뤼투 콰이러 祝你旅途快乐。 Zhù nǐ lǚtú kuàilè

의외의 일
想不到

생각지도 못했습니다.	메이 시양따오 没想到。 Méi xiǎngdào
무슨 일입니까?	쩐머 훼이 스 怎么回事? Zěnme huí shì
어떻게 그럴수 있습니까?	쩐머 커녕 怎么可能? Zěnme kěnéng
무슨 일이십니까?	쩐머 러 怎么了? Zěnme le
정말 이상하군요.	쩐 치꽈이 真奇怪。 Zhēn qíguài
믿을 수가 없습니다.	부 깐 시양신 不敢相信。 Bù gǎn xiāngxìn

죄송합니다.	뻬이부치 对不起。 Duìbuqǐ	
미안합니다.	헌 빠오치앤 很抱歉。 Hěn bàoqiàn	
용서해 주세요.	칭 위엔량 请原谅。 Qǐng yuánliàng	
폐를 끼쳤습니다.	마판 니 러 麻烦你了。 Máfan nǐ le	
정말 번거롭게 했군요.	게이 니 티엔 마판 러 给你添麻烦了。 Gěi nǐ tiān máfan le	
대단히 폐를 끼쳤습니다.	따지야오, 따지야오 打搅，打搅。 Dǎjiǎo dǎjiǎo	
부끄럽습니다.	뿌하오이쓰 不好意思。 Bùhǎoyìsi	
별 거 아닙니다.	메이 원티 没问题。 Méi wèntí	
괜찮습니다.	메이 꽌시 没关系。 Méi guānxi	메이 셜 没事儿。 Méi shìr
천만에요.	날 아 哪儿啊。 Nǎr a	나리 나리 哪里哪里。 Nǎli nǎli

1-B

마음이 아픕니다.	전 신텅 真心疼。 Zhēn xīnténg
너무 아쉽습니다.	타이 커시 太可惜。 Tài kěxī
정말 유감스럽습니다.	쩐 이한 真遗憾。 Zhēn yíhàn
정말 슬픕니다.	쩐 상신 真伤心。 Zhēn shāngxīn
몹시 괴롭습니다.	신리 페이창 난꾸어 心里非常难过。 Xīnli fēicháng nánguò
마음이 견딜수 없습니다.	신리 헌 난쇼우 心里很难受。 Xīnli hěn nánshòu
정말 가엾습니다.	쩐 커리앤 真可怜。 Zhēn kělián
정말 화나게 하는군요.	쩐 랑 런 셩치 真让人生气。 Zhēn ràng rén shēngqì
정말 싫습니다.	쩐 타오이앤 真讨厌。 Zhēn tǎoyàn
너무 불공평합니다.	타이 부 꽁핑 太不公平。 Tài bù gōngpíng
뭐라 말씀하시는 겁니까?	니 슈어 션머 你说什么？ Nǐ shuō shénme
전혀 이치에 맞지 않습니다.	이디얼 따오리 이예 메이요우 一点儿道理也没有。 Yìdiǎnr dàolǐ yě méiyǒu
너무 심하시군요.	타이 꾸어펀 러 太过分了。 Tài guòfēn le
무슨 뜻으로 하는 말씀이십니까?	니 슈어화 션머 이쓰 你说话什么意思？ Nǐ shuō huà shénme yìsi

1-B

괜찮겠습니까?	커이 마 **可以吗?** Kěyǐ ma
물론이죠.	땅란 커이 **当然可以。** Dāngrán kěyǐ
좋습니다.	하오 바 **好吧。** Hǎo ba
편한대로 하십시오.	쒜이 니 더 비앤 **随你的边。** Suí nǐ de biàn
스스로 결정하십시오.	니 쯔지 쥐에띵 바 **你自己决定吧。** Nǐ zìjǐ juédìng ba
안 됩니다.	뿌 싱　　뿌 커이 **不行。 不可以。** Bù xíng Bù kěyǐ
다시는 얘기하지 마세요.	비에 짜이 슈어 러 **别再说了。** Bié zài shuō le
어떻게 가능합니까?	나알 요우 커넝 **哪儿有可能?** Nǎr yǒu kěnéng
다음에 다시 얘기합시다.	이호우 짜이 슈어 바 **以后再说吧。** Yǐhòu zài shuō ba
이렇게는 불가능합니다.	쩌 뿌 커넝 더 **这不可能的。** Zhè bù kěnéng de
잊지 마세요.	비에 왕 러 **别忘了。** Bié wàng le
화내지 마세요.	비에 셩치 **别生气。** Bié shēngqì
농담하지 마세요.	비에 카이 완시야오 **别开玩笑。** Bié kāi wánxiào

이것은 무엇입니까?	쩌 스 션머 这是什么? Zhè shì shénme	
얼마입니까?	뚜어샤오 치앤 多少钱? Duōshao qián	
너무 비쌉니다.	타이 꿰이 러 太贵了。 Tài guì le	
싼 것 있습니까?	요 메이요우 피앤이 더 有没有便宜的? Yǒu méiyou piányi de	
좀 싸게 해 주십시오.	짜이 피앤이 이디얼 바 再便宜一点儿吧。 Zài piányi yìdiǎnr ba	
다른걸로 보여주세요.	게이 워 칸칸 비에더 给我看看别的。 Gěi wǒ kànkan biéde	
새 것 있습니까?	요우 신 더 마 有新的吗? Yǒu xīn de ma	
필요 없습니다.	부 야오 不要。 Bú yào	
마음에 들지 않습니다.	뿌 시환 不喜欢。 Bù xǐhuan	뿌 만이 不满意。 Bù mǎnyi
좀 깨끗하지가 못 하군요.	요우디얼 뿌 깐징 有点儿不干净。 Yǒudiǎnr bù gānjìng	

전화
电话

여보세요.	웨이 喂。 Wèi
왕선생님 계십니까?	왕 시앤셩 짜이 마 王先生在吗？ Wáng xiānsheng zài ma
계십니다/ 안계십니다.	짜이　부 짜이 在。不在。 Zài Bú zài
이양 부탁드립니다.	칭 쟈오 리 샤오지에 请找李小姐。 Qǐng zhǎo Lǐ xiǎojiě
다시 한번 말씀해 주십시오.	칭 니 짜이 슈어 이 비앤 请你再说一遍。 Qǐng nǐ zài shuō yí biàn
잘 안 들립니다. 크게 말씀해 주세요.	팅 부 칭추　　따 셩 이디얼 听不清楚，大声一点儿。 Tīng bu qīngchu dà shēng yìdiǎnr
천천히 말씀 해 주세요.	칭 니 만말 슈어 请你慢慢儿说。 Qǐng nǐ mànmānr shuō
전화를 해 달라고 해 주세요.	랑 타 훼이 띠앤화 让他回电话。 Ràng tā huí diànhuà
누구시죠?	니 스 나 웨이 你是哪位？ Nǐ shì nǎ wèi
전화번호가 몇 번입니까?	니 더 띠앤화 하오마 스 뚜어샤오 你的电话号码是多少？ Nǐ de diànhuà hàomǎ shì duōshao
366국에 0123입니다.	싼 리요우 리요우 - 링 야오 얼 싼 366-0123。 Sān liù liù líng yāo èr sān
통화중입니다.	짠시앤 占线。 Zhànxiàn
잠시만 기다리십시오.	칭 샤오 덩 이시아 请稍等一下。 Qǐng shāo děng yíxià
잠시 후에 다시 걸어 주십시오.	이훨 짜이 따 라이 바 一会儿再打来吧。 Yíhuìr zài dǎ lái ba

바디 랭귀지마저 통하지 않고
오로지 말로만 해야하기 때문에
외국인과의 전화 통화는 쉽지 않아.
쉽고 간단한 기초 표현부터
정확하게 쓰는 연습을 해야 돼.
전화번호를 얘기 하기 전에
먼저 숫자를 정확히 알아 두어야
한다는 것도 잊지 말고.

올해 몇살입니까?	니 진니앤 뚜어따 **你今年多大?** Nǐ jīnnián duōdà	
올해 18살입니다.	워 진니앤 스빠 쒜이 **我今年十八岁。** Wǒ jīnnián shíbā suì	
올해 연세가 어떻게 되십니까?	닌 진니앤 뚜어따 쒜이슈 **您今年多大岁数?** Nín jīnnián duōdà suìshu	
어디에서 근무하십니까?	니 짜이 날 꽁쭈어 **你在哪儿工作?** Nǐ zài nǎr gōngzuò	
은행에서 일합니다.	워 짜이 인항 꽁쭈어 **我在银行工作。** Wǒ zài yínháng gōngzuò	
어디에서 사십니까?	니 쥬 짜이 날 **你住在哪儿?** Nǐ zhù zài nǎr	
키가 얼마입니까?	니 뚜어 까오 **你多高?** Nǐ duō gāo	
누구십니까?	스 셰이 **是谁?** Shì shéi	
어느 지방입니까?	션머 띠팡 **什么地方?** Shénme dìfang	
언제입니까?	션머 스호우 **什么时候?** Shénme shíhou	
몇 개입니까?	지 거 **几个?** Jǐ ge	
몇 시입니까?	지 디앤 **几点?** Jǐ diǎn	
무엇을 좋아하십니까?	니 시환 션머 **你喜欢什么?** Nǐ xǐhuan shénme	
취미는 무엇입니까?	니 더 아이하오 스 션머 **你的爱好是什么?** Nǐ de àihào shì shénme	

본문

원리를 알면 중국어가 보인다!

중국어의 기본 원리를 쉽고 간단한 일러스트와 표현으로 알기 쉽게 구성하여

왕초짜들도 누구나 부담없이 중국어를 시작할 수 있다.

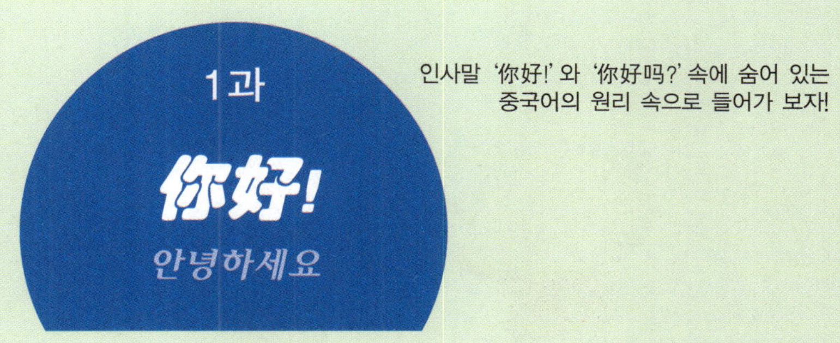

인사말 '你好!' 와 '你好吗?' 속에 숨어 있는
중국어의 원리 속으로 들어가 보자!

'안녕하세요?', '안녕하십니까?' 는 어느 나라말을 배우던 공통으로 제일 처음 배우는 인사말.

你好! 니 하오

你好吗? 니 하오 마

라고 인사말을 외우고 나서 보니 그 안에 중국어의 기본원리가 숨어 있다.

중국어의 문장은 주어 + 술어가 기본이다.

'좋다, 나쁘다, 크다, 작다' 와 같이 상태나 성질을 나타내는 형용사들이 술어로 쓰여
'주어+형용사' 의 문장을 이루는데 바로 '你好!' 가 대표 문장.

주어+형용사

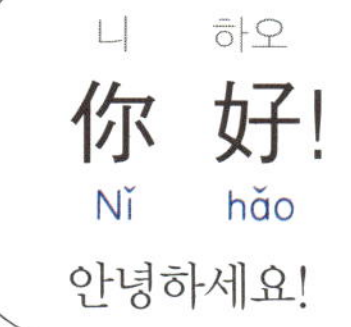

▶ 你 nǐ 너 2인칭대명사
▶ 好 hǎo 좋다, 잘지내다 형용사

니하오~
니하오가 모야?

내가 설명해
줄께~

你好 nǐ hǎo 는 가장 일반적인
인사말로, 우리말의 안녕하세요!
에 해당하며 처음 만난 사람이
나 친한 사이에 모두 쓸 수 있어.

중국어의 기본 패턴은 주어+술어
의 순서다. 어떠한 상태를 나타내
는 말인 형용사가 술어로 쓰인 문
장을 형용사 술어문이라고 한다.

술어

주어 + 형용사

~는   ~하다

안녕하세요!

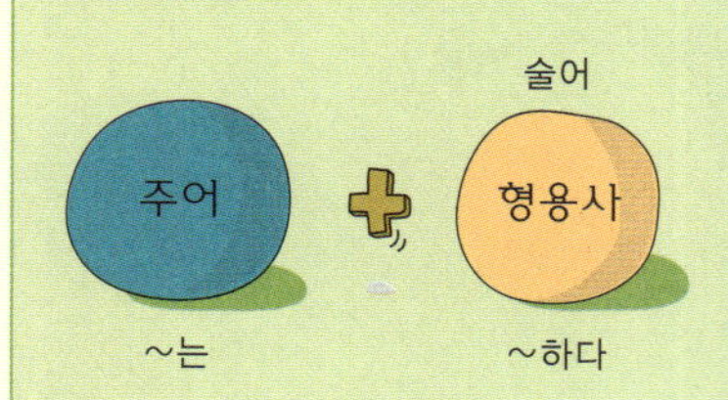

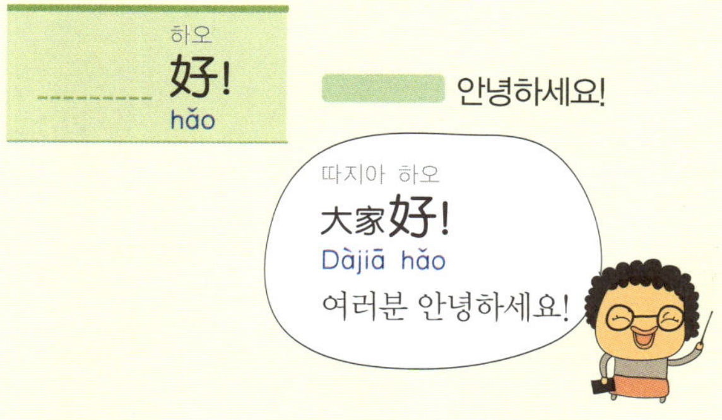

의문문1

니 하오 마
你 好 吗?
Nǐ hǎo ma
안녕하십니까?

또 그건 뭐야?

你好吗? nǐ hǎo ma 는 잘 지내십니까?
라는 뜻이다. 이미 아는 사이에 안부를
묻는 말로 처음 만난 사람에게는 쓰지
않는다.

절 아시나요?

니 하오 마
你好吗?
nǐ hǎo ma
잘 지내십니까?

물어보는 문장을 만들 때는
간단하게 평서문 끝에 우리말의
~까? 에 해당하는 의문조사 吗 ma를
붙이면 돼~

니 까오씽 마
你高兴吗?
Nǐ gāoxìng ma
당신은 기분이 좋습니까?

맞아~
의외로 간단하지?

주어
형용사
吗 ?
술어
~는
~하다
~까

니   마
你 _____ 吗?
Nǐ   ma

당신은   합니까?

니 레이 마
你累吗?
Nǐ lèi ma
당신은 피곤합니까?

니 망 마
你忙吗?
Nǐ máng ma
당신은 바쁩니까?

바쁘다~
바뻐~~~

미백
화장품을
사야겠어

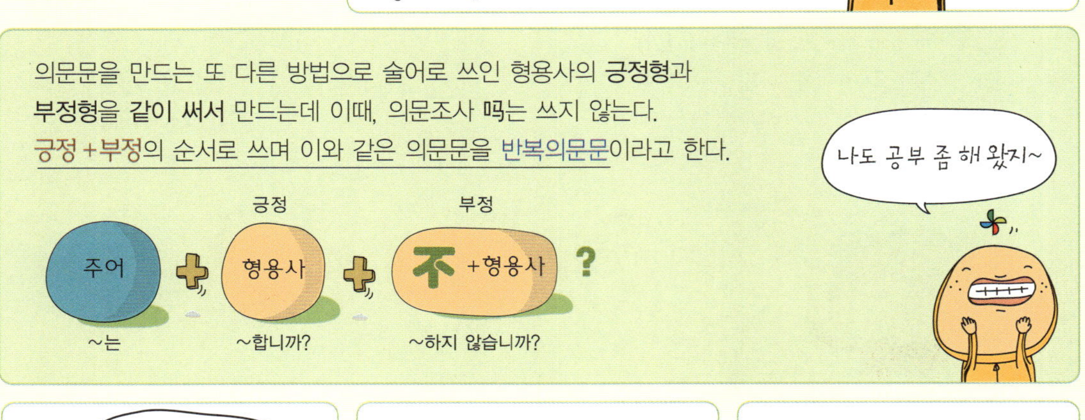

의문문을 만드는 또 다른 방법으로 술어로 쓰인 형용사의 **긍정형**과
부정형을 같이 써서 만드는데 이때, 의문조사 **吗**는 쓰지 않는다.
긍정+**부정**의 순서로 쓰며 이와 같은 의문문을 반복의문문이라고 한다.

뿌
_____ 不 _____ 。
bù

이(가) 하지 않습니다.

1과 你好! **53**

你好!

안녕하세요!

你 好!
Nǐ hǎo

안녕하세요!

▶ 你 nǐ 너, 당신
▶ 好 hǎo 좋다, 잘 지내다

→ → 你好!는 가장 일반적인 인사말로 언제 어디서나 누구에게나 부담없이 쓸 수 있는 표현이다.

你 好 吗?
Nǐ hǎo ma

잘 지내십니까?

▶ 吗 ma ～까? 의문조사

我 很 好。你 呢?
Wǒ hěn hǎo Nǐ ne

네, 잘 지냅니다. 당신은요?

▶ 我 wǒ 나
▶ 很 hěn 매우, 아주
▶ 呢 ne ～는요? 의문조사

我 也 很 好, 谢谢。
Wǒ yě hěn hǎo xièxie

저도 잘 지냅니다. 고맙습니다.

▶ 也 yě 또한, ～역시
▶ 谢谢 xièxie 감사합니다

→ → 我很好, 谢谢。는 你好吗?에 대한 대답으로 잘 지냅니다, 고맙습니다 라는 뜻의 영어의 I'm fine, thank you.와 같은 표현이다.

▸ 最近 zuìjìn 요즘, 최근
▸ 忙 máng 바쁘다

▸ 不 bù ~가 아니다
▸ 太 tài 매우, 아주

니　쮀이진　망　부　망
你 最近 忙 不 忙?
Nǐ   zuìjìn   máng bu   máng

요즘 바쁘십니까?

워　부　타이　망
我 不 太 忙。
Wǒ   bú   tài   máng

그다지 바쁘지 않습니다.

그 밖에 **很忙。** hěn máng **매우 바쁩니다**, **比较忙。** bǐjiào máng **비교적 바쁩니다** 등으로 대답할 수 있다.

hěn
很

워 헌 망
✿ 我很忙。　　　　나는 바쁩니다.
　Wǒ hěn máng

쩌거 헌 따
✿ 这个很大。　　　이것은 큽니다.
　Zhège hěn dà

这个[zhège]　이것
大[dà]　크다

yě
也

타 예 헌 하오
✿ 她也很好。　　　그녀도 잘 지냅니다.
　Tā yě hěn hǎo

워 예 헌 까오씽
✿ 我也很高兴。　　나도 기쁩니다.
　Wǒ yě hěn gāoxìng

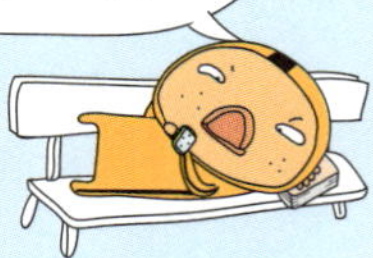

<table>
<tr><td>

ne

呢
</td><td>

워 헌 망　니 너
❀ **我很忙。你呢?**
Wǒ hěn máng. Nǐ ne

나는 바쁩니다. 당신은요(바쁘십니까)?
</td><td></td></tr>
</table>

<table>
<tr><td>

tài

太
</td><td>

런 타이 뚜오
❀ **人太多。**
Rén tài duō

워 부 타이 하오
❀ **我不太好。**
Wǒ bú tài hǎo
</td><td>

사람이 매우 많습니다.

나는 그다지 잘 지내지 못합니다.
</td><td>

人[rén]　사람
多[duō]　많다
</td></tr>
</table>

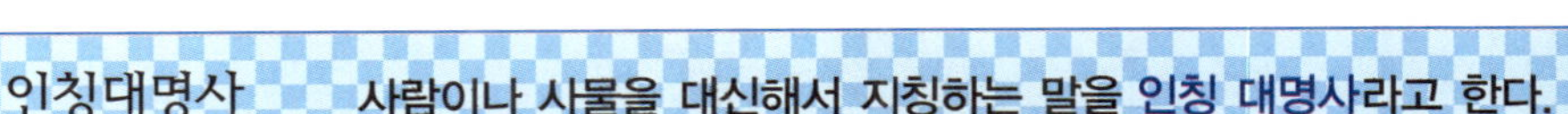

인칭대명사　사람이나 사물을 대신해서 지칭하는 말을 인칭 대명사라고 한다.

	단수	복수
1인칭	我 wǒ　나	我们 wǒmen, 咱们 zánmen　우리
2인칭	你 nǐ, 您 nín　너, 당신	你们 nǐmen　너희, 당신들
3인칭	他, 她, 它 tā　그, 그녀, 그것	他们, 她们, 它们 tāmen　그들, 그녀들, 그것들

- 您은 你의 존칭, 们은 복수를 나타내는 어미
- 他는 남성, 她는 여성, 它는 사물
- 咱们은 말하는 사람과 듣는 사람을 모두 포함하여 우리들이라고 지칭할 때 사용

감사·사과의 인사

1-B

감사합니다.
시에시에
谢谢。
Xièxie

「콩콩부인 바람났녀~」
씨디야~

천만에요.
뿌 (용) 시에
不(用)谢。
Bú yòng xiè

정말 감사합니다.
페이챵 간시에 니
非常感谢你。
Fēicháng gǎnxiè nǐ

허걱! 하마터면
죽을뻔 봤닷!

천만에요.
뿌 커치
不客气。
Bú kèqi

눈에서 레이저 광선
나가~

미안합니다.
뚸이 부 치
对不起。
Duì bu qǐ

괜찮습니다.
메이 꽌시
没关系。
Méi guānxi

헉!
겁나게 무겁다.

꽈~악!

이 과에서 배운 주요 한자를 따라 써 보고 중국어로 읽어보자.

◆ 국기와 지형

중국의 공식 국가명은 중화인민공화국 中华
人民共和国 쫑허런민꽁허구어이다. 국기는 오성
홍기 五星红旗 우씽홍치로 큰 별은 중국 공산당
을 상징하며 작은 네 개의 별은 각각 노동자,
농민, 소 브르조아, 민족 브르조아를 상징한다.
면적은 약 960만 ㎢로 한반도의 약 44배에
달하며 국경을 맞대고 있는 나라만도 12개
국이다. 지형은 서고동저형이며, 양쯔강과
황하 이 두 개의 큰강을 기준으로 화중·화
남·화북이 구분된다.

◀ 오성홍기 五星红旗

▲ 만리장성

◆ 인구

세계에서 인구가 가장 많은 나라이다. 총인구가
약 13억 정도로 추정되고 있으나 농촌의 경우
해당부서에 신고하지 않고 호구 한국의 주민등록증
없이 기르는 아이들이 많아 정확한 인구통계가
어렵다. 중국 정부에서는 기본적으로 한가정에
한명씩만 자녀를 낳도록 산아제한 정책을 실시
하고 있지만 인구는 계속 늘어나는 추세로 여러
가지 사회문제가 발생하고 있다.

◆ 한족과 소수 민족

인구의 94%가 한족이고 나머지는 55개의 소
수민족으로 구성되어있다. 소수민족은 소수 민
족 보호정책에 따라 고유의 언어와 문자를 사
용하는 등 그들의 문화와 풍습을 보존하며 대
부분 자치구에서 생활한다. 그러나 한족의 증
가와 대량 이주로 소수민족 지역에도 한족이
거주하여 서로 동화되어 가고 있는 실정이다.

▲ 중국내의 소수 민족

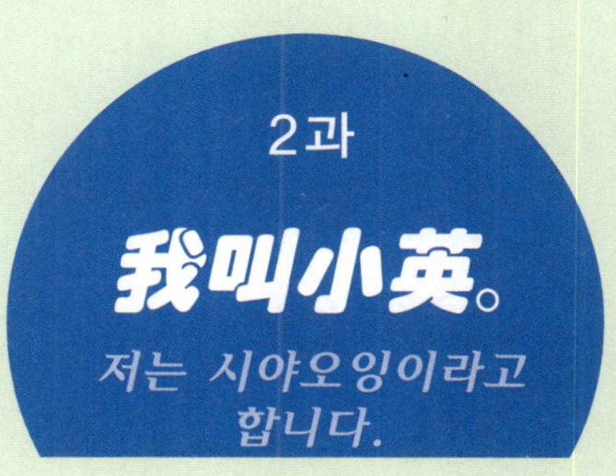

'주어 + 동사', 간단한 이 중국어의
원리 속으로 들어가 보자!

처음 만났을 때 이름을 묻고 답하며 나누는 인사말을 알아보자.
이번 과에서 배울 주제는 동사.

이 동사가 술어로 쓰여 주어 + 동사의 순서로 문장을 이루는데
이것이 중국어가 우리말과는 다르고 영어와는 비슷한 점이다.

학습목표: 주어 + 동사

주어+동사

평서문 1

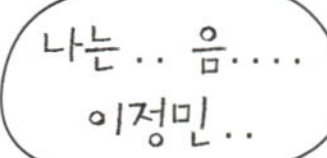

주어+동사의 순서로 쓰며 동사는 주어의 인칭이나 시제, 단·복수에 따라 변하지 않는다.

★ 동작을 나타내는 말을 **동사**라고 하고 이 동사가 술어로 쓰인 문장을 동사 술어문이라고 한다.

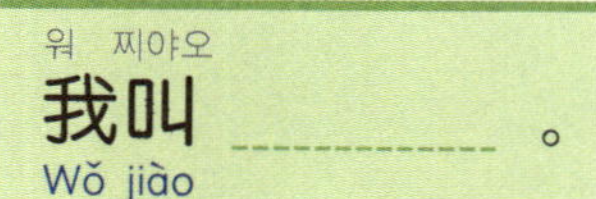

나는 　　　　 라고 합니다.

평서문2

워 런스 니
我 认识 你。
Wǒ rènshi nǐ
나는 당신을 압니다.

▶ 认识 rènshi 알다

나를 어떻게 알지?

아... 아냐~

왜 !
찔리는게 있나 보지?

认识 rènshi 는 알다라는 뜻의 동사이다. 동사가 ~를·을에
해당하는 목적어를 갖게 되면 주어+동사+목적어의 순서가 된다.
★ 중국어에서는 목적어를 빈어라고 한다.

술어

주어 ➕ 동사 ➕ 빈어

응~ 영어도
주어+동사+목적어 순서쟎아~
영어와 중국어는
비슷한 점이 많아.

그럼 영어 문장이랑
비슷하네~

워
我 ＿＿＿ ＿＿＿ 。
Wǒ

나는 ▨▨▨ 을(를) ▨▨▨ .

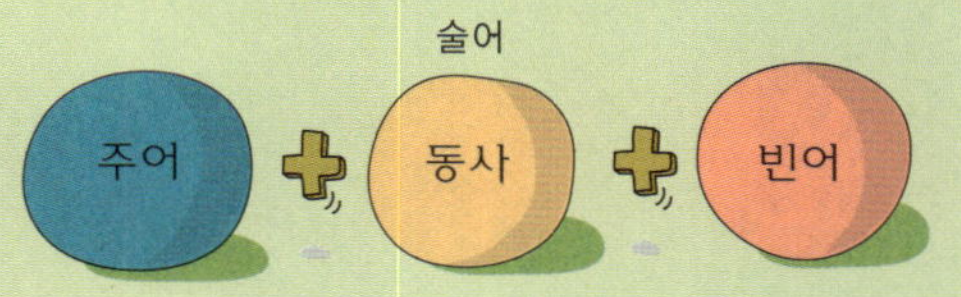

워 칸 띠앤스
我 看 电视。
Wǒ kàn diànshì
나는 TV를 봅니다.

아뽀~~

워 츄안 이푸
我 穿 衣服。
Wǒ chuān yīfu
나는 옷을 입습니다.

누가, 언제, 어디서 등과 같은 의문사를 사용하여 의문문을 만들 수 있는데 의문사를 물어보고자 하는 부분에 넣으면 된다.

▶ 苹果 píngguǒ 사과

▶ 电影 diànyǐng 영화

처음 만난 사이에 잘 부탁드립니다라는 뜻의 인사말이다.
请 qǐng 은 문장의 맨 앞에서 ~하세요, ~하십시오라는 뜻으로
부탁, 의뢰, 권고, 제안 등을 나타낸다.
★ 영어에서처럼 동사로 문장이 시작될 경우, 그 문장은 명령문이 된다.

请 + 동사
~하세요 ~하다

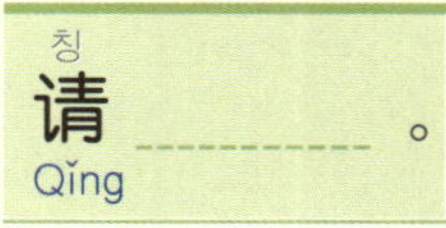

我叫小英。

저는 시야오잉이라고 합니다.

니　찌야오　션머　　밍즈
你 叫 什么 名字?
Nǐ　jiào　shénme　míngzi

당신의 이름은 무엇입니까?

▶ 叫 jiào ~라고 하다
▶ 什么 shénme 무엇, 무슨
▶ 名字 míngzi 이름

워　찌야오　시야오잉　닌　꿰이　씽
我 叫 小英。您 贵 姓?
Wǒ　jiào　Xiǎoyīng　Nín　guì　xìng

저는 시야오잉이라고 합니다. 당신 성함은 어떻게 됩니까?

▶ 贵 guì 귀하다
▶ 姓 xìng 성, 성씨

→　→　你叫什么名字?는 비슷한 나이나 아래 사람의 이름을 물어 볼 때 쓰고, 처음 만난 사람의 이름을 예의를 갖추어서 물을 때는 **您贵姓?**이라고 한다.

워　씽　리　　워　찌야오리　쩡　민
我 姓 李,我 叫 李正民。
Wǒ　xìng　Lǐ　　Wǒ　jiào　Lǐ zhèngmín

성은 이씨이고 이정민이라고 합니다.

런스　　니　워　헌　까오씽
认识 你,我 很 高兴。
Rènshi　nǐ　wǒ　hěn　gāoxìng

만나서 반갑습니다.

▶ 认识 rènshi 알다
▶ 高兴 gāoxìng 기쁘다

→　→　认识你,我很高兴。은 처음 만난 사이에 쓰는 인사말로 영어의 Nice to meet you.와 같은 표현이다.

런스　니　워　예　헌　까오씽
认识 你，我 也 很 高兴。
Rènshi nǐ wǒ yě hěn gāoxìng

저 또한 만나서 반갑습니다.

칭　뚜어뚜어　　빵망
请 多多 帮忙。
Qǐng duōduō bāngmáng

잘 부탁드립니다.

▸ 请 qǐng ～하세요
▸ 多多 duōduō 많이
▸ 帮忙 bāngmáng 도와주다

→ → **请多多关照。** Qǐng duōduō guānzhào 많이 보살펴 주십시오, **请多多指教。** Qǐng duōduō zhǐjiào 많이 가르쳐 주십시오 등도 잘 부탁드립니다라는 표현으로 사용할 수 있다.

您贵姓?
Nín guì xìng

워 씽 진
✿ 我姓金。
Wǒ xìng Jīn

나는 김씨입니다.

타 씽 션머
✿ 他姓什么?
Tā xìng shénme

그의 성씨는 무엇입니까?

认识你很高兴
rènshi nǐ hěn gāoxìng

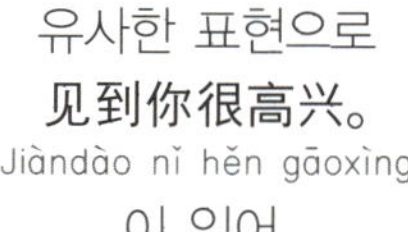

请多多帮忙
Qǐng duōduō bāngmáng

✿ 请多多关照。
Qǐng duōduō guānzhào
잘 부탁드립니다.

→ 彼此，彼此。
Bǐcǐ　Bǐcǐ
피차 일반입니다. 저도 잘 부탁드립니다.

| 关照 [guānzhào] | 돌보다 |
| 彼此 [bǐcǐ] | 피차일반 |

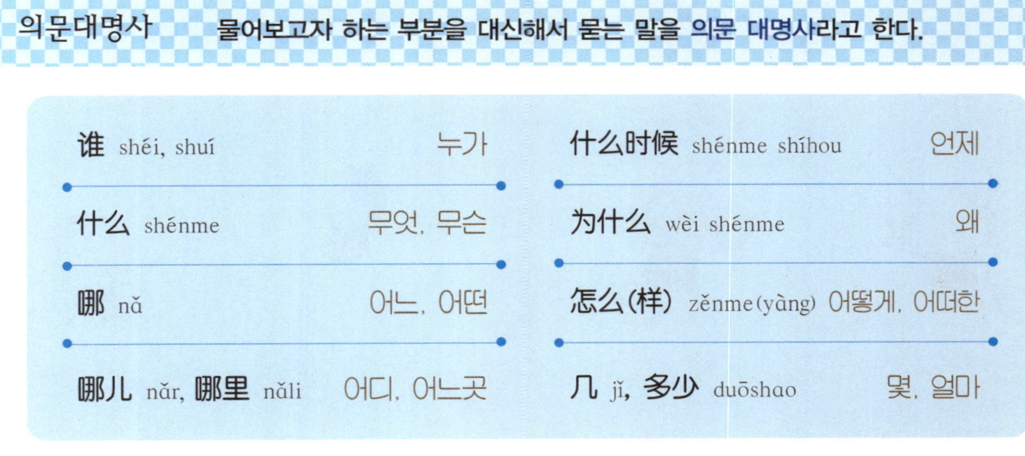

의문대명사　물어보고자 하는 부분을 대신해서 묻는 말을 의문 대명사라고 한다.

谁 shéi, shuí	누가	什么时候 shénme shíhou	언제
什么 shénme	무엇, 무슨	为什么 wèi shénme	왜
哪 nǎ	어느, 어떤	怎么(样) zěnme(yàng)	어떻게, 어떠한
哪儿 nǎr, 哪里 nǎli	어디, 어느곳	几 jǐ, 多少 duōshao	몇, 얼마

✿ 你去哪儿?　　당신은 어디 갑니까?
Nǐ qù nǎr

✿ 你是谁?　　당신은 누구입니까?
Nǐ shì shéi

✿ 怎么办?　　어떻게 합니까?
Zěnme bàn

去 [qù]	가다
是 [shì]	~이다
办 [bàn]	하다

가다
취
去 qù
오다
라이
来 lái

보다
칸
看 kàn
듣다
팅
听 tīng

먹다
츠
吃 chī
마시다
허
喝 hē

걷다, 가다
조우
走 zǒu
앉다, 타다
쭈어
坐 zuò

입다
츄안
穿 chuān
열다, 켜다
카이
开 kāi

배우다
쉬에
学 xué
말하다
슈어
说 shuō

간체자 쓰기

이 과에서 배운 주요 한자를 따라 써 보고 중국어로 읽어보자.

◆ 성씨의 유래

중국은 거대한 인구만큼이나 사용하는 성씨의 종류도 무지 많다.
이들 성씨는 대개 아래 여러 가지 경로를 통해 중국 땅에 생겨나게 된 것이다.
가장 먼저 사용된 성씨는 지양姜강, 지姬희, 야오姚요씨 성이다. 이 성씨들은 모계 사회에서 시작되었는데 모두 옆에 계집녀女를 달고 있는 것을 보면 알 수 있다.
나라 이름을 본딴 것으로는 춘추전국시대의 제후국의 이름인 루魯노, 진晋진, 쏭宋송, 찡郑정, 우吴오씨 등이 있다. 마을의 이름을 딴 페이裴배, 루陆륙씨가 있고, 조상의 이름이나 자에서 본 뜬 것으로 린林임, 황푸皇甫황보가 있으며, 형제의 항렬에서 생겨 난 보伯백, 멍孟맹, 리季이, 관직의 이름에서 생긴 쓰마司马사마, 쓰콩司空사공, 특수한 직업이름에서 무당은 우巫무, 점장이는 뿌卜복, 도공은 타오陶도씨 등이 생겨 났다. 이외에도 소수민족이 한족으로 융합하는 과정에서 생겨난 것과 황제가 성을 새롭게 하사해서 생겨나기도 했다.

◆ 가장 많은 성씨?

중국에서 가장 많은 성씨는 무엇일까?
우리들이 흔히 알고있는 대로 비단장수 王서방처럼 王씨 성일까?
최근 조사에 따르면 왕王왕씨성이 가장 많은 것으로 나타났고, 그 다음이 리季이씨, 장张장씨의 순으로 이 3개의 성씨는 약 13억명을 웃도는 전체 중국 인구의 21%를 차지 한다.
중국에서 많이 사용되는 10대 성씨는 다음과 같다.

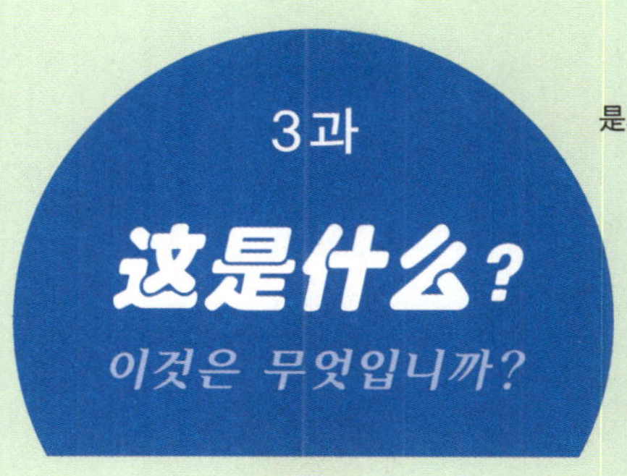

是자가 들어 가는 문장의 원리 속으로
들어가 보자!

물건을 가리킬 때 쓰는 '这 이것, 那 저것' 이라는 말을 지시대명사라고 한다.
이 지시대명사를 이용하여 주변 사물의 이름을 묻고 대답해 보자.

이 때, 필요한 동사가 '~이다' 라는 뜻의 영어의 be동사와 같은 是이다.

주어 + 是의 형태로 문장을 이루며
어느 경우나 어떤 상황에서도 是의 형태는 변하지 않는다.

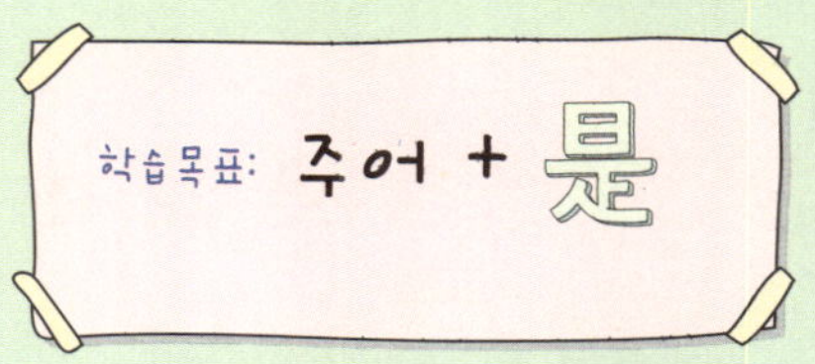

평서문

▶ 这 zhè 이것, 이분
나에게 가까운 사물이나
사람을 가리키는 지시대명사
▶ 词典 cídiǎn 사전

동사 **是** shì 는 ~이다라는 뜻으로 영어의 be동사에 해당한다. 그러나, be동사처럼 주어의 인칭이나 단·복수, 시제에 따라 변하지 않는다.
★ 윗 문장의 패턴은 영어의 This is~. 문형에 해당한다.

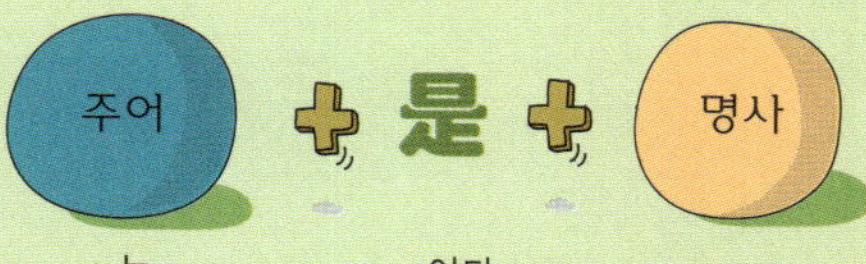

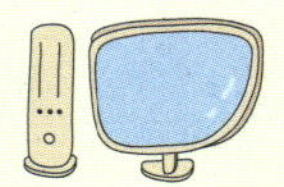

부정문

나　부　스　한위　츠디앤
那 不 是 汉语词典。
Nà bú shì Hànyǔ cídiǎn
저것은 중국어사전이 아닙니다.

▶ 那 nà 저것, 저분
　　나에게 조금 먼 쪽에 있는
　　사물이나 사람을 가리키는
　　지시대명사
▶ 汉语 Hànyǔ 중국어

부정문을 만들 때는 동사 앞에 부정의 뜻을 나타내는 不 bù 를
넣으면 된다. 따라서 是의 부정은 不是 búshì ~가 아니다 이다.

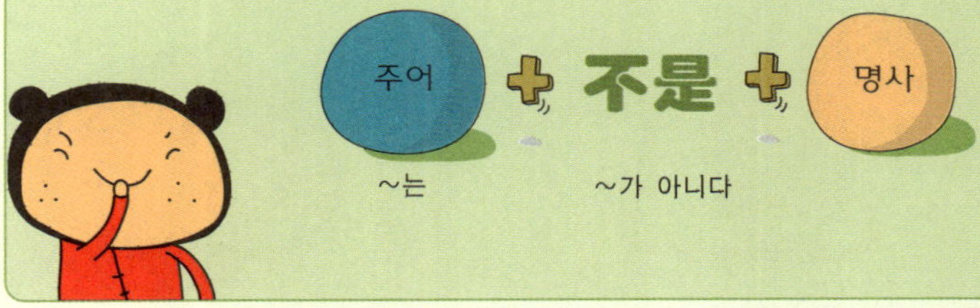

주어 ＋ 不是 ＋ 명사
~는　　　　　~가 아니다

이 때, 不는 원래 4성이지만,
是 shì 와 같이 4성이 뒤에
오면 발음이 2성 bú 로 변한다.

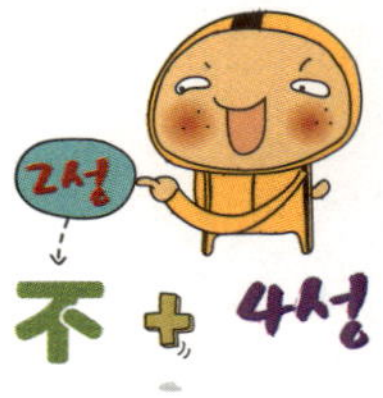

2성
不 ＋ 4성

타　부　스　라오스
他不是老师。
tā bú shì lǎoshī
그는 선생님이 아닙니다.

그럼?

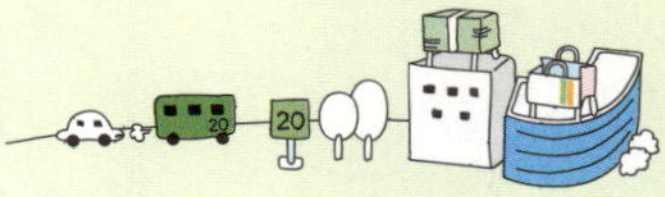

부　스
不是 　　　。
bú shì
는 　　 가 아닙니다.

나　부　스　빠오즈
那不是报纸。
nà bú shì bàozhǐ
저것은 신문이 아닙니다.

쩌　부　스　슈
这不是书。
zhè bú shì shū
이것은 책이 아닙니다.

누가, 언제, 어디서 등과 같은 의문사를 사용해서 의문문을 만들 수 있는데 물어보고자 하는 부분에 넣으면 된다. 이때, 문장 끝에 吗ma는 쓰지 않는다. 什么shénme는 무엇이라는 뜻의 의문대명사로, 뒤에 명사가 오면 그 말을 꾸며주기도 하는데 이때는 어떤, 무슨이라는 뜻이 된다.

주어 + 是 + 什么 + 명사 ?
~는　　~입니까?　무엇, 무슨

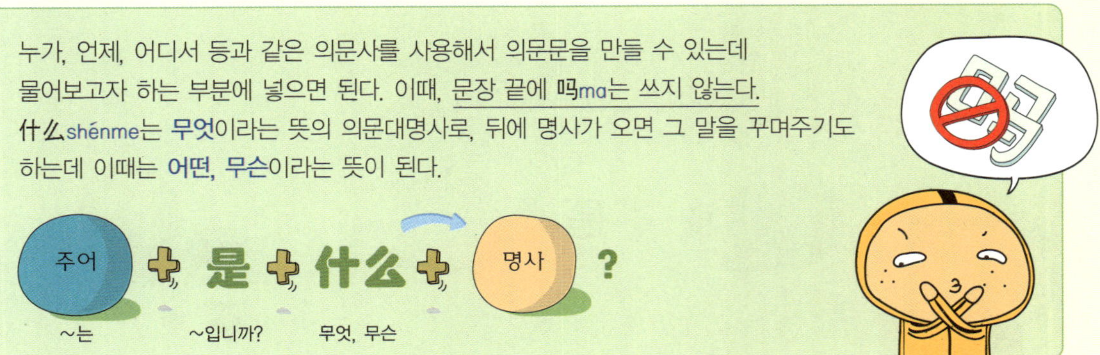

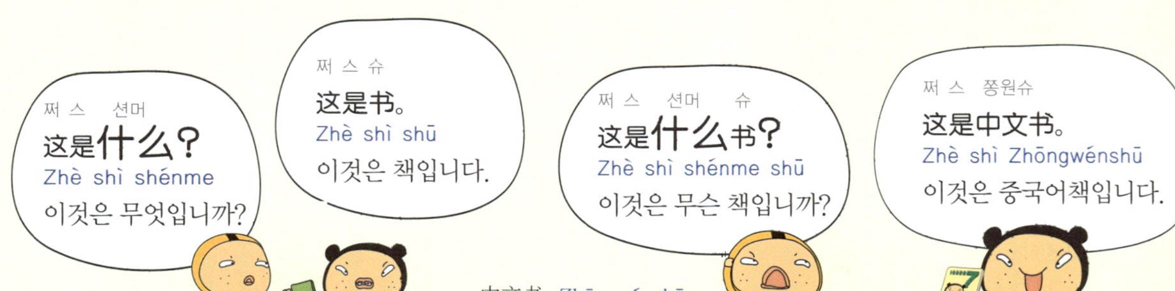

▶ 中文书　Zhōngwénshū
중국어책

那　是　汉语　词典　吗？
나　스　한위　츠디앤　마
Nà　shì　Hànyǔ　cídiǎn　ma

那　是　不是　汉语　词典？
나　스　부스　한위　츠디앤
Nà　shì　bu shì　Hànyǔ　cídiǎn

저것은 중국어 사전입니까?

의문문을 만들 때는 첫번째 문장과 같이 가장 일반적인 방법인 문장 끝에 우리말의 ~까?에 해당하는 吗를 쓰는 방법이 있고 두번째 문장과 같이 긍정+부정의 반복의문문으로 물어보는 방법이 있다.

주어 ~는

是 ＋ 명사 ＋ 吗？
~이다 　 ~까

是 ＋ 不是 ＋ 명사 ？
~입니까

这是照片吗？
쩌 스 짜오피앤 마
Zhè shì zhàopiàn ma

这是不是照片？
쩌 스 부 스 짜오피앤
Zhè shì bu shì zhàopiàn

이것은 사진입니까?

▶ 照片 zhàopiàn 사진

那是铅笔吗？
나 스 치앤삐 마
Nà shì qiānbǐ ma

那是不是铅笔？
나 스 부 스 치앤삐
Nà shì bu shì qiānbǐ

저것은 연필입니까?

▶ 铅笔 qiānbǐ 연필

这是什么?

이것은 무엇입니까?

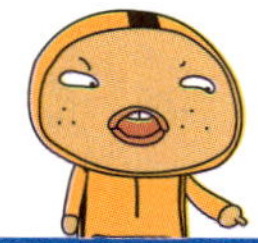

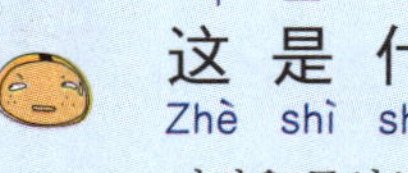

쩌 스 션머
这 是 什么?
Zhè shì shénme

이것은 무엇입니까?

▶ 这 zhè 이, 이것
▶ 是 shì ~이다

→ → 这是什么?는 영어의 What's this?와 같은 표현으로 대답할 때는
这是~。이것은 ~입니다라고 하면 된다.

쩌 스 츠디앤
这 是 词典。
Zhè shì cídiǎn

이것은 사전입니다.

▶ 词典 cídiǎn 사전

쩌 스 션머 츠디앤
这 是 什么 词典?
Zhè shì shénme cídiǎn

이것은 무슨 사전입니까?

쩌 스 한위 츠디앤
这 是 汉语 词典。
Zhè shì Hànyǔ cídiǎn

이것은 중국어 사전입니다.

▶ 汉语 Hànyǔ 중국어

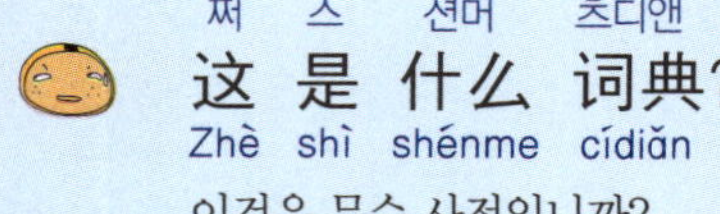

→ → 什么는 영어의 What과 같은 뜻으로 무엇의 의미이며 뒤에 명사가
오면 어떤, 무슨의 의미로도 쓰인다.

▸ 那 nà 저, 저것

▸ 英语 Yīngyǔ 영어

나 예 스 한위 츠디앤 마
那 也 是 汉语 词典 吗?
Nà yě shì Hànyǔ cídiǎn ma
저것도 역시 중국어 사전입니까?

나 부스 한위 츠디앤 스 잉위 츠디앤
那 不是 汉语 词典, 是 英语 词典。
Nà búshì Hànyǔ cídiǎn shì Yīngyǔ cídiǎn
저것은 중국어 사전이 아닙니다. 영어 사전입니다.

→ → 저것은 ~입니다라고 할 때는 那是~。이라고 하면 된다. 영어의 That
is~와 같은 표현이다. 부정의 의미를 나타낼 때는 那不是~。저것은 ~
이 아닙니다라고 한다.

shénme
什么

꺼 스 션머
❀ 这是**什么**?　　　이것은 무엇입니까?
Zhè shì shénme

꺼 스 치앤삐
⇨ 这是铅笔。　　　이것은 연필입니다.　　　| 铅笔 [qiānbǐ] 연필
Zhè shì qiānbǐ

나 스 션머
❀ 那是**什么**?　　　저것은 무엇입니까?
Nà shì shénme

나 스 번즈
⇨ 那是本子。　　　저것은 노트입니다.
Nà shì běnzi

나 스 션머　번즈
那是**什么**本子?　　　저것은 무슨 노트입니까?
Nà shì shénme běnzi

나 스 한쯔　번즈
⇨ 那是汉字本子。　　　저것은 한자 노트입니다.　　　| 本子 [běnzi] 노트
Nà shì Hànzì běnzi　　　　　　　　　　　　　　　| 汉字 [Hànzì] 한자

니　스 쉬에셩 마
❀ 你是学生吗?   당신은 학생입니까?
Nǐ shì xuésheng ma

스
⇨ 是。   네. | 学生 [xuésheng] 학생
Shì

쩌 스 빠오즈 마
❀ 这是报纸吗?   이것은 신문입니까?
Zhè shì bàozhǐ ma

부 스, 쩌 스 자즈
⇨ 不是, 这是杂志。 아니오, 이것은 잡지입니다. | 报纸 [bàozhǐ] 신문
Bú shì zhè shì zázhì | 杂志 [zázhì] 잡지

지시대명사   사람이나 사물을 지시해서 가리키는 말을 지시 대명사라고 한다.

이, 이것, 이분	저, 저것, 저분	어느 것
这　zhè	那　nà	哪　nǎ
이쪽, 여기	저쪽, 저기	어느 쪽, 어디
这儿　zhèr 这里　zhèli	那儿　nàr 那里　nàli	哪儿　nǎr 哪里　nǎli

- 这는 일반적으로 나에게 가까운 쪽, 那는 먼 쪽을 가리킬때 사용
- 这, 那, 哪는 회화체에서는 주로 zhèi, nèi, něi로 발음

사물

1 TV
띠앤스
电视
diànshì
2 책가방
슈빠오
书包
shūbāo
3 손목시계
쇼우비야오
手表
shǒubiǎo
4 침대
츄앙
床
chuáng
5 컴퓨터
띠앤나오
电脑
diànnǎo
6 책꽂이
슈지아
书架
shūjià
7 책
슈
书
shū
8 볼펜
위앤쥬삐
圆珠笔
yuánzhūbǐ
9 노트
번즈
本子
běnzi
10 의자
이즈
椅子
yǐzi
11 책상
쥬어즈
桌子
zhuōzi

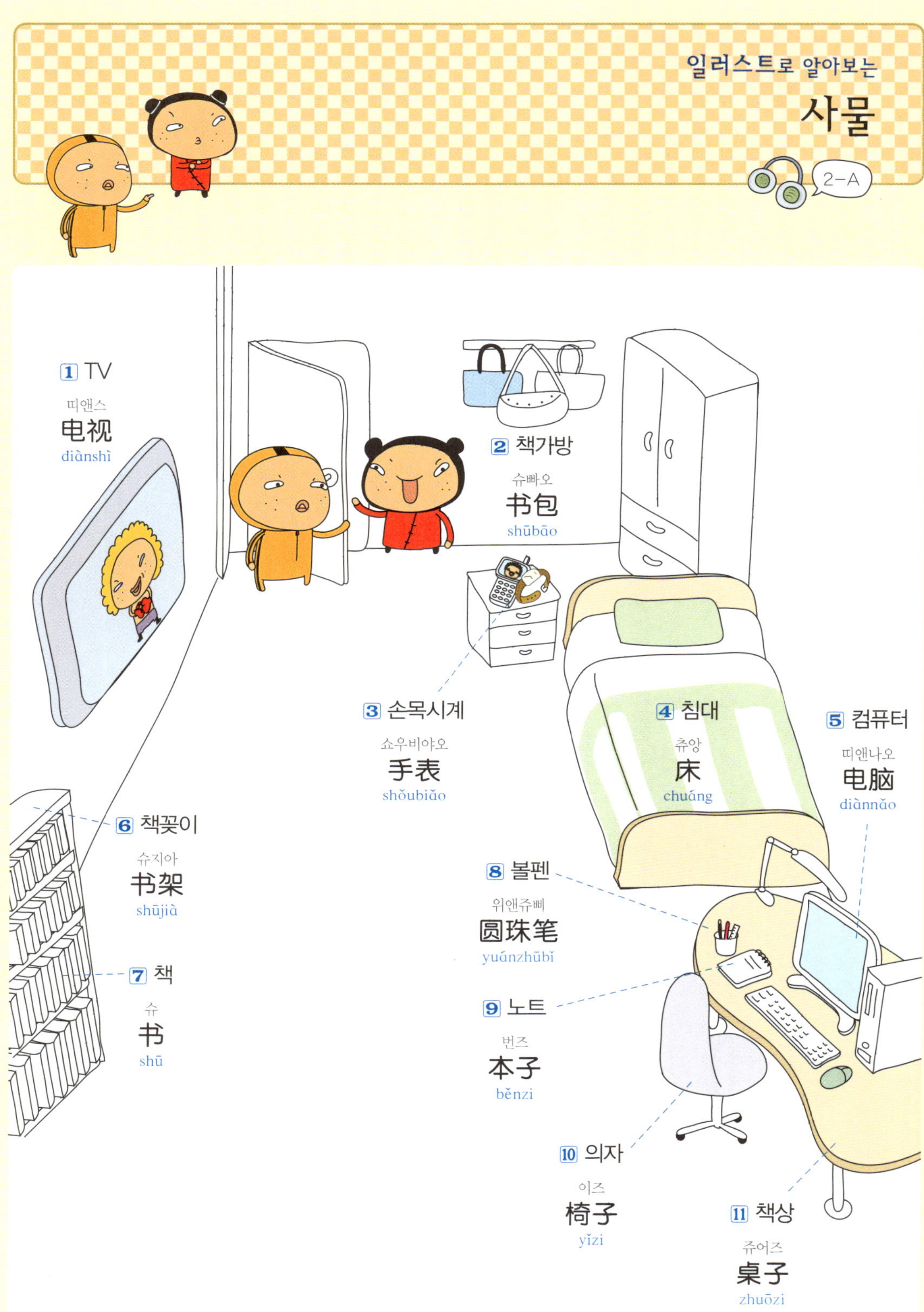

간체자 쓰기

이 과에서 배운 주요 한자를 따라 써 보고 중국어로 읽어보자.

◆ 4대 요리

중국은 음식천국이라고 불릴 만큼 많은 재료와 요리법으로 요리의 종류가 매우 다양하다. 중국을 대표하는 요리를 크게 베이징 요리, 쓰촨 요리, 광똥 요리, 상하이 요리 등 4가지로 분리할 수 있는데 이를 4대 중국요리라고 한다.

▸ 北京菜 베이징 요리

수도인 베이징을 중심으로 주로 궁중요리 등 고급요리가 발달했다. 좋은 재료를 사용하고 보기 좋게 장식하는 것이 특징이다. 대표적인 것은 밀가루를 이용한 만두, 찐빵, 국수등과 육류오리, 돼지, 닭요리이다.

▸ 四川菜 쓰촨요리

매운맛으로 유명하고 색채와 맛이 매우 강한 편이다. 지형상의 특징상 부패하는 것을 막기 위하여 향신료가 발달하였고 강한 양념을 사용한 매운맛이 특징으로 우리나라 사람의 입맛에도 잘 맞는다.

▸ 广东菜 광똥요리

일반적으로 전세계에 보편적으로 널리 알려진 중국음식이 광똥요리이며 뱀, 고양이, 고슴도치, 유충 등 모든 재료를 사용하는 것으로도 유명하다.

▸ 上海菜 상하이요리

해산물을 이용한 요리가 많으며 지방 특유의 소스를 사용하여 맛이 비교적 담백하고 기름기가 많으며 진하다.

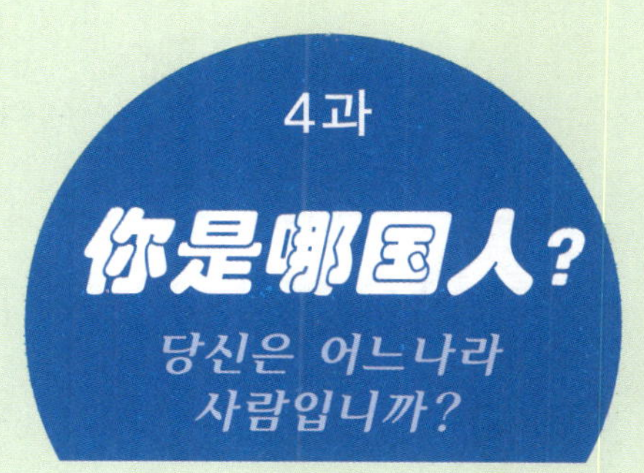

'한국 사람입니까? 아니면 중국 사람입니까?', '어느 나라 사람입니까?' 등과 같이
국적이나 출신 등 상대에게 뭔가 궁금할 때 물어보는 문장이 바로 의문문이다.

우리말처럼 문장 끝에 '~까?'에 해당하는 吗를 붙여도 되고
'누가, 언제, 어디서'와 같이 궁금한 것을 자세히 물어보는 의문사를 써도 된다.

이외에도 다양한 의문문이 있다.

의문문

가장 일반적인 의문문으로 평서문의 끝에 우리말의 ~까?에 해당하는 吗 ma 를 붙이면 된다. 말할 때 끝을 약간 올려서 읽는다.
★ 대답할 때는 의문문에 사용된 술어를 그대로 사용해서 대답한다.

주어 + 술어 + 吗 ?
~는   ~다   ~까

의문사를 사용하는
의문문

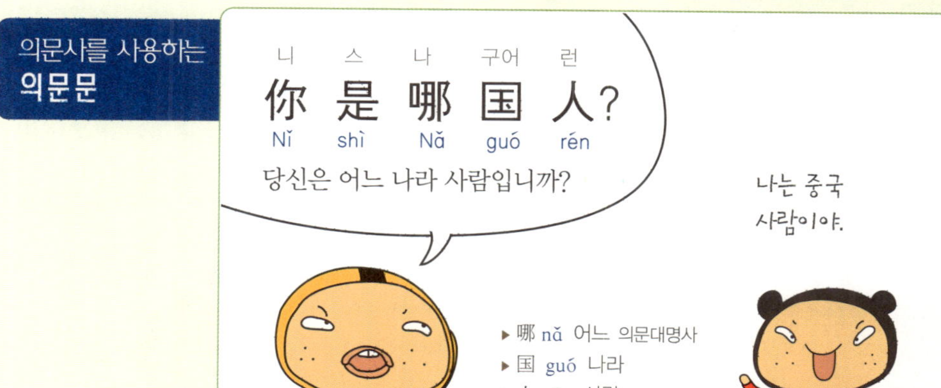

니 스 나 구어 런
你 是 哪 国 人?
Nǐ shì Nǎ guó rén
당신은 어느 나라 사람입니까?

나는 중국
사람이야.

▶ 哪 nǎ 어느 의문대명사
▶ 国 guó 나라
▶ 人 rén 사람

누구, 무엇, 어디 등과 같은 의문대명사를 사용하여 의문문을 만들
수 있다.

주어 ＋ 술어 ＋ 의문사 ?

주어 ＋ 의문사 ＋ 술어 ?

의문대명사   ~입(합)니까?

의문대명사가
들어가는 의문문에는
문장 끝에 吗를
쓰지 않아~

의문사의 위치는
질문하는 사람이 묻고자
하는 부분에 놓으면 되는거야~.

셰이 라이
谁来?
Shéi lái
누가 옵니까?

타 스 셰이
他是谁?
Tā shì Shéi
그는 누구입니까?

니 취 나알
你去哪儿?
Nǐ qù nǎr
당신은 어디에 갑니까?

니알 뿌 슈푸
哪儿不舒服?
Nǎr bù shūfu
어디가 불편하십니까?

▶ 谁 shéi 누구

▶ 哪儿 nǎr 어디

술어형용사 or 동사의 긍정형과 부정형을 긍정 + 부정의 순서로 나열하여 의문문을 만들 수 있는데, 이러한 의문문을 **반복의문문**이라고 한다.

답이 될 수 있는 2개의 상황 중 하나를 선택하게 할 때
접속사 还是 háishi 로 연결하여 의문문을 만든다.
이와 같은 의문문을 선택의문문이라고 한다.

당신은 ▨▨ 아니면 ▨▨ 까?

你是哪国人?

당신은 어느 나라 사람입니까?

니　스　쫑구어런　마
你 是 中国人 吗?
Nǐ shì Zhōngguórén ma
당신은 중국사람입니까?

▶ 中国人 Zhōngguórén
　중국사람

스, 워 스 쫑구어런. 니 스 나 구어 런
是, 我 是 中国人。你 是 哪 国 人?
Shì wǒ shì Zhōngguórén Nǐ shì nǎ guó rén
네, 중국사람입니다. 당신은 어느 나라 사람입니까?

▶ 哪 nǎ 어느
▶ 国 guó 나라
▶ 人 rén 사람

→ → ~나라 사람을 나타낼 때는 나라이름 뒤에 '사람'을 뜻하는 人 rén을 붙여서 **나라이름 + 人**으로 나타내면 된다.

워　스　한구어런
我 是 韩国人。
Wǒ shì Hánguórén
저는 한국사람입니다.

▶ 韩国人 Hánguórén
　한국사람

타 스 한구어런 하이스 쫑구어런
他 是 韩国人 还是 中国人?
Tā shì Hánguórén háishi Zhōngguórén
그는 한국사람입니까, 아니면 중국사람입니까?

▶ 还是 háishi 또는, 아니면

→ → 还是을 써서 물어보면 둘 중에 하나를 선택해서 대답하면 된다.

타 예 스 한구어런
他 也 是 韩国人。
Tā yě shì Hánguórén
그도 역시 한국사람입니다.

▶ 都 dōu 모두

니먼 또우 스 한구어런 마
你们 都 是 韩国人 吗?
Nǐmen dōu shì Hánguórén ma
당신들은 모두 한국사람입니까?

▶ 有的 yǒude
어떤 것, 어떤 사람

요우더 스 한구어런 요우더 스 쫑구어런
有的 是 韩国人, 有的 是 中国人。
Yǒude shì Hánguórén yǒude shì Zhōngguórén
어떤 사람들은 한국사람이고 어떤 사람들은 중국사람입니다.

nǎ 哪

니 스 나 이 웨이
✿ 你是哪一位?　　당신은 어떤 분입니까? 누구십니까?
　Nǐ shì nǎ yí wèi

타 스 나 니앤 셩 더
✿ 他是哪年生的?　　그는 몇 년 생입니까?
　Tā shì nǎ nián shēng de

位[wèi]　~분
生[shēng]　태어나다

dōu 都

쩌 또우 스 니 더 마
✿ 这都是你的吗?　　이것은 모두 당신의 것입니까?
　Zhè dōu shì nǐ de ma

또우 요우 션머
✿ 都有什么?　　모두 무엇이 있습니까?
　Dōu yǒu shénme

的[de]　~의
有[yǒu]　~이 있다

有的

요우더 하오　요우더 뿌 하오
✿ 有的好，有的不好。
Yǒude hǎo yǒude bù hǎo
어떤 것은 좋고 어떤 것은 좋지 않습니다.

요우더 스 쉬에셩　요우더 스 라오스
✿ 有的是学生，有的是老师。
Yǒude shì xuésheng yǒude shì lǎoshī
어떤 사람은 학생이고 어떤 사람은 선생님입니다.

| 学生 [xuésheng] 학생
| 老师 [lǎoshī]　선생님

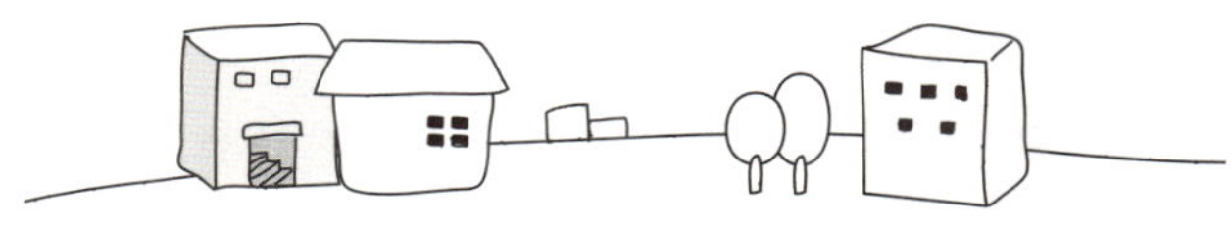

1 한국 한구어 **韩国** Hánguó	**2** 일본 르번 **日本** Rìběn	**3** 중국 쫑구어 **中国** Zhōngguó
4 대만 타이완 **台湾** Táiwān	**5** 홍콩 시양깡 **香港** Xiānggǎng	**6** 영국 잉구어 **英国** Yīngguó
7 독일 더구어 **德国** Déguó	**8** 프랑스 파구어 **法国** Fǎguó	**9** 스페인 시반야 **西班牙** Xībānyá
10 이태리 이따리 **意大利** Yìdàlì	**11** 캐나다 지아나따 **加拿大** jiānádà	**12** 미국 메이구어 **美国** Měiguó

간체자 쓰기

이 과에서 배운 주요 한자를 따라 써 보고 중국어로 읽어보자.

◆ **국토** 약 960만㎢ 남북간 약 5,500km, 동서간 약 5,200km

◆ **수도** 北京 베이징 북경

◆ **행정구역** 4개직할시, 22개성, 5개자치구, 2개특별자치구
중국은 대만을 23번째 省으로 간주

◆ **우리나라와의 시차** −1시간

我家有四口人。

우리 가족은
네 식구입니다.

有가 들어가는 문장의 원리
속으로 들어가 보자!

가족상황을 소개할 때

 我有哥哥。 나는 형이 있습니다

我没有姐姐。 나는 언니가 없습니다

이때, '있다, 없다' 처럼 소유를 나타내는 동사가 바로 有이다.

주어 + 有의 형태로 문장을 이루며,
어느 경우나 어떤 상황에서도 有의 형태는 변하지 않는다.

학습목표: 주어 + 有

有가 들어가는 문장

평서문

동사 **有 yǒu** 는 **~이 있다**라는 뜻으로 존재나 소유의 의미를 나타내며 주어의 인칭이나 단·복수, 시제에 따라서 변하지 않는다.

우리집은 　　　가 있습니다.

워 지아 요우 싼 코우 런
我家有 三口人。
Wǒ jiā yǒu sān kǒu rén
우리집은 세 식구가 있습니다.

워 지아 요우 우 코우 런
我家有 五口人。
Wǒ jiā yǒu wǔ kǒu rén
우리집은 다섯 식구가 있습니다.

有 앞에 부정의 뜻을 나타내는 没 méi 를 넣어서 ~이 없다라는 뜻의 부정문을 만든다.

의문문1

니 지아 요우 지 코우 런
你家 有 几 口 人?
Nǐ jiā yǒu jǐ kǒu rén
당신 집은 몇 식구가 있습니까?

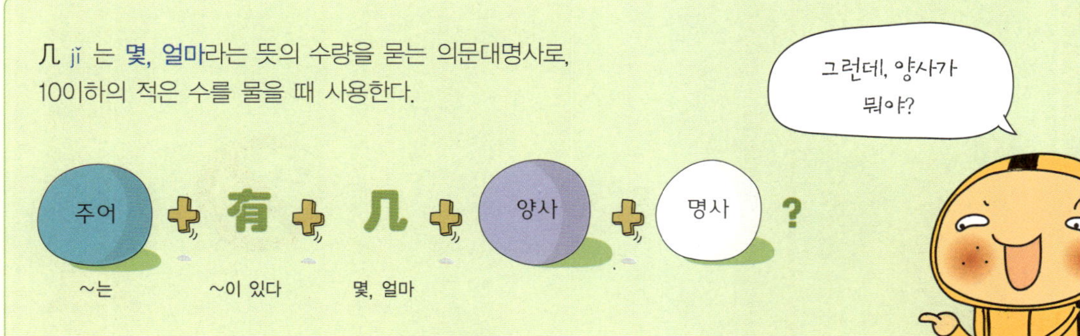
几 jǐ 는 몇, 얼마라는 뜻의 수량을 묻는 의문대명사로, 10이하의 적은 수를 물을 때 사용한다.

주어 + 有 + 几 + 양사 + 명사 ?
~는   ~이 있다   몇, 얼마

그런데, 양사가 뭐야?

우리말에서 사람이나 사물을 셀 때 ~명, ~개와 같은 단위를 사용하잖아~

중국어에서도 양사를 사용해 수량을 세는 거야~

아~ 그렇구나.

양사 공부를 하자궃!

니 요우 지 거
你有几个 ______ ?
Nǐ yǒu jǐ ge

당신은 몇 개(명)의 □□□ 가 있습니까?

니 요우 지 거 펑요우
你有几个朋友?
Nǐ yǒu jǐ ge péngyou
당신은 몇 명의 친구가 있습니까?

나는 혼자 놀아~

니 요우 지 거 슈빠오
你有几个书包?
Nǐ yǒu jǐ ge shūbāo
당신은 몇 개의 가방이 있습니까?

한 5개 정도?

의문문2

니 요우 띠디 마
你 有 弟弟 吗?
Nǐ yǒu dìdi ma
당신은 남동생이 있습니까?

▶ 弟弟 dìdi 남동생

니 요우 메이요우 띠디
你 有 没有 弟弟?
Nǐ yǒu méiyou dìdi

저 두 문장이 같은 뜻이란 거지?

응~ 그렇지~

문장 끝에 우리말의 ~까?에 해당하는 吗를 써서 물어볼 수도 있고 긍정 + 부정의 반복의문문으로 물어볼 수도 있다.

有 + 명사 + 吗?
주어
~이 있다   ~까
~는
有 + 没有 + 명사 ?
~이 있습니까

니 요우 치쳐 마
你有汽车吗?
Nǐ yǒu qìchē ma

니 요우 메이요우 치쳐
你有没有汽车?
Nǐ yǒu méiyou qìchē
당신은 자동차가 있습니까?

▶ 汽车 qìchē 자동차

나는 뚜벅이야~

타 요우 하이즈 마
她有孩子吗?
Tā yǒu háizi ma

타 요우 메이요우 하이즈
她有没有孩子?
Tā yǒu méiyou háizi
그녀는 아이가 있습니까?

▶ 孩子 háizi 아이

글쎄.. 모르겠어

我家有四口人。

우리 가족은 네 식구입니다.

니 지아 요우 지 코우 런
你 家 有 几 口 人?
Nǐ jiā yǒu jǐ kǒu rén

당신 집은 몇 명의 식구가 있습니까?

▸ 有 yǒu ~이 있다
▸ 几 jǐ 몇, 얼마
▸ 口 kǒu ~식구 양사

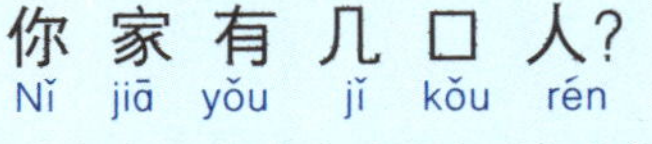

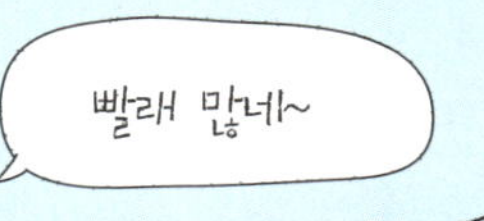

→ → 동사 **有**는 영어의 **have**와 같은 동사로 소유를 나타낸다.

워 지아 요우 쓰 코우 런 빠바 마마
我 家 有 四 口 人, 爸爸、妈妈、
Wǒ jiā yǒu sì kǒu rén bàba māma

띠디 허 워
弟弟 和 我。
dìdi hé wǒ

우리 집은 아빠, 엄마, 남동생 그리고 저, 네 명이 있습니다.

▸ 爸爸 bàba 아버지
▸ 妈妈 māma 어머니
▸ 弟弟 dìdi 남동생
▸ 和 hé 그리고

니 지아 너
你 家 呢?
Nǐ jiā ne

당신집은요?

→ → 간단하게 ~는요?라고 질문할 때 명사 뒤에 **呢**를 써서 물어보면 된다.

싼 코우 런
三 口 人。
Sān kǒu rén

세 식구입니다.

▸兄弟 xiōngdì 형제

_{니　요우 메이요우　쓩띠}
你 有 没有 兄弟?
Nǐ　yǒu　méiyou　xiōngdì
당신은 형제가 있습니까, 없습니까?

▸今年 jīnnián 올해
▸多大 duō dà 몇 살인가

_{워　메이요우　쓩띠.　니　띠디　진니앤　뚜어 따}
我 没有 兄弟。你 弟弟 今年 多 大?
Wǒ　méiyou　xiōngdì　Nǐ　dìdi　jīnnián　duō　dà
저는 형제가 없습니다. 당신 남동생은 올해 몇 살입니까?

▸十八 shíbā 18, 열 여덟
▸岁 suì ～살

_{타　진니앤　스빠　쒜이}
他 今年 十八 岁。
Tā　jīnnián　shíbā　suì
그는 올해 열 여덟살입니다.

→　→　나이를 대답할 때는 **숫자** + **岁**로 말하면 된다.

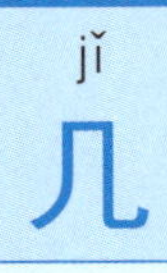

jǐ

几

✿ 你有**几**个妹妹?
니 요우 지 거 메이메이
Nǐ yǒu jǐ ge mèimei
당신은 몇 명의 여동생이 있습니까?

✿ 你女儿今年**几**岁?
니 뉘얼 진 니앤 지 쑤웨이
Nǐ nǚ'ér jīnnián jǐ suì
당신 딸은 올해 몇 살입니까?

妹妹[mèimei]	여동생
个[ge]	~개, ~명
女儿[nǚ'ér]	딸

kǒu

口

✿ 他家有几**口**人?
타 지아 요우 지 코우 런
Tā jiā yǒu jǐ kǒu rén
그의 가족은 몇 식구입니까?

➡ 他家有六**口**人。
타 지아 요우 리요우 코우 런
Tā jiā yǒu liù kǒu rén
그의 가족은 여섯 식구입니다.

hé
和

빠바　　마마　허 워
❀ **爸爸、妈妈和我**
bàba　mǎma hé wǒ
아버지, 어머니 그리고 나

duō dà
多大

니　진니앤　지 쒜이
❀ **你今年几岁?**
Nǐ jīnnián jǐ suì
올해 몇 살이니? 어린 아이

니　진니앤　뚜어 따
❀ **你今年多大?**
Nǐ jīnnián duō dà
올해 나이가 어떻게 됩니까? 동년배

닌　진니앤　뚜어 따　니앤지
❀ **您今年多大年纪?**
Nín jīnnián duō dà niánjì
올해 연세가 어떻게 되십니까? 어른 ┃ **年纪**[niánjì] 나이

숫자읽기 1~10　우리말의 일, 이, 삼, 사… 와 같다.

1	2	3	4	5
一 yī	二 èr	三 sān	四 sì	五 wǔ
6	7	8	9	10
六 liù	七 qī	八 bā	九 jiǔ	十 shí

일러스트로 알아보는
가족
2-B

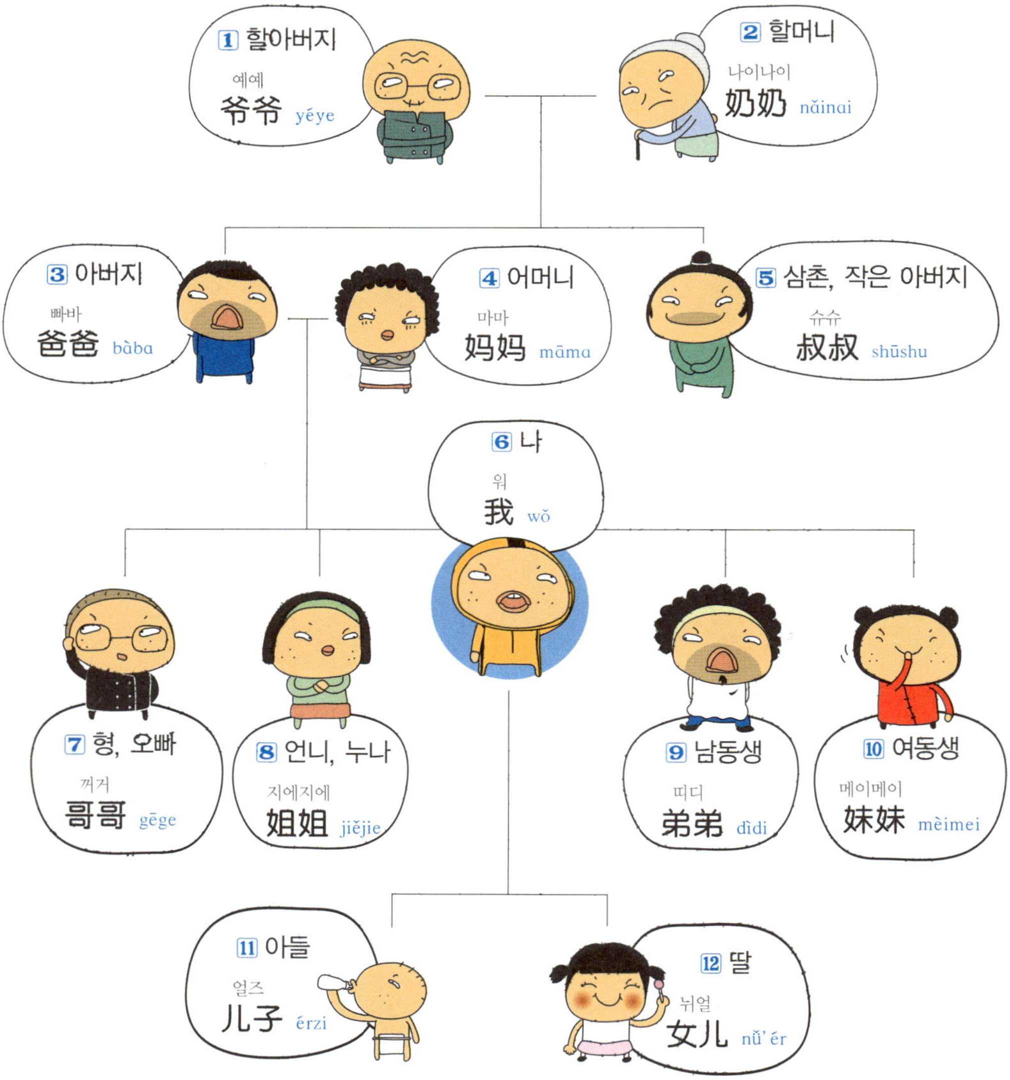

1 할아버지
예예
爷爷 yéye

2 할머니
나이나이
奶奶 nǎinai

3 아버지
빠바
爸爸 bàba

4 어머니
마마
妈妈 māma

5 삼촌, 작은 아버지
슈슈
叔叔 shūshu

6 나
워
我 wǒ

7 형, 오빠
꺼거
哥哥 gēge

8 언니, 누나
지에지에
姐姐 jiějie

9 남동생
띠디
弟弟 dìdi

10 여동생
메이메이
妹妹 mèimei

11 아들
얼즈
儿子 érzi

12 딸
뉘얼
女儿 nǚ'ér

이 과에서 배운 주요 한자를 따라 써 보고 중국어로 읽어보자.

한 글자씩 읽는다.
0은 零 líng 이라고 읽고 1 一 은 원래 발음은 yī 이지만
七 qī 와의 발음의 혼동을 막기 위하여 yāo 라고 읽는다.

우리말과 같이 0월
0일로 읽는데, 월은
月 yuè, 일은 日 rì
또는 号 hào 를
숫자 뒤에 붙인다.

한 글자씩 읽어주고
끝에 년에 해당하는
年 nián 을 붙인다.

분모 + 分之 fēn zhī + 분자의 순서로 읽는다.

1/3 三分之一
　　　sān fēn zhī yī

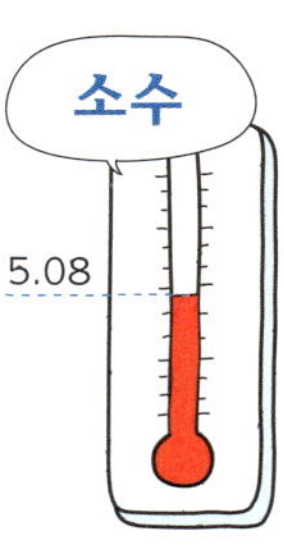

五点零八
wǔ diǎn líng bā

소수점은 点 diǎn 으로 읽고 소수점
이하의 숫자는 하나 하나 읽어주며
0 零 líng 도 읽어준다.

◆ 손가락으로 숫자세기

1 ~ 5 까지는 우리와 비슷하다. 그러나 6, 7은 약간 틀리며 8은 한자 八을 나타내고 10 은
두 가지 방법으로 나타낼 수 있는데 두번째는 한자 十을 나타낸다.

0

1

2

3

4
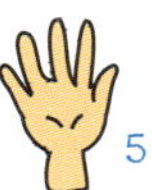
5

6

7

8

9

10

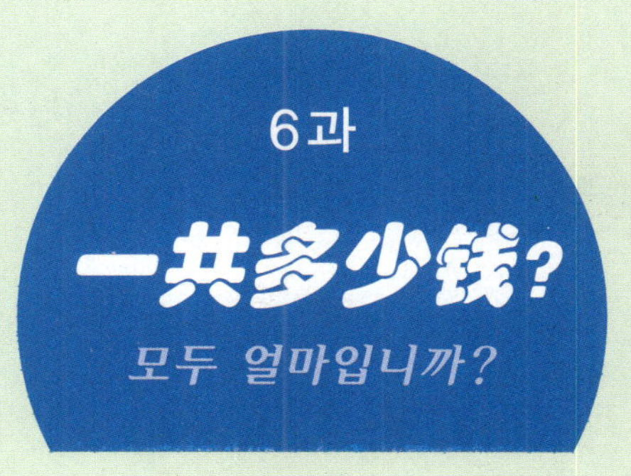

 '한 개에 100위앤'

위 문장에서 '~개, ~위앤' 은 물건이나 사물을 셀 때 쓰는 단위이다.
중국어에서도 우리말처럼 '~개, ~위앤' 에 해당하는 단위를 사용한다.

이러한 단위를 바로 양사라고 하며 숫자 + 양사 + 명사의 순서로 쓴다.

↑ ge 는 ~개, ~명의 뜻으로 사람이나 사물을 셀 때 가장 보편적으로 많이 쓰이는 양사이다.
숫자+양사+명사의 순으로 써야 한다.

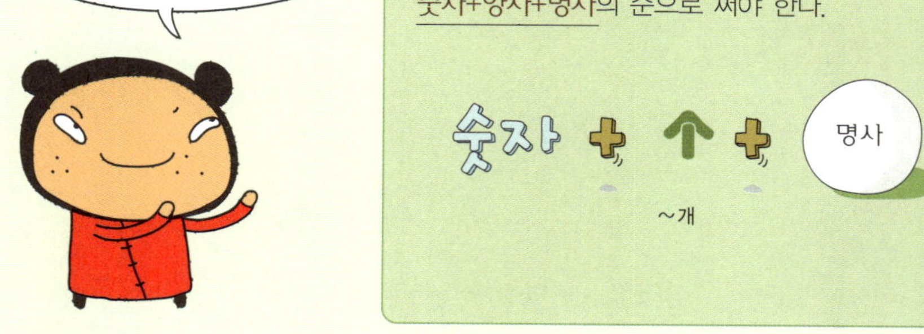

杯 bēi 는 물이나 커피, 술과 같은 액체를 ~잔, ~컵으로 나타낼 때 쓰는 양사다. ~병으로 말할 때는 瓶 píng 을 쓰면 된다. 수량이 둘일 경우, 양사 앞에는 二 èr 를 쓰지 않고 两 liǎng 을 써야 한다.

기타 양사
하이   야오   이   피앤   비사삥
还 要 一 片 比萨饼。
Hái   yào   yí   piàn   bǐsàbǐng
피자 한 조각 더 주세요.

▶ 还 hái 또, 더
▶ 比萨饼 bǐsàbǐng 피자

片 piàn 은 ~조각이라는 뜻의 양사로 얇고 작은 사물이나 작게 잘라진 부분을 셀 때 쓴다.

숫자 + 양사 + 명사
단위

이 외에 주요한 양사로는
책을 셀 때 쓰는
本 běn ~권

옷을 셀 때
件 jiàn ~벌

동물 등을 셀 때 쓰는
只 zhī ~마리 등이 있어.

이
一
yī

한   의

이 바 이즈
一把椅子
yī bǎ yǐzi
한 개의 의자

이   번 시야오슈어
一本小说
yī běn xiǎoshuō
한 권의 소설

감동이야~

중국의 화폐는 **人民币** rénmínbì 로 기본 단위는 **元** yuán, **角** jiǎo, **分** fēn 이다. 일상회화에서는 **元** 대신 **块** kuài, **角** 대신 **毛** máo 를 사용하며 마지막 화폐단위는 생략해서 말할 수 있다.
또한 세 단위 중 하나만 쓰일 때는 문장 끝에 **钱** qián 을 붙여 말한다.
가운데 단위가 0일 경우, 0을 **零** líng 이라고 반드시 읽어주어야 한다.

1元(块) = 10角(毛) = 100分

1위앤=10지야오=100펀

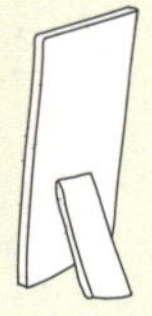

一共多少钱?

모두 얼마입니까?

환잉　꽝린
欢迎 光临。
Huānyíng guānglín

어서 오십시오.

▸ 欢迎 huānyíng 환영하다
▸ 光临 guānglín 왕림하다

워 야오 이 거 한빠오 허 량 뻬이 커러
我 要 一 个 汉堡 和 两 杯 可乐。
Wǒ yào yí ge hànbǎo hé liǎng bēi kělè

햄버거 한 개와 콜라 두 잔 주세요.

▸ 要 yào 원하다, 필요하다
▸ 汉堡 hànbǎo 햄버거
▸ 可乐 kělè 콜라

➔ ➔ 중국어는 '햄버거'와 '콜라'와 같이 **외래어**를 표기할 때 뜻과는 관계없이 **비슷한 음을 가진 한자**를 빌려와서 표기한다.

하이 야오 비에더 마
还 要 别的 吗?
Hái yào biéde ma

다른 것이 더 필요하십니까?

▸ 还 hái 또한, 더
▸ 别的 biéde 다른 것

하이 야오 이 피앤 비싸빙
还 要 一 片 比萨饼。
Hái yào yí piàn bǐsàbǐng

피자 한 조각 더 주세요.

▸ 比萨饼 bǐsàbǐng 피자

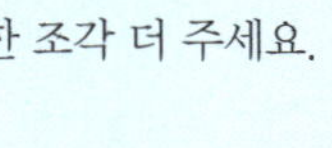

➔ ➔ 要는 원하다, 필요하다라는 뜻의 동사로 쓰인다.

▶ 在 zài ~에서, ~에 있다
▶ 带 dài 지니다
▶ 走 zǒu 가다, 걷다

▶ 一共 yígòng 모두, 전부
▶ 多少 duōshao 몇, 얼마
▶ 钱 qián 돈

짜이 쩌얼   츠 하이스 따이 조우
在 这儿 吃 还是 带 走?
Zài zhèr chī háishi dài zǒu

여기서 드실 겁니까, 아니면 가지고 가실 겁니까?

따이 조우. 이꿍   뚜어샤오 치앤
带 走。一共 多少 钱?
Dài zǒu Yígòng duōshao qián

가져 갈겁니다. 모두 얼마입니까?

이꿍   얼스 치 콰이 빠
一共 二十七 块 八。
Yígòng èrshí qī kuài bā

모두 27위앤 8마오(27.8위앤)입니다.

→ → 기준이 되는 화폐는 1元으로 우리나라에서는 중국 돈을 **위안화**라고도
한다. 가격을 표시할 때, 元 아래 단위는 소수점 아래에 쓴다.

Huānyíng guānglín

欢迎光临

환잉   환잉
✿ **欢迎欢迎**。　　　　환영합니다.
　Huānyíng huānyíng

환잉   니 라이 워 지아
✿ **欢迎**你来我家。　　우리집에 오신 것을 환영합니다.　　| 来 [lái] 오다
　Huānyíng nǐ lái wǒ jiā

---

hái

还

하이 요우 이 거   원티
✿ **还**有一个问题。　　질문이 하나 더 있습니다.
　Hái yǒu yí ge wèntí

| 问题 [wèntí] 질문
| 结婚 [jiéhūn] 결혼하다

워 하이 메이 지에훈
✿ 我**还**没结婚。　　나는 아직 결혼하지 않았습니다.
　Wǒ hái méi jiéhūn

duōshao

多少

이 짱 피야오 뚜어샤오 치앤
✿ 一张票多少钱?
Yì zhāng piào duōshao qián
표 한 장에 얼마입니까?

니 야오 뚜어샤오
✿ 你要多少?
Nǐ yào duōshao
얼마나 필요하십니까?

| 张 [zhāng] | ~장 |
| 票 [piào] | 표 |

숫자읽기 11~

11	20	30	40	50
十一 shíyī	二十 èrshí	三十 sānshí	四十 sìshí	五十 wǔshí
60	70	80	90	100
六十 liùshí	七十 qīshí	八十 bāshí	九十 jiǔshí	一百 yìbǎi

- 두 자리 숫자는 각 십의 자리에 해당하는 수에 1~9까지의 숫자를 붙여서 읽는다.

- 세 자리 이상의 수에서 십 단위 이상에 0이 있을 경우, 0을 零 líng 이라고 꼭 읽어준다.
  단, 2개 이상의 0이 있어도 한번만 읽어준다.

- 백, 천, 만 단위의 숫자가 1일 경우, 반드시 숫자 一 yī 를 읽어준다.

✿ 38 三十八 sānshí bā　　105 一百零五 yìbǎi líng wǔ　　1000 一千 yìqiān

침대 하나
이 짱 츄앙
一张床
yì zhāng chuáng

바지 두 벌
량 티야오 쿠즈
两条裤子
liǎng tiáo kùzi

상의 세 벌
싼 지앤 샹이
三件上衣
sān jiàn shàngyī

책 네 권
쓰 번 슈
四本书
sì běn shū

연필 다섯 자루
우 즈 치앤삐
五支铅笔
wǔ zhī qiānbǐ

새 여섯 마리
리요우 즈 니야오얼
六只鸟儿
liù zhī niǎor

간체자 쓰기

이 과에서 배운 주요 한자를 따라 써 보고 중국어로 읽어보자.

♦ 런민삐 人民币

현재 사용하는 화폐는 人民币 rénmínbì 이며
화폐 단위는 元 yuán - 角 jiǎo - 分 fēn 의
3가지로, 일상회화에서는 块 kuài - 毛 máo
- 分 fēn 이라고 한다.

1元(块) = 10角(毛) = 100分

동전

지폐

♦ 돈 읽는 방법

◖ 회화에서는 마지막 화폐단위는 생략할 수 있다.

◖ 세 단위 중 하나만 쓰일 때는 문장 끝에 钱 qián 을 붙여 준다.

◖ 가운데 단위가 0일 경우, 0을 零 líng 이라고 반드시 읽어준다.
0이 두 개 이상 있어도 零을 한번만 읽어주며 맨 끝의 단위는 반드시
말해준다.

◖ 숫자 2가 들어갈 경우, 각 단위 앞에 两 liǎng 이라고 읽어주어야 한다.
그러나 마지막 자리에 쓰여 그 단위가 생략될 경우에는 二 èr 이라고
읽어야 한다.

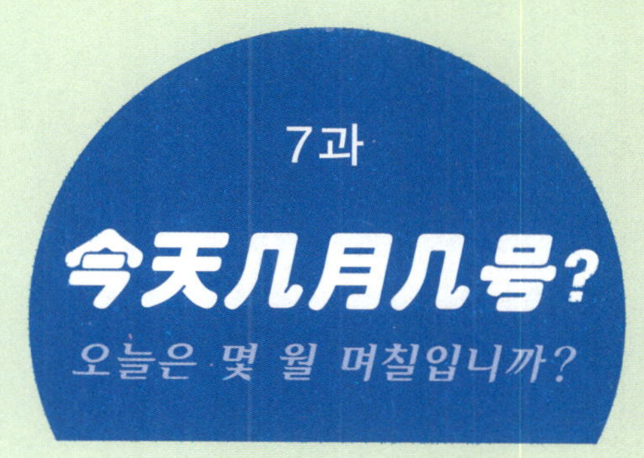

연도와 날짜를 말하는 문장은 매우 간단하다.

우리말처럼 'OO년 O월 O일'의 순서로 말하면 된다.

이 'O월 O일'은 또한 'O월 O일입니다'라는 뜻의 술어로 쓰일 수 있는데,
명사가 술어로 쓰이는 주어+명사의 문장은
주로 날짜, 시간, 나이, 가격 등을 나타낼 때 쓰인다.

주어 + 명사

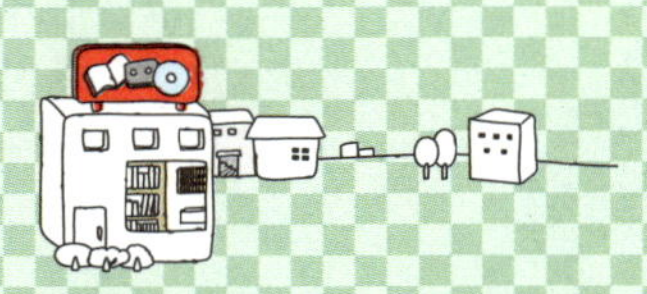

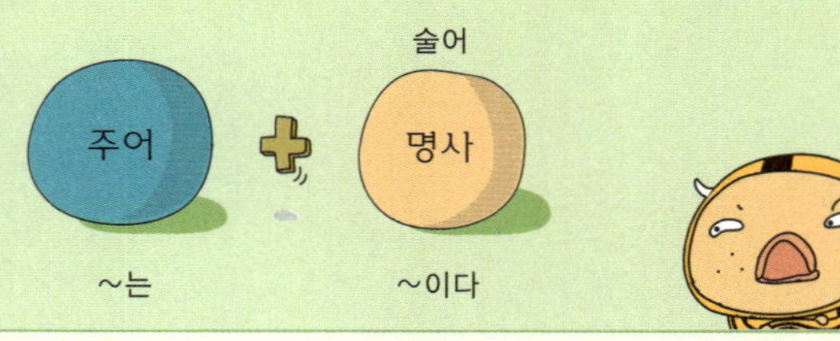

2-B

O月 O日(号)

날짜를 말할 때는 우리말과 같이 숫자 뒤에 월, 일에 해당하는 月 yuè, 号 hào 를 붙이면 돼.

명사가 술어처럼 ~이다라는 뜻으로 쓰일 수 있는데, 이처럼 명사가 술어로 쓰인 문장을 명사 술어문이라고 한다. 주로 날짜, 시간, 나이, 가격 등을 나타내는 문장에 많이 쓰이며, 주어와 명사 사이에 ~이다라는 뜻의 是 shì 를 넣을 수도 있다.

진티앤
今天 __________。
Jīntiān

오늘은 　　　　입니다.

부정의 뜻을 나타낼 때는 명사 앞에 **~이 아니다**라는 뜻의
不是 búshì 를 넣는다.

주어 **+** 不是 **+** 명사

~는   ~가 아니다

요일을 말할 때는
요일을 나타내는
星期 xīngqī 뒤에
1~6까지의 숫자를 붙여주고
일곱번째 날인 일요일만
星期天(日) xīngqītiān(rì) 라고 해.

星期 **+** 一 ··· 六

내일은 ▨ 이 아닙니다.

날짜를 물을 때는 앞에서 배웠던 **몇, 얼마** 라는 뜻의 几 jǐ 를 月, 号 앞에 붙이고
요일을 물어 볼 때는 星期 뒤에 几를 붙인다.

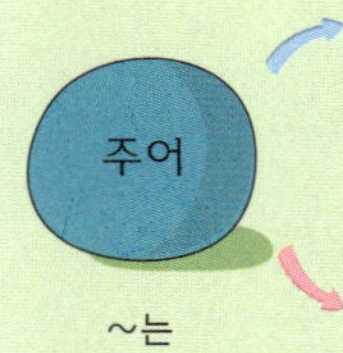

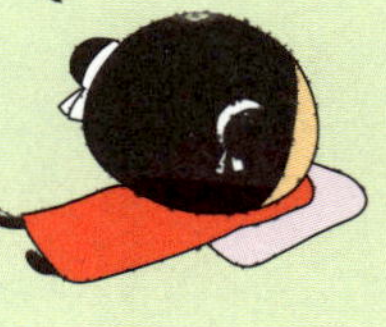

밍티앤　씽치쓰　마
明天　星期四　吗?
Míngtiān　xīngqīsì　ma
내일은 목요일입니까?

응~ 나 한가한데..
우리 영화보러 갈까?

吗

앞에서도 배웠었잖아~
아는거 나오니깐
너무 좋지~

평서문의 문장 끝에 우리말의 ~까?에 해당하는 吗 ma 를 쓰면 된다.

술어
주어 ＋ 명사 ＋ 吗 ?
~는　　　~이다　　　~까

밍티앤　(스)　　　　　마
明天(是)＿＿＿＿　吗?
Míngtiān　shì　　　　ma

내일은 　　　 입니까?

밍티앤　(스) 스하오 마
明天(是)＋号吗?
Míngtiān shì　shí hào ma
내일은 10일입니까?

밍티앤　(스) 니 더 셩르 마
明天(是)你的生日吗?
Míngtiān shì　nǐ de shēngrì ma
내일은 당신 생일입니까?

今天几月几号?

오늘은 몇 월 며칠입니까?

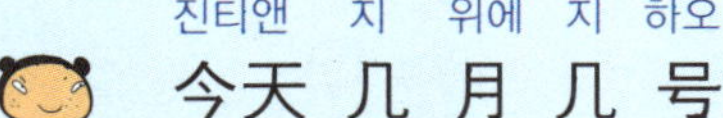

진티앤 지 위에 지 하오
今天 几 月 几 号?
Jīntiān jǐ yuè jǐ hào

오늘은 몇 월 며칠입니까?

▸ 今天 jīntiān 오늘
▸ 月 yuè ~월
▸ 号 hào ~일

진티앤 빠 위에 스 하오
今天 八 月 十 号。
Jīntiān bā yuè shí hào

오늘은 8월 10일입니다.

→ → 날짜를 말할 때는 우리말과 같이 ○○년 ○월 ○일로 말하면 된다. 무엇보다도 숫자만 제대로 알고 있다면 날짜 표현도 **OK**!

밍티앤 씽치쓰 마
明天 星期四 吗?
Míngtiān xīngqīsì ma

내일은 목요일입니까?

▸ 明天 míngtiān 내일
▸ 星期四 xīngqīsì 목요일

부스, 밍티앤 씽치싼
不是, 明天 星期三。
Búshì míngtiān xīngqīsān

아닙니다. 내일은 수요일입니다.

▸ 星期三 xīngqīsān 수요일

→ → 날짜나 시간, 나이, 가격 등을 나타내는 문장은 ~이다라는 뜻의 **是**를 생략해도 된다. 단, 부정의 뜻을 나타낼 때는 꼭 **不是 ~이 아니다**를 써 준다.

▸ 星期 xīngqī 주, 요일

▸ 星期天 xīngqītiān 일요일
▸ 的 de ～의
▸ 国庆节 Guóqìngjié 국경일

十五 号 是 星期 几?
Shíwǔ hào shì xīngqī jǐ
15일은 무슨 요일입니까?

星期天。 那 天 是 韩国 的 国庆节。
Xīngqītiān Nà tiān shì Hánguó de Guóqìngjié
일요일입니다. 그 날은 한국의 국경일입니다.

→ → 的는 꾸며주는 말과 꾸밈을 받는 말 사이에서 ～의, ～한의 의미를
나타낸다.

nián
年

얼 링 링 빠 니앤
二〇〇八年   2008년
èr líng líng bā nián

얼 링 링 지요우 니앤
二〇〇九年   2009년
èr líng líng jiǔ nián

yuè   hào
月 · 号

1월	2월	3월	4월	5월	6월
一月	二月	三月	四月	五月	六月
yīyuè	èryuè	sānyuè	sìyuè	wǔyuè	liùyuè

7월	8월	9월	10월	11월	12월
七月	八月	九月	十月	十一月	十二月
qīyuè	bāyuè	jiǔyuè	shíyuè	shíyīyuè	shí'èryuè

쌴 위에 지요우 르(하오)
三月九日(号)   3월 9일
sān yuè jiǔ rì(hào)

스얼 위에 쌴스 르(하오)
十二月三十日(号)   12월 30일
shí'èr yuè sānshí rì(hào)

xīngqī

星期

월요일	화요일	수요일	목요일
星期一	星期二	星期三	星期四
xīngqīyī	xīngqī'èr	xīngqīsān	xīngqīsì

금요일	토요일	일요일
星期五	星期六	星期天 (日)
xīngqīwǔ	xīngqīliù	xīngqītiān (rì)

날짜 읽기	년-월-일-요일을 나열하는 순서는 우리말과 같다.

✿ 二〇〇八年十月十七号(星期五) = 2008年10月17日(星期五)
　 èr líng líng bā nián shí yuè shíqī hào(xīngqīwǔ)
　 2008년 10월 17일 금요일

6 지난주
샹 거 씽치
上个星期
shàng ge xīngqī

7 이번주
쩌 거 씽치
这个星期
zhè ge xīngqī

8 다음주
시아 거 씽치
下个星期
xià ge xīngqī

9 지난 달
샹 거 위에
上个月
shàng ge yuè

11 다음 달
시아 거 위에
下个月
xià ge yuè

10 이번 달
쩌 거 위에
这个月
zhè ge yuè

다이어트 시작!

6
8
7
1
2 3 4 5 6 7 8
9 10 11 12 13 14 15
16 17 18 19 20 21 22
23 24 25 26 27 28 29
30 31

1 그저께
치앤티앤
前天
qiántiān

2 어제
쭈어티앤
昨天
zuótiān

3 오늘
진티앤
今天
jīntiān

4 내일
밍티앤
明天
míngtiān

5 모레
호우티앤
后天
hòutiān

12 재작년
치앤니앤
前年
qiánnián

13 작년
취니앤
去年
qùnián

14 올해
진니앤
今年
jīnnián

15 내년
밍니앤
明年
míngnián

16 후년
호우니앤
后年
hòunián

이 과에서 배운 주요 한자를 따라 써 보고 중국어로 읽어보자.

ノ 人 人 今

今
jīn

今 금 지금

丨 冂 冂 므 号

号
hào

號 호 날, 일

丶 亠 广 户 庐 庆

庆
qìng

慶 경 경사

一 十 艹 艹 节

节
jié

節 절 절기, 기념일

一 厂 厂 斤 后 后

后
hòu

後 후 뒤

零
líng

零 영 0, 영

◆ 국경일　공식적인 국가법정 공휴일은
원단 元旦 1일, 춘절 春节 3일, 노동절 劳动节 3일, 국경절 国庆节 3일 이다.

원단은 1월 1일로 우리식 신정에 해당하는 날이다.
춘절은 우리의 음력설에 해당하는 중국 최대의 명절이다. 공식적인 휴일은 3일이지만
보통 일주일 정도를 쉬게 된다.
5월 1일은 국제 **노동절**로 세계적인 기념일이며
국경절은 10월 1일로 중화인민공화국의 수립을 기념하는 날이다.

1月	元旦	1월 1일 원단 우리식 신정
2月	春节	음력 1월 1일 춘절 우리의 설날
	元宵节	음력 1월 15일 원소절
3月	妇女节	3월 8일 부녀절 우리식 여성의 날로 여성은 반나절만 근무
4月	清明节	4월 4일~6일 청명절
5月	劳动节	5월 1일 노동절 세계적인 기념일
	青年节	5월 4일 청년절 학생의 날
6月	儿童节	6월 1일 아동절 우리의 어린이날에 해당
	端午节	음력 5월 5일 단오절
7月	中国共产党诞生纪念日	7월 1일 중국 공산당 탄생기념일
8月	建军节	8월 1일 건군절 우리식 국군의 날
9月	中秋节	음력 8월 15일 중추절 우리의 추석
10月	国庆节	10월 1일 국경절 현 중화인민공화국의 수립을 기념하는 날
12月	圣诞节	12월 25일 성탄절

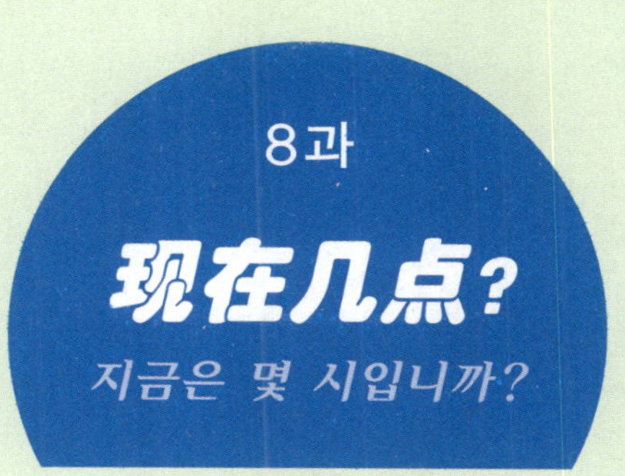

시간 속에 숨어 있는 중국어의
원리 속으로 들어가 보자!

우리는 시간을 따라 생활한다. 시간표를 만들어서 하루의 생활시간을 말해보자!

시간를 말할 때 또한 날짜를 말할 때처럼 간단하다.

우리말의 'O시 O분'으로 말하면 된다.
'O시 O분'이라고 말하는 일반적인 표현 외에
'30분'을 '반'으로,
'刻'를 이용해서 15분, 45분을 나타내고,
'差'를 이용해서 '~분 전'으로 표현하기도 한다.

시간의 표현

평서문 1

시간을 말할 때는 우리말과 같이 숫자 뒤에
~시를 나타내는 양사 点 diǎn,
~분을 나타내는 양사 分 fēn 을 붙이면 된다.

우리말에서 **30분**을 **반**이라고 말하는 것처럼 중국어에서도 三十分 sānshífēn 또는 半 bàn 이라고 한다. 윗 문장 또한 시간을 나타내는 명사가 술어처럼 쓰인 명사 술어문이다.

시앤짜이
现在 ________ 。
Xiànzài

지금은 ▢▢▢▢ 입니다.

시간을 나타내는 명사는 문장안에서 주어, 술어, 관형어, 부사어로 쓰일 수 있다.
시간 명사가 술어를 보충 설명하고 수식하는 **부사어**로 쓰일 경우, 주어 뒤·술어 앞에 올 수도 있고 주어 앞에 올 수도 있다.

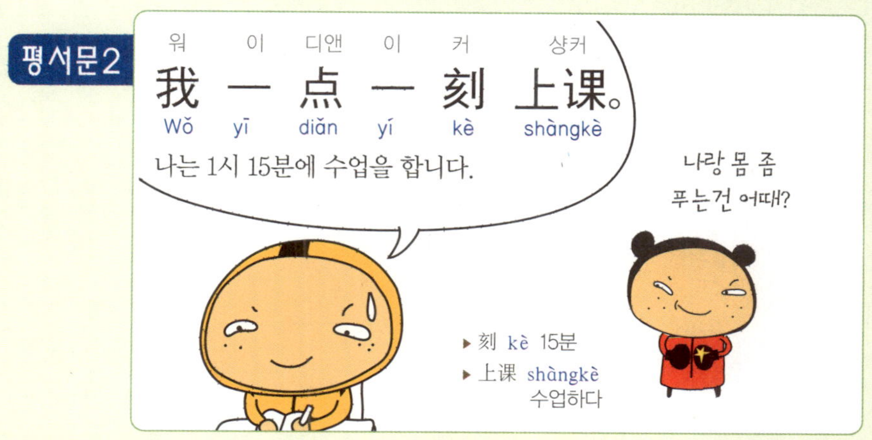

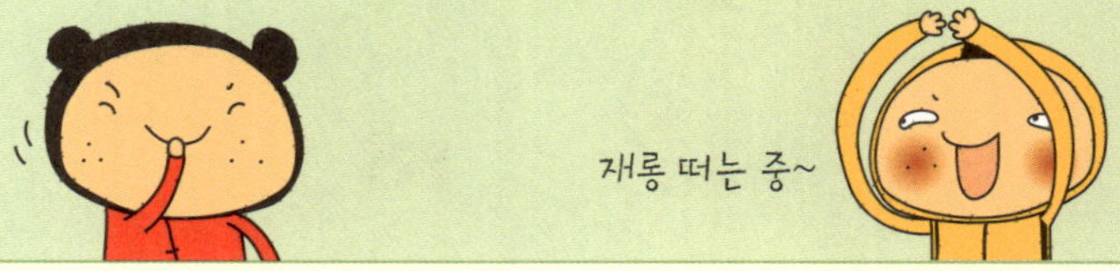

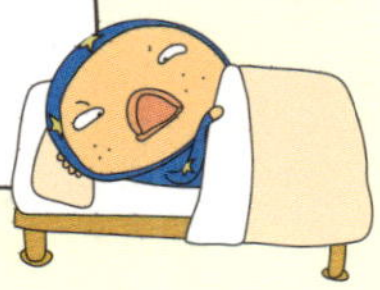

몇 시라고 물을 때 몇, 얼마라는 뜻의 几 jǐ 를 ~시를 나타내는 양사 点 앞에 붙인다.
따라서 현재 시각을 물을 때 **现在几点?** Xiànzài jǐ diǎn 지금 몇 시입니까? 라고 한다.
윗 문장은 几点이 몇 시에라는 뜻의 부사어로 쓰였다.

지 디앤
_____ 几点 _______ ?
jǐ diǎn

    은 몇 시에   니까?

什么时候 shénme shíhou 는 언제라는 뜻으로 때나 시간을 물어볼 때 쓰는 의문대명사이다. 주어 앞에 올 수도 있고 주어 뒤·술어 앞에 올 수도 있다.

现在几点?

지금은 몇 시입니까?

시앤짜이 지 디앤
现在 几 点?
Xiànzài jǐ diǎn

지금 몇 시입니까?

▸ 现在 xiànzài 현재, 지금
▸ 点 diǎn ~시

시앤짜이 스얼 디앤 빤
现在 十二 点 半。
Xiànzài shí èr diǎn bàn

지금 12시 30분입니다.

▸ 半 bàn 반, 30분

→ → 시간을 표현하는 방법은 다양하다. 간단하게 우리말처럼 ○시 ○분으로
말하는 방법만 익혀도 된다.

니 지 디앤 샹커
你 几 点 上课?
Nǐ jǐ diǎn shàngkè

당신은 몇 시에 수업을 합니까?

▸ 上课 shàngkè 수업하다

워 이 디앤 이 커 샹커
我 一 点 一 刻 上课。
Wǒ yī diǎn yí kè shàngkè

나는 1시 15분에 수업을 합니다.

▸ 刻 kè 15분

→ → 刻는 영어의 15분을 뜻하는 **quarter**와 같은 표현이다.

▸ 什么时候 shénme shíhou
　　　　　　언제
▸ 吃 chī 먹다
▸ 午饭 wǔfàn 점심밥

셔머　스호우　츠　우판
什么 时候 吃 午饭?
Shénme shíhou chī wǔfàn
점심은 언제 먹습니까?

워먼　시앤짜이　취　츠　판, 하오　마
我们 现在 去 吃 饭, 好 吗?
Wǒmen xiànzài qù chī fàn, hǎo ma
우리 지금 먹으러 가는 것이 어떻습니까?

하오
好。
Hǎo
좋습니다.

→　→　好吗?는 문장 끝에서 ~하는게 좋아요? 괜찮아요?라고 묻는 표현으로 영어의 **OK**와 비슷하다. **好不好?** hǎo bu hǎo 라고 물어볼 수도 있다.

shénme shíhou
什么时候

니 션머 스호우 취 쭝구어
✿ 你什么时候去中国?　당신은 언제 중국에 갑니까?
　　Nǐ shénme shíhou qù Zhōngguó

션머 스호우 팡지아
✿ 什么时候放假?　언제 휴가입니까?　　| 放假 [fàngjià] 방학하다
　　Shénme shíhou fàngjià

Wǒmen qù chī fàn
我们去吃饭

워 취 칸 띠앤잉
✿ 我去看电影。
Wǒ qù kàn diànyǐng

나는 영화보러 갑니다.

워 쭈어 처 츄파
✿ 我坐车出发。
Wǒ zuò chē chūfā

나는 차를 타고 출발합니다.

电影 [diànyǐng] 영화
坐车 [zuò chē] 차 타다
出发 [chūfā] 출발하다

hǎoma
好吗?

워먼 밍티앤 리요우디앤 찌앤미앤, 하오마
✿ 我们明天六点见面，好吗?
Wǒmen míngtiān liùdiǎn jiànmiàn hǎoma

우리 내일 6시에 만나는 게 어때요?

하오
⮞ 好。
hǎo

좋아요.

见面 [jiànmiàn] 만나다

1 오전
샹우
上午 shàngwǔ

2 정오
쫑우
中午 zhōngwǔ

3 오후
시아우
下午 xiàwǔ

4 아침
짜오샹
早上 zǎoshang

5 저녁
완샹
晚上 wǎnshang

18 스이 디앤
十一点
shíyī diǎn

19 스얼 디앤
十二点
shí'èr diǎn

8 이 디앤
一点
yī diǎn

20 3시 55분
차 우 펀 쓰 디앤
差五分四点
Chà wǔ fēn sì diǎn

17 스 디앤
十点
shí diǎn

9 량 디앤
两点
liǎng diǎn

16 지요우 디앤
九点
jiǔ diǎn

10 싼 디앤
三点
sān diǎn

15 빠 디앤
八点
bā diǎn

11 쓰 디앤
四点
sì diǎn

14 치 디앤
七点
qī diǎn

13 리요우 디앤
六点
liù diǎn

12 우 디앤
五点
wǔ diǎn

6 30분
싼 스 펀 쫑
三十分钟
sānshí fēnzhōng

7 1시간
이 거 시야오스
一个小时
yí ge xiǎoshí

이 과에서 배운 주요 한자를 따라 써 보고 중국어로 읽어보자.

現
一 二 チ 王 刭 玏 珋 现

现
xiàn

現 현 지금, 현재

点 点
` ` ⺊ ⺊ 占 占 占 点

点
diǎn

點 점 ~시

时
丨 刂 刂 日 旷 旷 时 时

时
shí

時 시 때, 시간

课 课 课
` 讠 讠 讧 评 评 课

课
kè

課 과 수업

饭 饭
` ` 饣 饣 饣 饭 饭 饭

饭
fàn

飯 반 밥

觉
jiào / jué

覺 교
각 잠 느끼다

◆ 7 : 00 정각

七点整 qī diǎn zhěng
우리말의 정각을 나타낼 때 点뒤에 整을 붙인다.

◆ 7 : 05분

七点零五分 qī diǎn líng wǔ fēn
가운데 0이 들어가면 零 líng 이라고 읽어준다.

◆ 8 : 15분

八点一刻 bā diǎn yí kè
영어에서도 15분을 quarter 라고 따로 읽어주는
것처럼 중국어에서는 刻 라고 한다.
15분은 一刻이다.

◆ 12 : 30분

十二点半 shí' èr diǎn bàn
우리말에서 30분을 반이라고 말하는 것처럼
절반을 나타내는 半을 써서 표현할 수 있다.

◆ 6 : 45분

六点三刻 liù diǎn sān kè
差一刻七点 chà yí kè qī diǎn
45분은 三刻로 읽을 수도 있고 ~분 전이라는 뜻의
差를 이용해서 ~시 15분전이라는 표현으로 나타낼 수 있다.

◆ 10 : 55분

差五分十一点 chà wǔ fēn shíyī diǎn
~분 전이라는 뜻의 差를 이용해서
~시 5분전이라는 표현으로 나타낼 수 있다.

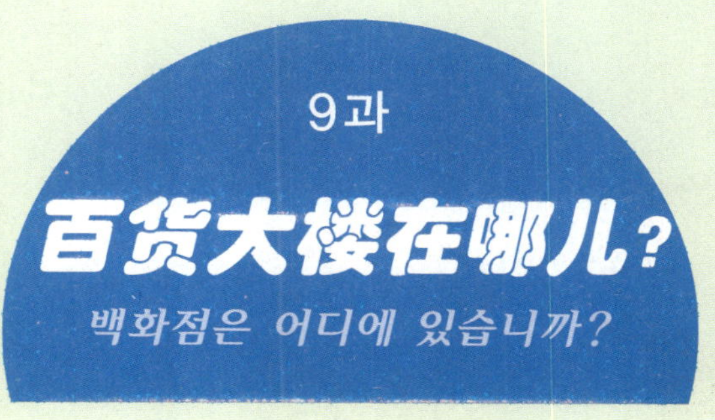

개사의 역할이 무엇인지
중국어의 원리 속으로
들어가 보자!

'거기까지 어떻게 갑니까?', '앞으로 가세요', '오른쪽으로 도세요.'
길을 묻다 보면 많이 쓰고 듣게 되는 말이다.

위에 쓰인 '~까지, ~으로' 등과 같이 명사에 붙어 도움을 주는 말을
우리말에서는 조사, 영어에서는 전치사, 중국어에서는 바로 개사라고 한다.

이 개사는 명사 앞에 쓰이며 영어의 전치사와 상당히 비슷하다.

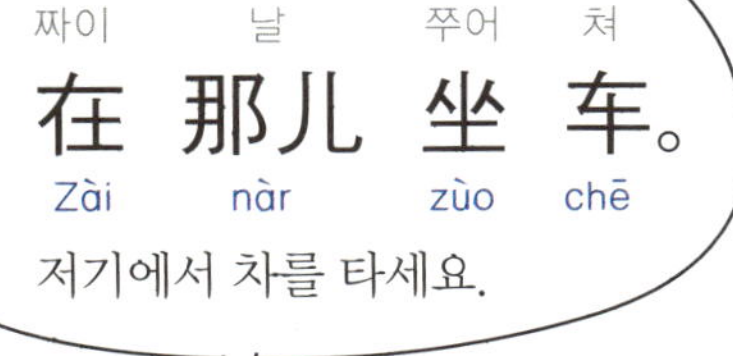

在 zài 는 뒤에 장소를 나타내는 말이 오고 동사로 쓰일 때는 ~에 있다라는 뜻이며, 개사로 쓰일 때는 ~에서라는 뜻이다. ~이 있다라는 뜻의 有 yǒu 와 비교해서 알아두자.

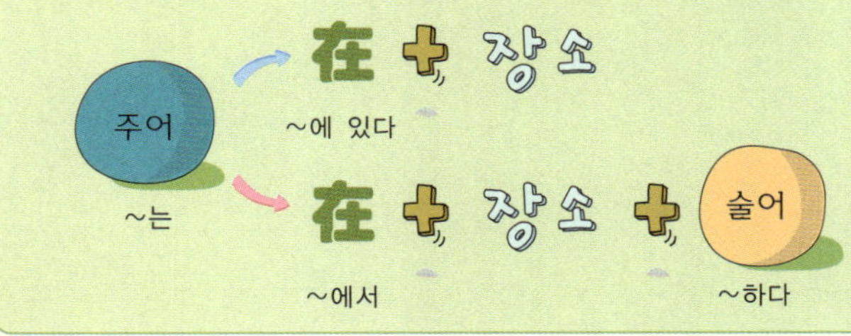

▶ 北京 Běijīng 베이징

▶ 大学 dàxué 대학

개사 离 lí 는 공간이나 시간의 거리를 나타내며 그 기준이 되는 장소 앞에서는 ~에서부터, 시간 앞에서는 ~까지라는 의미로 쓰인다.

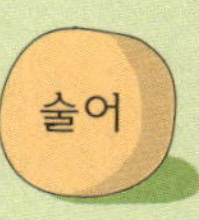

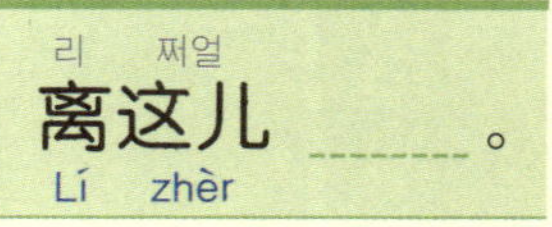

개사 **到** dào 는 ~까지라는 뜻으로 장소나 시간이 이르는 곳을 나타낸다.
동사로 쓰일 때는 **도착하다, ~에 이르다**라는 뜻이다.

까지 어떻게 갑니까?

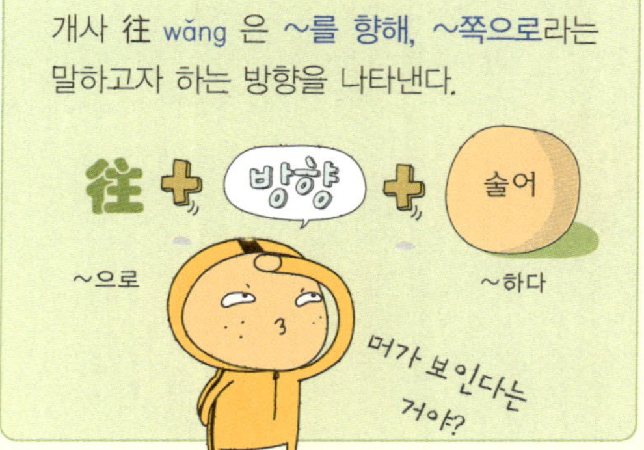

往 _______ _______ 。 　▢ 으로 ▢ 세요.
Wǎng

百货大楼在哪儿?

백화점은 어디에 있습니까?

칭원, 바이후어 따로우 짜이 나얼

请问, 百货大楼 在 哪儿?
Qǐngwèn bǎihuò dàlóu zài nǎr

말씀 좀 묻겠습니다만, 백화점은 어디에 있습니까?

▶ 请问 qǐngwèn 실례합니다
▶ 百货大楼 bǎihuò dàlóu 백화점

→ → 请问은 영어의 Excuse me.처럼 처음 만난 사람에게 말을 건넬 때 쓰는
표현이다.

짜이 쫑구어 인항 팡비앤

在 中国 银行 旁边。
Zài Zhōngguó yínháng pángbiān

중국은행 옆에 있습니다.

▶ 银行 yínháng 은행
▶ 旁边 pángbiān 옆

리 쩌얼 위앤 부 위앤

离 这儿 远 不 远?
Lí zhèr yuǎn bu yuǎn

여기서 멉니까?

▶ 远 yuǎn 멀다

비지야오 위앤

比较 远。
Bǐjiào yuǎn

비교적 멉니다.

▶ 比较 bǐjiào 비교적

→ → 比较远。외에 很近。hěn jìn 매우 가깝습니다, 不太近。bú tài jìn 그다지
가깝지 않습니다, 不远。bù yuǎn 멀지 않습니다 등으로 대답할 수 있다.

▶ 怎么 zěnme 어떻게

▶ 一直 yìzhí 곧장, 똑바로
▶ 前 qián 앞, 앞쪽
▶ 就 jiù 곧, 바로
▶ 公共汽车站
　 gōnggòng qìchē zhàn
　 버스정류장
▶ 路 lù 노선 양사

따오　날　쩐머　조우
到 那儿 怎么 走?
Dào　nàr　zěnme　zǒu

거기까지 어떻게 갑니까?

이즈　왕　치앤 조우, 찌요우 따오　꿍꿍　치쳐　짠
一直 往 前 走, 就 到 公共汽车站。
Yìzhí　wǎng　qián　zǒu　jiù　dào　gōnggòng qìchē zhàn

앞으로 쭉 가다보면 버스정류장이 나옵니다.

짜이　날　쭈어　얼스　루　치쳐
在 那儿 坐 二十 路 汽车。
Zài　nàr　zuò　èrshí　lù　qìchē

거기서 20번 버스를 타세요.

−6시간 후−

→　→　路는 버스 노선을 가리키는 양사로 버스 번호를 말할 때 숫자 뒤에 붙여서 ~번이라는 의미를 나타낸다.

qǐngwèn
请问

❀ 请问，这儿附近有邮局吗?
Qǐng wèn, zhèr fùjìn yǒu yóujú ma

실례합니다, 이 근처에 우체국이 있습니까?

⇨ 有。在银行旁边。
Yǒu. Zài yínháng pángbiān

네, 은행 옆에 있습니다.

附近 [fùjìn] 근처
邮局 [yóujú] 우체국

zěnme
怎么

❀ 到天安门怎么走?
Dào Tiān'ānmén zěnme zǒu

천안문까지 어떻게 갑니까?

❀ 这个汉字怎么写?
Zhè ge Hànzì zěnme xiě

이 한자는 어떻게 씁니까?

天安门 [Tiān'ānmén]
천안문
写 [xiě] 쓰다

在 / 有
zài / yǒu

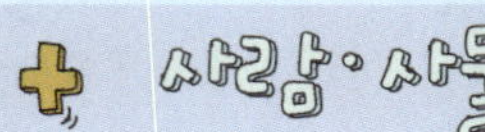

타 짜이 쉐에시야오 리
❁ 他在学校里。
Tā zài xuéxiào li
그는 학교 안에 있습니다.

쇼우지 짜이 쭈어즈 상
❁ 手机在桌子上。
Shǒujī zài zhuōzi shang
핸드폰이 탁자 위에 있습니다.

学校 [xuéxiào] 학교
手机 [shǒujī] 핸드폰
桌子 [zhuōzi] 탁자, 테이블

날 요우 꽁꽁 치쳐 짠
❁ 那儿有公共汽车站。
Nàr yǒu gōnggòng qìchē zhàn
저기에 버스정류장이 있습니다.

팡지앤 리 요우 워 마마
❁ 房间里有我妈妈。
Fángjiān li yǒu wǒ māma
방 안에 엄마가 계십니다.

房间 [fángjiān] 방

就
jiù

조우 우 펀쭝 찌요우 따오 러
❁ 走五分钟就到了。
Zǒu wǔfēnzhōng jiù dào le
5분만 걸으면 도착합니다.

타 이휠 찌요우 라이
❁ 他一会儿就来。
Tā yíhuìr jiù lái
그는 잠시 후에 곧 옵니다.

一会儿 [yíhuìr] 잠시

일러스트로 알아보는
방향 · 위치
3-A

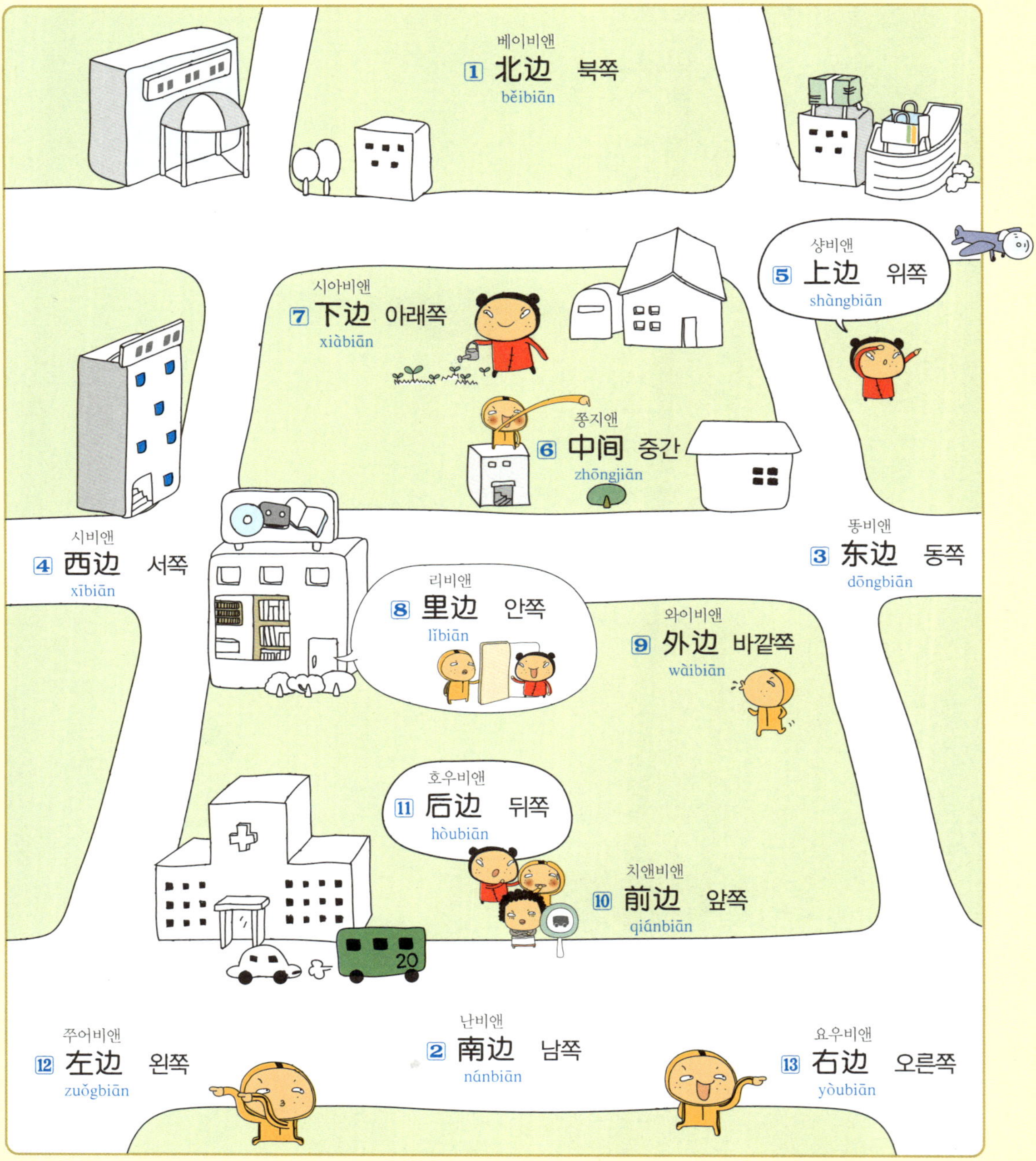

베이비앤
1 北边 북쪽
běibiān

샹비앤
5 上边 위쪽
shàngbiān

시아비앤
7 下边 아래쪽
xiàbiān

쫑지앤
6 中间 중간
zhōngjiān

똥비앤
3 东边 동쪽
dōngbiān

시비앤
4 西边 서쪽
xībiān

리비앤
8 里边 안쪽
lǐbiān

와이비앤
9 外边 바깥쪽
wàibiān

호우비앤
11 后边 뒤쪽
hòubiān

치앤비앤
10 前边 앞쪽
qiánbiān

쭈어비앤
12 左边 왼쪽
zuǒbiān

난비앤
2 南边 남쪽
nánbiān

요우비앤
13 右边 오른쪽
yòubiān

간체자 쓰기

이 과에서 배운 주요 한자를 따라 써 보고 중국어로 읽어보자.

`丶 冂 门 问 问 问`

问
wèn

問 문 묻다

`フ カ 力 边 边`

边
biān

邊 변 ~쪽

`丿 卜 钅 钅 钅 钅 钅 钅`
`银 银`

银
yín

銀 은 은

`一 亠 文 卤 卤 卤 离 离`
`离 离`

离
lí

離 리 ~로 부터, ~에서

`一 二 テ 元 元 远 远 远`

远
yuǎn

遠 원 멀다

`一 亠 仁 车 车`

车
chē

車 차 차

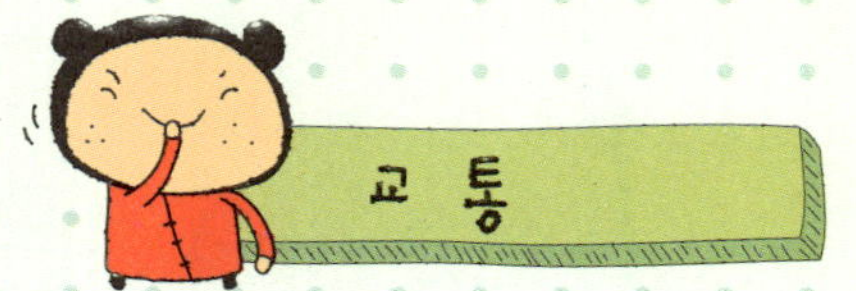

가장 보편적인 교통수단으로 우리나라 자동차 번호판과 같이 각 자전거마다 고유번호를 부여받는다. 자전거 대여점인 출조자전차 出租自转车 라는 간판이 붙은 곳에서 대여하여 탈 수 있다.

버스에는 일반 시내버스, 버스 두 대가 연결된 형태의 버스, 일종의 전차인 트롤리버스, 미니버스, 대부분 장거리를 운행하는 2층버스와 침대버스 등 다양하다. 요금은 버스의 종류와 구간에 따라 차이가 있고 버스 안내원이 있어서 승객에게 요금을 알려주고 받는다.

관광객들이 이용하기에 편리한 택시는 차의 종류에 따라 요금의 차이가 나고 시내구간을 운행할 때는 미터요금을 받지만 외곽으로 나갈때는 미리 요금을 결정해야한다. 베이징 등의 북쪽지방에는 지붕에 出租츄주 라고 쓰여 있고, 광쩌우나 홍콩 등의 남쪽 지방에서는 的士더스 라고 쓰여 있다.

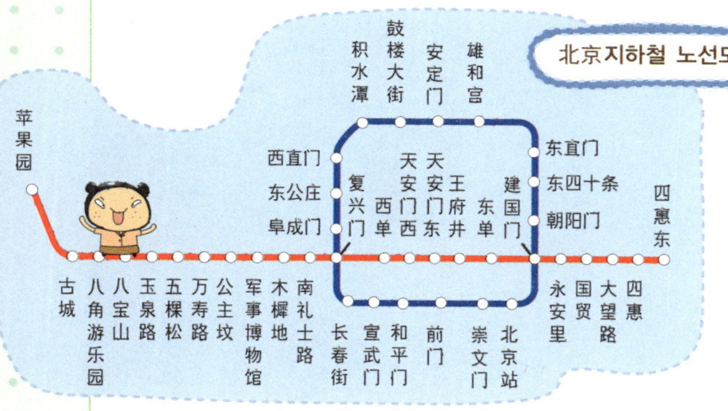

지하철은 베이징, 상하이, 티앤진, 그리고 광쩌우에서만 운행되고 있다. 베이징의 지하철은 직선 노선인 동서선과 순환 노선인 환상선 등 2개의 노선으로 구성되어 있다.

기차
火车

철도대국이라 불릴만큼 거대한 철도망을 형성하고 있다. 열차의 종류로는 장거리를 운행하는 特快터콰이 와 直快즈콰이, 단거리를 운행하는 快客콰이커 등이 있고 좌석은 침대냐 의자냐, 그리고 딱딱하냐 부드럽냐에 따라 구분되며 가격 또한 다르다.

쇼핑이나 물건을 사러 가서 '~을 사고 싶습니다, ~을 보고 싶습니다' 라는 말은

정말 자주 쓰인다. 이렇게 '~하고 싶다, ~할 것이다' 등과 같이

동사 앞에서 의미를 더해주는 것이 바로 조동사이다.

다른 말로 능원동사라고 불리며 영어의 조동사처럼 동사 앞에 놓여진다.

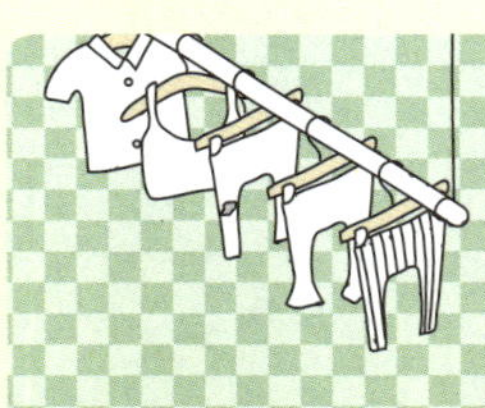

조동사가 들어가는 문장

조동사 要

니 야오 마이 션머

你 要 买 什么?
Nǐ yào mǎi shénme

당신은 무엇을 사려고 합니까?

▶ 买 mǎi 사다

要 가 뭐죠?

조동사는 동사나 형용사 앞에서 희망·가능·의무·예정 등의 의미를 동사에 더해주는 역할을 해. 영어의 조동사와 비슷하며 중국어에서는 능원동사라고 해.

조동사 要 yào 는 ~하려고 하다, ~하고 싶다의 뜻으로 말하는 사람의 희망이나 의지를 나타낸다.
6과에서 배운것처럼 동사로 쓰일때는 원하다, 필요하다의 뜻이다.

워 야오

我要＿＿＿＿。
Wǒ yào

나는   하고 싶습니다.

워 야오 칸 띠앤잉

我要看电影。
Wǒ yào kàn diànyǐng

나는 영화를 보고 싶습니다.

워 야오 창꺼

我要唱歌。
Wǒ yào chànggē

나는 노래하고 싶습니다.

조동사 想 xiǎng 은 ~하고 싶다라는 뜻으로 要와 같은 의미로 쓰이지만 약간의 차이가 있다. 要는 ~할 것이다라는 의지가 담겨있고 想은 ~을 바라다라는 뜻의 주관적인 희망을 나타낸다.

조동사
可以

쫄바지라서
입어보면 늘어 나요~
곤란합니다.

커이   스스   마
可以 试试 吗?
Kěyǐ   shìshi   ma
입어봐도 됩니까?

▶ 试试 shìshi
시험하다
시험삼아 해보다

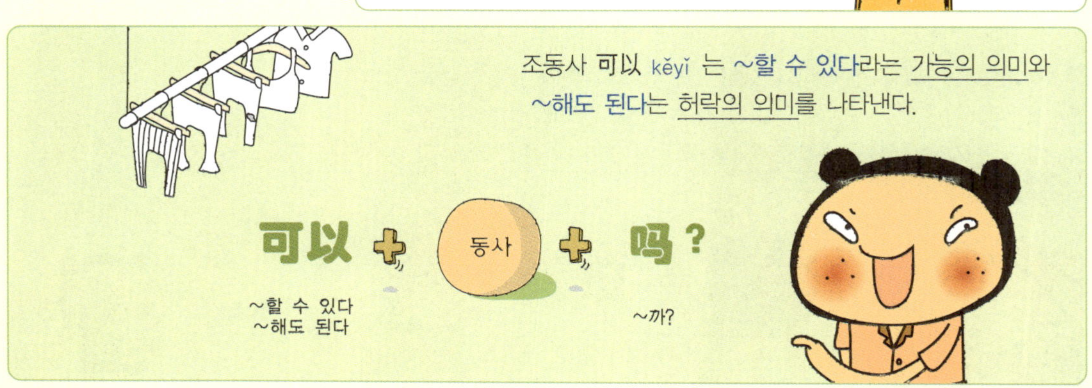
조동사 可以 kěyǐ 는 ~할 수 있다라는 가능의 의미와
~해도 된다는 허락의 의미를 나타낸다.

可以 ＋ 동사 ＋ 吗 ?
~할 수 있다
~해도 된다   ~까?

조동사가 들어가는 문장 역시
의문문 만드는 방법은 다른 문장과 똑같이
문장 끝에 吗 를 쓰거나
조동사의 긍정형과 부정형을
같이 써서 만들어~

하핫!
맘에 드세요?
(이런...)

벌써
입었어요~

커이   마
可以 _________ 吗?
kěyǐ   ma

          도 됩니까?

커이 시이앤 마
可以吸烟吗?
kěyǐ xīyān ma
담배피워도 됩니까?

▶ 吸烟 xīyān 담배피다

안 돼!

커이 파이짜오 마
可以拍照吗?
kěyǐ pāizhào ma
사진을 찍어도 됩니까?

이런 변태!

▶ 拍照 pāizhào
사진을 찍다

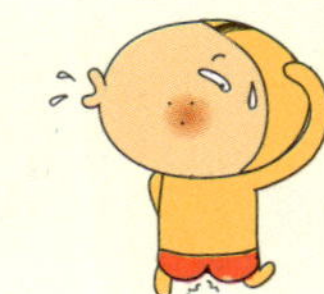

조동사 **能** néng 은 **~할 수 있다**라는 뜻으로 기능이나 능력을 나타낸다.
조동사의 의문문은 조동사의 긍정형과 부정형을 같이 써서 만들 수 있고 부정문을 만들 때는 **조동사 앞에 不**를 붙이면 된다.

能 ✛ 不能 ✛ 동사 형용사 **?**
~할 수 있습니까?

不 ✛ 能 ✛ 동사 형용사 **。**
~할 수 없다

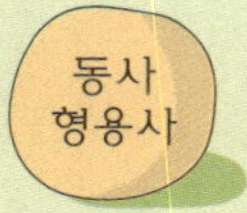

▶ 来 lái 오다

▶ 喝酒 hējiǔ 술을 마시다

我想买一条裤子。

바지를 한 벌 사고 싶습니다.

닌 야오 마이 션머
您 要 买 什么?
Nín yào mǎi shénme

무엇을 사려고 합니까?

▶ 买 mǎi 사다

→ → 상점에서 종업원이 손님에게 물어보는 말로 **您要什么?** *Nín yào shénme*, **您买什么?** *Nín mǎi shénme* 등으로 물어볼 수 있다.

워 시양 마이 이 티야오 쿠즈. 커이   스스   마
我 想 买 一 条 裤子。可以 试试 吗?
Wǒ xiǎng mǎi yì tiáo kùzi Kěyǐ shìshi ma

바지를 사고 싶은데, 입어볼 수 있습니까?

▶ 条 tiáo ~벌 양사
▶ 裤子 kùzi 바지
▶ 试试 shìshi
　시험하다, 해보다

커이.   닌 스 이시아 바
可以。您 试 一下 吧。
Kěyǐ Nín shì yíxià ba

네, 입어보십시오.

▶ 一下 yíxià 한 번, 한 차례
▶ 吧 ba ~합시다 어기조사

→ → 可以~吗?는 ~해도 됩니까?라는 뜻으로, 상대방의 동의나 허락을 구할 때 쓰는 영어의 **May I~?**와 비슷한 표현이다.

- ▶ 正 zhèng 바로, 꼭
- ▶ 合适 héshì 알맞다
- ▶ 不过 búguò 그런데, 그러나
- ▶ 贵 guì 비싸다

- ▶ 便宜 piányi 싸다
- ▶ 一点儿 yìdiǎr 조금

찡 허스, 부꾸어 타이 꿰이 러
正 合适, 不过 太 贵 了。
Zhèng héshì búguò tài guì le
딱 맞습니다. 그러나 너무 비쌉니다.

넝 뿌 넝 피앤이 이디얼
能 不 能 便宜 一点儿?
Néng bu néng piányi yìdiǎnr
조금 싸게 해 주실 수 있습니까?

쩌얼 뿌 넝 피앤이
这儿 不 能 便宜。
Zhèr bù néng piányi
죄송합니다, 여기서는 싸게 해드릴 수가 없습니다.

→ → 太~了。 tài~le 는 너무 ~하다라는 의미로 성질과 상태의 정도가 크다는 것을 강조한다.

shìshi
试试

칸칸
❖ 看看　　　　　　좀 보다
  kànkan

창창
❖ 尝尝　　　　　　맛 좀 보다
  chángchang

시요우시 시요우시
❖ 休息休息　　　　잠깐 휴식하다
  xiūxi xiūxi

싼싼뿌
❖ 散散步　　　　　산책을 좀 하다
  sànsanbù

尝 [cháng]	맛보다
休息 [xiūxi]	휴식하다
散步 [sànbù]	산책하다

yíxià
一下

워 게이 니 찌에샤오 이시아
❖ 我给你介绍一下。 제가 당신에게 소개 좀 하겠습니다.
  Wǒ gěi nǐ jièshào yíxià

덩 이시아
❖ 等一下。　　　　잠깐 기다리세요.
  Děng yíxià

| 介绍 [jièshào] | 소개하다 |
| 等 [děng] | 기다리다 |

워먼 이치 조우 바
✿ 我们一起走吧。　우리 같이 갑시다. 제안
Wǒmen yìqǐ zǒu ba

하오 바, 워 예 취
✿ 好吧, 我也去。　좋아요, 저도 갈게요. 동의
Hǎo ba wǒ yě qù

타 하이 짜이 지아 바
✿ 他还在家吧?　그가 아직 집에 있겠지요? 추측
Tā hái zài jiā ba

| 一起[yìqǐ] 함께, 같이

워 훼이 슈어 이디얼 한위
✿ 我会说一点儿汉语。
Wǒ huì shuō yìdiǎnr Hànyǔ
나는 중국어를 조금 할 수 있습니다.

칭 콰이 디얼 바
✿ 请快点儿吧。
Qǐng kuài diǎnr ba
조금 빨리 해주세요.

| 会[huì]　~할 수 있다
| 快[kuài]　빠르다

따
大 크다
dà
시야오
小 작다
xiǎo
챵
长 길다
cháng
뚜안
短 짧다
duǎn
뚜어
多 많다
duō
샤오
少 적다
shǎo
신
新 새롭다
xīn
찌요우
旧 오래되다
jiù
꿰이
贵 비싸다
guì
피앤이
便宜 싸다
piányi
칭
轻 가볍다
qīng
쫑
重 무겁다
zhòng

간체자 쓰기

이 과에서 배운 주요 한자를 따라 써 보고 중국어로 읽어보자.

一 一 一 买 买

买
mǎi

買 매 사다

条
tiáo

條 조 ~벌
바지를 셀 때
쓰는 양사

裤
kù

褲 고 바지

试
shì

試 시 시험하다,
해보다

一 二 千 千 舌 舌 活 活
适

适
shì

適 적 알맞다,
적합하다

长
cháng

長 장 길다

대도시의 호텔 주변에 위치한 외국인 전용 상점으로 중국인들도 이용하지만 대부분 외국인 이용객들이 많다. 대분분의 상품이 믿을 만하지만 일반시중에서 살 수 있는 것보다 가격이 조금 비싸다. 중국의 특산품이 주류를 이루고 실크류, 자기류, 보석류 그리고 한방약품 등이 있다. 신용카드의 사용이 아직은 일반화되어 있지 않으며 현금만 사용해야 하는 곳이 많다.

베이징이나 샹하이 등의 대도시에는 대규모의 백화점이 많이 들어서고 있다. 외국자본이나 화교들의 자본으로 세워지는 경우와 국영인 곳이 있다.
중국의 국내 상품뿐만 아니라 요즘은 개방화의 영향으로 외국의 유명 브랜드 제품도 많이 들어와 있다. 대부분 상점에서 정찰제를 실시하고 있으나 어느 정도 할인이 가능한 곳도 있다.

왕푸징은 베이징에 있는 최대의 번화한 상점거리로서 요우이 샹띠앤을 비롯해 신화서점 등 유명한 상점과 호화호텔도 자리하고 있다. 일찍이 황실의 저택이 있던 곳으로, 황실의 우물 이름을 따서 왕푸징王府井왕부정이라 불리게 되었다. 화려하고 호화스러운 상점과 빌딩이 많으며 또한 먹거리도 많아서 다양한 간식거리를 맛볼 수 있다.

류리창은 우리의 인사동과 비교할 수 있는 곳으로 골동품의 거리로 유명하다. 서화, 도장, 붓 등을 사고 싶은 사람은 한 번 들러볼 만하다.

꼭! 알아야 할 한·중단어

기초적인 중국어를 학습하는데 필요한 단어들을 가나다 순으로 엮어 놓았다.
모르는 단어나 알고 싶은 단어가 있다면
가나다순으로 나열되어 있는 단어장에서 찾아 익히도록 하자.

가격	价格	찌아거 jiàgé
가구	家具	찌아쥐 jiājù
가까스로	勉强	미앤치양 miǎnqiǎng
가까스로	好不容易	하오뿌롱이 hǎoburóngyi
가까운	近	찐 jìn
가난하다	贫穷	핀총 pínqióng
가늘다	细	시 xì
가다	去	취 qù
가득하다	满	만 mǎn
가라오케	卡拉OK	카라오케이 kǎlāOK
가로	横	헝 héng
가르치다	教	찌야오 jiào
가방	包	빠오 bāo
가볍다	轻	칭 qīng
가사	歌词	꺼츠 gēcí
가수	歌手	꺼쇼우 gēshǒu
가엾다	可怜	커리앤 kělián
가운데	中间	쫑지앤 zhōngjiān

가위	剪子	지앤즈 jiǎnzi
가을	秋天	치유티앤 qiūtiān
가이드	导游	따오요우 dǎoyóu
가장	最	쮀이 zuì
가정	家庭	찌아팅 jiātíng
가정주부	家庭妇女	지아팅 푸뉘 jiātíng fùnǚ
가죽	皮	피 pí
가죽구두	皮鞋	피시에 píxié
가지	茄子	치에즈 qiézi
간단하다	简单	지앤딴 jiǎndān
간부	干部	깐뿌 gànbù
간식	点心	디앤신 diǎnxīn
간장	酱油	찌양요우 jiàngyóu
간절하다	诚恳	청컨 chéngkěn
간호사	护士	후스 hùshi
감격하다	激动	지똥 jīdòng
감기	感冒	깐마오 gǎnmào
감동하다	感动	간똥 gǎndòng
감자	土豆儿	투또얼 tǔdòur
갑자기	突然	투란 tūrán
갑자기	忽然	후란 hūrán
값	价钱	지아치앤 jiàqian
강	河 / 江	허 / 지양 hé / jiāng
강대하다	强大	치양따 qiángdà

 왕초짜 중국어 첫걸음

강도	强盗	치양따오 qiángdào	경유지	经停站	징팅짠 jīngtíngzhàn
~같은	好象	하오시양 hǎoxiàng	경제	经济	징찌 jīngjì
개	狗	꼬우 gǒu	경찰	警察	징챠 jǐngchá
개회	开会	카이 훼이 kāihuì	경찰서	公安局	꽁안쥐 gōng'ānjú
객실	客房	커팡 kèfáng	경치	景色	징써 jǐngsè
거스름돈	找钱	짜오치앤 zhǎoqián	계란	鸡蛋	지딴 jīdàn
거울	镜子	징즈 jìngzi	계산대	柜台	꿰이타이 guìtái
거절하다	拒绝	쥐쥐에 jùjué	계산서	帐单	짱딴 zhàngdān
거행하다	举行	쥐씽 jǔxíng	계산하다	算	쑤안 suàn
걱정하다	担心	딴신 dānxīn	계절	季节	찌지에 jìjié
건배	干杯	깐뻬이 gānbēi	고객	顾客	꾸커 gùkè
건설(하다)	建设	찌앤서 jiànshè	고구마	白薯	바이슈 báishǔ
건조	干燥	깐자오 gānzào	고기	肉	로우 ròu
건축물	建筑物	찌앤쭈우 jiànzhùwù	고모	姑姑	꾸구 gūgu
걷다	走	조우 zǒu	고모부	姑父	꾸푸 gūfu
검사하다	检查	지앤챠 jiǎnchá	고생하다	吃苦	츠쿠 chīkǔ
검정색	黑色	헤이써 hēisè	고양이	猫	마오 māo
게으르다	懒	란 lǎn	고의로	故意	꾸이 gùyì
겨울	冬天	뚱티앤 dōngtiān	고추	辣椒	라지야오 làjiāo
견학하다	参观	찬관 cānguān	고추장	辣椒酱	라지야오지양 làjiāojiàng
결정하다	决定	쥐에띵 juédìng	곧	立刻	리커 lìkè
결항	停飞	팅페이 tíngfēi	곧	马上	마상 mǎshàng
결혼하다	结婚	지에훈 jiéhūn	골절	骨折	꾸져 gǔzhé
겸손하다	客气	커치 kèqi	곰	熊	숑 xióng

공무원	公务员	꽁우위앤 gōngwùyuán	귤	橘子	쥐즈 júzi
공예품	工艺品	꽁이핀 gōngyìpǐn	그	他	타 tā
공원	公园	꽁위앤 gōngyuán	그것	那 / 那个	나/나거 nà / nàge
공중전화	公用电话	꽁용 띠앤화 gōngyòng diànhuà	그곳	那儿 / 那里	나알/나리 nàr / nàli
공항	机场	지챵 jīchǎng	그녀	她	타 tā
과일	水果	쉐이구어 shuǐguǒ	그들	他们	타먼 tāmen
관계	关系	꽌시 guānxi	그릇	碗	완 wǎn
관광버스	游览车	요우란처 yóulǎnchē	그림	画	화 huà
관광지	游览区	요우란취 yóulǎnqū	그저께	前天	치앤티앤 qiántiān
광천수	矿泉水	쾅취앤쉐이 kuàngquánshuǐ	극장	剧场	쥐챵 jùchǎng
교육	教育	찌야오위 jiàoyù	금	金	진 jīn
교통	交通	찌야오통 jiāotōng	금년	今年	진니앤 jīnnián
구급차	救护车	찌요우후처 jiùhùchē	금연	禁烟	진이앤 jìnyān
구름	云	윈 yún	금요일	星期五	싱치우 xīngqīwǔ
구명조끼	救生衣	찌요우성이 jiùshēngyī	기념	纪念	찌니앤 jìniàn
국	汤	탕 tāng	기다리다	等	덩 děng
국민	国民	구어민 guómín	기록	记录	찌루 jìlù
국수	面条	미앤티야오 miàntiáo	기름	油	요우 yóu
국제전화	国际电话	구어지 띠앤화 guójì diànhuà	기쁘다	高兴	까오씽 gāoxìng
굵다	粗	추 cū	기숙사	宿舍	쑤서 sùshè
귀	耳朵	얼뚜어 ěrduo	기술	技术	찌슈 jìshù
귀걸이	耳环	얼환 ěrhuán	기온	气温	치원 qìwēn
귀빈	稀客	시커 xīkè	기자	记者	찌저 jìzhě
귀중하다	贵重	꿰이쭝 guìzhòng	기점	始发站	스파짠 shǐfāzhàn

기차	火车	후어처 huǒchē	날씬하다	苗条	미야오티야오 miáotiao
기회	机会	지훼이 jīhuì	날짜	日子	르즈 rìzi
긴급	紧急	진지 jǐnjí	남동생	弟弟	띠디 dìdi
길다	长	챵 cháng	남자	男人	난런 nánrén
김치	泡菜	파오차이 pàocài	남쪽	南	난 nán
깊다	深	선 shēn	남편	丈夫	짱푸 zhàngfu
깨끗하다	干净	깐징 gānjìng	낮다	矮	아이 ǎi
꽃	花	화 huā	내과	内科	네이커 nèikē
끌다	拉	라 lā	내년	明年	밍니앤 míngnián
			내일	明天	밍티앤 míngtiān
			너	你	니 nǐ
			너희들	你们	니먼 nǐmen
			넓다	宽	콴 kuān
			넘어지다	跌倒	디에따오 diēdǎo
			넥타이	领带	링따이 lǐngdài
			노동	劳动	라오뚱 láodòng
			노란색	黄色	황써 huángsè
나	我	워 wǒ	노래하다	唱歌	챵꺼 chànggē
나가다	出去	츄취 chūqù	노력하다	努力	누리 nǔlì
나무	树	슈 shù	노루	鹿	루 lù
나쁘다	坏	화이 huài	노점	摊子	탄즈 tānzi
나오다	出来	츄라이 chūlái	녹색	绿色	뤼써 lǜsè
나이	年纪	니앤지 niánjì	놀다	玩	완 wán
날씨	天气	티앤치 tiānqì	농구	篮球	란치요유 lánqiú

농담하다	开玩笑	카이 완시야오 kāi wánxiào
농부	农夫	농푸 nóngfū
높다	高	까오 gāo
누구	谁	셰이 / 쉐이 shéi / shuí
누나	姐姐	지에지에 jiějie
눈	雪	쉬에 xuě
눈 얼굴	眼睛	이앤징 yǎnjing
눕다	躺	탕 tǎng
느끼다	觉得	쥐에더 juéde
느낌	感觉	간쥐에 gǎnjué
느리다	慢	만 màn
늦다	迟 / 晚	츠 / 완 chí / wǎn
늙다	老	라오 lǎo

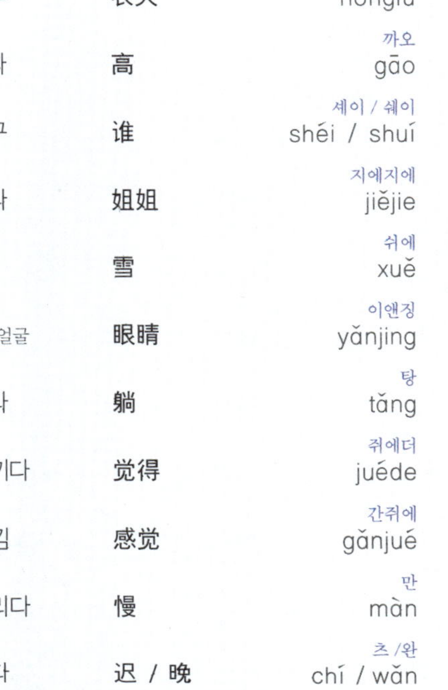

다리	桥	치야오 qiáo
다리 몸	脚	지야오 jiǎo
다시	再	짜이 zài
다치다	受伤	쇼우샹 shòushāng
단지	只	즈 zhǐ
단풍잎	红叶	홍이예 hóngyè
닫다	关 / 闭	꽌 / 삐 guān / bì
달다	甜	티앤 tián
달러	美元	메이위앤 měiyuán
달리다	跑步	파오뿌 pǎobù
닭	鸡	찌 jì
담배	烟	이앤 yān
담배피다	抽烟	쵸우이앤 chōuyān
당신	您	닌 nín
당연하다	当然	땅란 dāngrán
대개	大概	따까이 dàgài
대단히	非常	페이챵 fēicháng

대답하다	回答	훼이다 huídá
대략	大约	따위에 dàyuē
대사관	大使馆	따스관 dàshǐguǎn
대통령	总统	종통 zǒngtǒng
대학	大学	따쉬에 dàxué
더럽다	脏	장 zāng
더욱	更	껑 gèng
덥다	热	러 rè
도둑	小偷	시야오토우 xiǎotōu
도서관	图书馆	투슈관 túshūguǎn
도시	城市	청스 chéngshì
도착하다	到	따오 dào
독서	读书	뚜슈 dúshū
돈	钱	치앤 qián
돌려주다	还	환 huán
돌아오다	回来	훼이라이 huílái
돕다	帮助	빵쭈 bāngzhù
동물	动物	똥우 dòngwù
동물원	动物园	똥우위앤 dòngwùyuán
동의하다	同意	통이 tóngyì
동전	硬币	잉삐 yìngbì
동쪽	东	똥 dōng
두껍다	厚	호우 hòu
두통	头疼	토우텅 tóuténg

뒤쪽	后面	호우미앤 hòumiàn
듣다	听	팅 tīng
들어오다	进	진 jìn
등기우편	挂号信	꽈하오씬 guàhàoxìn
등록하다	登记	떵지 dēngjì
등산	爬山	파샨 páshān
따뜻하다	暖和	누안후어 nuǎnhuo
딸	女儿	뉘얼 nǚ'ér
딸기	草莓	차오메이 cǎoméi
땅콩	花生	화성 huāshēng
떠나다	离开	리카이 líkāi
또	又 / 还	요우 / 하이 yòu / hái
또한	也	이예 yě
뚱뚱하다	胖	팡 pàng

라디오	收音机	shōuyīnjī
라면	方便面	fāngbiànmiàn
~로부터	从	cóng
리터	升	shēng
립스틱	口红	kǒuhóng

마늘	大蒜	dàsuàn
마당	院子	yuànzi
마르다	瘦	shòu
마시다	喝	hē
마음대로	随便	suíbiàn

마중하다	接	jiē
마침내	终于	zhōngyú
만 10,000	万	wàn
만나다	见面	jiànmiàn
만년필	钢笔	gāngbǐ
만두	饺子	jiǎozi
만들다	制造	zhìzào
만족하다	满意 / 满足	mǎnyì / mǎnzú
많다	多	duō
말	马	mǎ
말	话	huà
말하다	说	shuō
맛	味道	wèidao
맛보다	尝	cháng
맛있다	好吃	hǎochī
맞은쪽	对面	duìmiàn
매니저	经理	jīnglǐ
매우	很	hěn
매일	每天	měitiān
매표인	售票员	shòupiàoyuán
맥박	脉搏	màibó
맥주	啤酒	píjiǔ
맵다	辣	là
머리	头	tóu

머리카락	头发	tóufa	문장	文章	wénzhāng
머무르다	停留	tíngliú	문제	问题	wèntí
먹다	吃	chī	묻다	问	wèn
멀다	远	yuǎn	물	水	shuǐ
메뉴판	菜单	càidān	물건	东西	dōngxi
며느리	媳妇	xífù	물고기	鱼	yú
면 음식	面条	miàntiáo	미국	美国	Měiguó
면 옷감	棉	mián	미술	美术	měishù
모레	后天	hòutiān	미술관	美术馆	měishùguǎn
모르다	不知道	bù zhīdào	미안하다	对不起	duìbuqǐ
모양	样子	yàngzi	미용실	美容院	měiróngyuàn
모자	帽子	màozi	미워하다	恨	hèn
모자라다	不够	búgòu	미터	米 / 公尺	mǐ / gōngchǐ
목	嗓子 / 脖子	sǎngzi / bózi	믿다	相信	xiāngxìn
목걸이	项链	xiàngliàn			
목요일	星期四	xīngqīsì			
목욕하다	洗澡	xǐzǎo			
목적지	目的地	mùdìdì			
몸	身体	shēntǐ			
못생기다	丑	chǒu			
무겁다	重	zhòng			
무엇	什么	shénme			
무역회사	贸易公司	màoyì gōngsī			
문	门	mén			

바구니	篮子	란즈 lánzi
바꾸다	换	환 huàn
바나나	香蕉	시양지야오 xiāngjiāo
바늘	针	쩐 zhēn
바다	海	하이 hǎi
바람	风	펑 fēng
바람불다	刮风	꽈펑 guāfēng
바쁘다	忙	망 máng
바지	裤子	쿠즈 kùzi
박물관	博物馆	보우관 bówùguǎn
박수치다	鼓掌	꾸쟝 gǔzhǎng
밖	外	와이 wài
반 절반	半	빤 bàn
반 학급	班	빤 bān
반드시	一定	이띵 yídìng
받다	收 / 接	쇼우 / 지에 shōu / jiē
발생하다	发生	파셩 fāshēng
발음	发音	파인 fāyīn
밝다	明亮	밍량 míngliàng
밥	饭	판 fàn
방	房间	팡지앤 fángjiān
방문하다	拜访	바이팡 bàifǎng
방학하다	放假	팡지아 fàngjià
배 과일	梨子	리즈 lízi
배 몸	肚子	뚜즈 dùzi
배 선박	船	촨 chuán
배고프다	饿	어 è
배구	排球	파이치요우 páiqiú
배드민턴	羽毛球	위마오치요우 yǔmáoqiú
배부르다	饱	빠오 bǎo
배우	演员	이앤위앤 yǎnyuán
배우다	学	쉬에 xué
백 100	百	바이 bǎi
백화점	百货大楼	바이후어 따로우 bǎihuò dàlóu
버스	公共汽车	꽁공 치처 gōnggòng qìchē
버스정류장	公共汽车站	꽁공 치처 짠 gōnggòng qìchē zhàn
버터	黄油	황요우 huángyóu
번거롭다	麻烦	마판 máfan
벌써	已经	이징 yǐjīng
법	法	파 fǎ
벗다	脱	투어 tuō

변호사	律师	뤼스 lǜshī
변화	变化	삐앤화 biànhuà
병원	医院	이위앤 yīyuàn
보관	保管	빠오관 bǎoguǎn
보너스	奖金	지앙진 jiǎngjīn
보다	看	칸 kàn
보석	珠宝	쥬빠오 zhūbǎo
보통우편	平信	핑씬 píngxìn
복숭아	桃子	타오즈 táozi
복습하다	复习	푸시 fùxí
복장	服装	푸쥬앙 fúzhuāng
볶다	炒	챠오 chǎo
볼링	保龄球	빠오링치요우 bǎolíngqiú
봄	春天	츈티앤 chūntiān
부근	附近	푸진 fùjìn
부르다	叫	찌야오 jiào
부부	夫妇	푸푸 fūfù
부엌	厨房	츄팡 chúfáng
부유하다	富裕	푸위 fùyù
부인	夫人	푸런 fūrén
부지런하다	勤	친 qín
부채	扇子	샨즈 shànzi
부치다 편지	寄	찌 jì
북쪽	北	베이 běi

분명하다	明白	밍바이 míngbai
분실	遗失	이스 yíshī
분위기	气氛	치펀 qìfēn
불편하다	不舒服	뿌 슈푸 bù shūfu
비	雨	위 yǔ
비교적	比较	비지야오 bǐjiào
비누	肥皂	페이짜오 féizào
비단	丝绸	쓰쵸우 sīchóu
비로소	才	차이 cái
비록	虽然	쒜이란 suīrán
비상문	太平门	타이핑먼 tàipíngmén
비서	秘书	미슈 mìshū
비슷하다	差不多	챠부뚜어 chàbuduō
비싸다	贵	꿰이 guì
비용	费用	페이융 fèiyòng
비자	签证	치앤쩡 qiānzhèng
비행기	飞机	페이지 fēijī
빌딩	大楼	따로우 dàlóu
빌리다	借	지에 jiè
빛	光	꽝 guāng
빠른	快	콰이 kuài
빨강색	红色	홍써 hóngsè
빨리	赶快	간콰이 gǎnkuài
빵	面包	미앤빠오 miànbāo

사거리	十字路口	스쯔루코우 shízìlùkǒu
사과	苹果	핑구어 píngguǒ
사다	买	마이 mǎi
사랑하다	爱	아이 ài
사무실	办公室	빤꽁스 bàngōngshì
사실	事实	스스 shìshí
사업	事业	스이예 shìyè
사용하다	使用	스용 shǐyòng
사위	女婿	뉘쉬 nǚxu
사이다	汽水	치쉐이 qìshuǐ
사자	狮子	스즈 shīzi
사전	词典	츠디앤 cídiǎn
사진	照片	쟈오피앤 zhàopiàn
사회	社会	서훼이 shèhuì
산	山	샨 shān
살다	住	쭈 zhù
삶다	煮	쥬 zhǔ

상인	商人	샹런 shāngrén
상점	商店	샹띠앤 shāngdiàn
새롭다	新	씬 xīn
새우	虾	시아 xiā
색깔	颜色	이앤써 yánsè
샌드위치	三明治	싼밍즈 sānmíngzhì
생각하다	想	시양 xiǎng
생산하다	生产	성찬 shēngchǎn
생일	生日	성르 shēngrì
생활	生活	성후어 shēnghuó
서비스	服务	푸우 fúwù
서비스요금	服务费	푸우페이 fúwùfèi
서울	首尔 / 汉城	쇼우얼 / 한청 Shǒu'ěr /Hànchéng
서점	书店	슈띠앤 shūdiàn
서쪽	西	시 xī
선물	礼物	리우 lǐwù
~선생	先生	시앤셩 xiānsheng
선생님	老师	라오스 lǎoshī
선택하다	选择	쉬앤저 xuǎnzé
설명하다	说明	슈어밍 shuōmíng
설탕	白糖	바이탕 báitáng
성격	性格	씽꺼 xìnggé
성공(하다)	成功	청꽁 chénggōng
성장하다	成长	청짱 chéngzhǎng

세계	世界	스지에 shìjiè	스카프	围巾	웨이진 wéijīn
센티미터	公分 / 厘米	꽁펀 / 리미 gōngfēn / límǐ	스케이트	滑冰	화삥 huábīng
소	牛	니요우 niú	스키	滑雪	화쉬에 huáxuě
소개하다	介绍	찌에샤오 jièshào	스튜어디스	空中小姐	콩중 시야오지에 kōngzhōng xiǎojie
소금	盐	이앤 yán	승객	乘客	청커 chéngkè
소설	小说	시야오슈어 xiǎoshuō	시간	时间	스지앤 shíjiān
소시지	香肠	시양창 xiāngcháng	시원하다	凉快	량콰이 liángkuài
소식	消息	시야오시 xiāoxi	시장	市场	스챵 shìchǎng
소포	包裹	빠오구어 bāoguǒ	시합	比赛	비싸이 bǐsài
손가락	手指	쇼우즈 shǒuzhǐ	시험	考试	카오스 kǎoshì
손가방	手提包	쇼우티빠오 shǒutíbāo	식당	餐厅	찬팅 cāntīng
손녀	孙女	쑨뉘 sūnnǚ	식물원	植物园	즈우위앤 zhíwùyuán
손님	客人	커런 kèrén	식초	醋	추 cù
손자	孙子	쑨즈 sūnzi	신고(하다)	申报	선빠오 shēnbào
수고하다	辛苦	씬쿠 xīnkǔ	신문	报纸	빠오즈 bàozhǐ
수박	西瓜	시과 xīguā	신발	鞋	시에 xié
수영(하다)	游泳	요우용 yóuyǒng	신용카드	信用卡	신용카 xìnyòngkǎ
수요일	星期三	씽치싼 xīngqīsān	신호등	红绿灯	훙뤼떵 hónglǜdēng
숙제	作业	쭈어이예 zuòyè	싸다	便宜	피앤이 piányi
숟가락	勺子	샤오즈 sháozi	쌀밥	米饭	미판 mǐfàn
술	酒	지요우 jiǔ	쓰다 글씨	写	시에 xiě
쉬다	休息	시요우시 xiūxi	쓰다 모자	戴	따이 dài
쉽다	容易	롱이 róngyì	쓰다 맛	苦	쿠 kǔ
슈퍼마켓	超级市场	챠오지 스챵 chāojí shìchǎng	씻다	洗	시 xǐ

아가씨	小姐	시야오지에 xiǎojie
아내	妻子 / 太太	치즈 / 타이타이 qīzi / tàitai
아들	儿子	얼즈 érzi
아래쪽	下面	시아미앤 xiàmiàn
아름답다	美丽	메이리 měilì
아버지	爸爸 / 父亲	빠바 / 푸친 bàba / fùqīn
아쉽다	可惜	커시 kěxī
아이	孩子	하이즈 háizi
아직	还	하이 hái
아침	早上	자오샹 zǎoshang
아침밥	早饭	자오판 zǎofàn
아프다	疼	텅 téng
악수하다	握手	워쇼우 wòshǒu
안	内	네이 nèi
안심하다	放心	팡씬 fàngxīn
안쪽	里边	리비앤 lǐbiān
앉다	坐	쭈어 zuò
알다	认识	런스 rènshi
알다	知道	즈따오 zhīdao
알리다	告诉	까오쑤 gàosu
앞쪽	前面	치앤미앤 qiánmiàn
애인	对象	뛔이시양 duìxiàng
야구	棒球	빵치요우 bàngqiú
야채	蔬菜	슈차이 shūcài
약국	药店	야오띠앤 yàodiàn
약속하다	约定	위에띵 yuēdìng
양복	西服	시푸 xīfú
양파	洋葱	양총 yángcōng
얕다	浅	치앤 qiǎn
어떻게	怎么	전머 zěnme
어렵다	难	난 nán
어머니	妈妈 / 母亲	마마 / 무친 māma / mǔqīn
어제	昨天	쭈어티앤 zuótiān
언니	姐姐	지애지에 jiějie
얼굴	脸	리앤 liǎn
얼마	多少	뚜어샤오 duōshao
얼음	冰	삥 bīng
없다	没有	메이요우 méiyǒu
없다	不在	부짜이 búzài
여권	护照	후짜오 hùzhào
여기	这儿 / 这里	쩌얼 / 쩌리 zhèr / zhèli

여동생	妹妹	메이메이 mèimei		외국인	外国人	와이구어런 wàiguórén
여름	夏天	시아티앤 xiàtiān		왼쪽	左边	주어비앤 zuǒbiān
역사	历史	리스 lìshǐ		욕실	浴室	위스 yùshì
연구(하다)	研究	이앤지유 yánjiū		용서하다	原谅	위앤량 yuánliàng
연습(하다)	练习	리앤시 liànxí		우리	我们 / 咱们	워먼 / 잔먼 wǒmen / zánmen
열쇠	钥匙	야오스 yàoshi		우산	雨伞	위싼 yǔsǎn
열이 나다	发烧	파샤오 fāshāo		우유	牛奶	니요우나이 niúnǎi
영어	英语	잉위 yīngyǔ		우정	友谊	요우이 yǒuyì
영화	电影	띠앤잉 diànyǐng		운동(하다)	运动	윈똥 yùndòng
옆	旁边	팡비앤 pángbiān		운전기사	司机	쓰지 sījī
예약하다	预订	위띵 yùdìng		울다	哭	쿠 kū
오늘	今天	진티앤 jīntiān		웃다	笑	시야오 xiào
오다	来	라이 lái		월요일	星期一	씽치이 xīngqīyī
오래되다	旧	찌요우 jiù		위쪽	上面	샹미앤 shàngmiàn
오랫동안	久	지요우 jiǔ		유리	玻璃	뿌어리 bōlí
오르다	上	샹 shàng		유명하다	有名	요우밍 yǒumíng
오른쪽	右边	요우비앤 yòubiān		은	银	인 yín
오빠	哥哥	꺼꺼 gēge		은행	银行	인항 yínháng
오전	上午	샹우 shàngwǔ		음식	菜	차이 cài
오후	下午	시아우 xiàwǔ		음악	音乐	인위에 yīnyuè
온도	温度	원뚜 wēndù		의사	大夫 / 医生	따이푸 / 이성 dàifu / yīshēng
옷	衣服	이푸 yīfu		의자	椅子	이즈 yǐzi
와이셔츠	衬衫	천샨 chènshān		이것	这 / 这个	쩌 / 쩌거 zhè / zhège
외국어	外国语	와이구어위 wàiguóyǔ		이륙하다	起飞	치페이 qǐfēi

이름	名字	밍즈 mímgzi
이모	姨母	이무 yímǔ
이모부	姨父	이푸 yífu
이상하다	奇怪	치꽈이 qíguài
이해하다	懂 / 了解	동 / 리야오지에 dǒng / liǎojiě
인민폐	人民币	런민삐 rénmínbì
일(하다)	工作	꽁쭈어 gōngzuò
일본	日本	르번 Rìběn
일어나다	起	치 qǐ
일요일	星期天(日)	씽치티앤(르) xīngqītiān (rì)
잃어버리다	丢	띠요우 diū
입	嘴	쮀이 zuǐ
입다	穿	츄안 chuān
입장권	门票	먼피야오 ménpiào
있다	在	짜이 zài
있다	有	요우 yǒu
잊다	忘	왕 wàng

자기	自己	쯔지 zìjǐ
자동차	汽车	치처 qìchē
자전거	自行车	쯔씽처 zìxíngchē
작가	作家	쭈어지아 zuòjiā
작년	去年	취니앤 qùnián
작다	小	시야오 xiǎo
잔돈	零钱	링치앤 língqián
잠자다	睡觉	쉐이지야오 shuìjiào
잡지	杂志	자즈 zázhì
장사	买卖 / 生意	마이마이 / 셩이 mǎimai / shēngyi
재떨이	烟灰缸	이앤훼이깡 yānhuīgāng
재미있다	有意思	요우이쓰 yǒuyìsi
잼	果酱	구어지양 guǒjiàng
쟁반	盘子	판즈 pánzi
저것	那	나 nà
저기	那儿 / 那里	나알 / 나리 nàr / nàli
저녁	晚上	완샹 wǎnshang

저녁밥	晚饭	완판 wǎnfàn		주의하다	注意	쭈이 zhùyì
적다	少	샤오 shǎo		주인	主人	주런 zhǔrén
적합하다	合适	허스 héshì		주장하다	主张	주짱 zhǔzhāng
전부	一共	이꽁 yígòng		죽다	死	쓰 sǐ
전화	电话	띠앤화 diànhuà		준비하다	准备	쥰뻬이 zhǔnbèi
전화번호	电话号码	띠앤화 하오마 diànhuà hàomǎ		중간	中间	쫑지앤 zhōngjiān
젊다	年轻	니앤칭 niánqīng		중국	中国	쫑구어 Zhōngguó
점심	中午	쫑우 zhōngwǔ		중국어	汉语	한위 Hànyǔ
점심밥	午饭	우판 wǔfàn		중요하다	重要	쫑야오 zhòngyào
접시	碟子	디에즈 diézi		즐겁다	快乐	콰이러 kuàilè
젓가락	筷子	콰이즈 kuàizi		지각하다	迟到	츠따오 chídào
정각	准时	쥰스 zhǔnshí		지구	地球	띠치요우 dìqiú
제일	第一	띠 이 dìyī		지나다	经过 / 过去	징꾸어 / 꾸어취 jīngguò / guòqù
조금	一点儿	이디얼 yìdiǎnr		지도	地图	띠투 dìtú
조심하다	小心	시야오신 xiǎoxīn		지불하다	付 / 支付	푸 / 즈푸 fù / zhīfù
졸업하다	毕业	삐이예 bìyè		지폐	钞票	챠오피야오 chāopiào
좁다	窄	쟈이 zhǎi		지하철	地铁	띠티에 dìtiě
종업원	服务员	푸우위앤 fúwùyuán		직업	职业	즈이예 zhíyè
종이	纸	즈 zhǐ		직원	职员	즈위앤 zhíyuán
좋아하다	喜欢	시환 xǐhuan		진주	珍珠	쩐주 zhēnzhū
좋다	好	하오 hǎo		진지하다	认真	런쩐 rènzhēn
주문하다	点菜	디앤차이 diǎncài		진짜(로)	真的	쩐더 zhēnde
주사	打针	다쩐 dǎzhēn		짐	行李	씽리 xíngli
주요하다	主要	주야오 zhǔyào		집	家 / 房子	지아 / 팡즈 jiā / fángzi

짜다	咸	시앤 xián
짧다	短	뚜안 duǎn
~쪽으로	往	왕 wǎng
찌다	蒸	쩡 zhēng
차 음료	茶	챠 chá
차 교통	车	쳐 chē
차멀미	晕车	윈쳐 yùnchē
차비	车费	쳐페이 chēfèi
착륙하다	降落	찌앙루어 jiàngluò
참가하다	参加	찬지아 cānjiā
참새	麻雀	마취에 máquè
창가	靠窗口	카오 츄앙코우 kào chuāngkǒu
찾다	找	쟈오 zhǎo
책	书	슈 shū
처리하다	办	빤 bàn
처음	初次	츄츠 chūcì
천 1,000	千	치앤 qiān
첨가하다	添	티앤 tiān
체온	体温	티원 tǐwēn
초청하다	邀请	야오칭 yāoqǐng
촬영하다	摄影	서잉 shèyǐng
축구	足球	주치유 zúqiú
축하하다	恭喜	꽁시 gōngxǐ
축하(하다)	祝贺	쭈허 zhùhè
출구	出口	츄코우 chūkǒu
출근하다	上班	샹빤 shàngbān
출발하다	出发	츄파 chūfā
춤추다	跳舞	티야오우 tiàowǔ
춥다	冷	렁 lěng
충분하다	够	꼬우 gòu
취미	爱好	아이하오 àihào
취소하다	取消	취시야오 qǔxiāo
취하다	醉	쮀이 zuì
측정하다	量	량 liáng
치과	牙科	야커 yákē
치마	裙子	췬즈 qúnzi
치약	牙膏	야까오 yágāo
치통	牙疼	야텅 yáténg
친구	朋友	펑요우 péngyou

친절하다	热情	러칭 rèqíng
친척	亲戚	친치 qīnqi
침대	床	츄앙 chuáng
칫솔	牙刷	야슈아 yáshuā

카메라	照相机	짜오시양지 zhàoxiàngjī
칼	刀子	따오즈 dāozi
커피	咖啡	카페이 kāfēi
커피숍	咖啡厅	카페이팅 kāfēitīng
컴퓨터	电脑	띠앤나오 diànnǎo
컵	杯子	뻬이즈 bēizi
케이크	蛋糕	딴까오 dàngāo
코	鼻子	비즈 bízi
코끼리	象	시양 xiàng
콜라	可乐	커러 kělè
콩	豆	또우 dòu
크다	大	따 dà

키	个子	꺼즈 gèzi
킬로그램	公斤	꽁진 gōngjīn
킬로미터	公里	꽁리 gōnglǐ

타다 말	骑	치 qí
타다 차	坐	쭈어 zuò
탁구	乒乓球	핑팡치요우 pīngpāngqiú
탁자	桌子	쥬어즈 zhuōzi
탑	塔	타 tǎ
태양	太阳	타이양 tàiyáng
택시	出租汽车	츄주 치처 chūzū qìchē
테니스	网球	왕치요우 wǎngqiú
텔레비전	电视	띠앤스 diànshì
토요일	星期六	씽치리요우 xīngqīliù
퇴근하다	下班	시아빤 xiàbān
튀기다	炸	쟈 zhá
특별하다	特别	터비에 tèbié
특산품	特产品	터챤핀 tèchǎnpǐn
팁	小费	시야오페이 xiǎofèi

파랑색	蓝色	란써 lánsè
팔다	卖	마이 mài
패스트푸드	快餐	콰이찬 kuàicān
편리하다	方便	팡비앤 fāngbiàn
편안하다	舒服	슈푸 shūfu
편지	信	신 xìn
포도	葡萄	푸타오 pútao
포도주	葡萄酒	푸타오지요우 pútaojiǔ
포장하다	包装	빠오쥬앙 bāozhuāng
포크	叉子	챠즈 chāzi
표	票	피야오 piào
표시하다	表示	비야오스 biǎoshì
표현하다	表现	비야오시앤 biǎoxiàn
풍경	风景	펑징 fēngjǐng
필름	胶卷	지야오쥐앤 jiāojuǎn
필요없다	不要	뿌야오 búyào
필요하다	须要	쉬야오 xūyào
필통	铅笔盒	치앤삐허 qiānbǐhé

하늘	天 / 天空	티앤 / 티앤콩 tiān / tiānkōng
하다	做 / 干	쭈어 / 깐 zuò / gàn
하루종일	整天	쩡티앤 zhěngtiān
학교	学校	쉬에시야오 xuéxiào
학급	班	빤 bān
학생	学生	쉬에셩 xuésheng
한가하다	闲	시앤 xián
한국	韩国	한구어 Hánguó
한국사람	韩国人	한구어런 Hánguórén
한국어	韩国语	한구어위 Hánguóyǔ
한자	汉字	한쯔 Hànzì
~할 수 있다	能 / 会	넝 / 훼이 néng / huì
함께	一起	이치 yìqǐ
항상	经常	징챵 jīngcháng
항상	常常	챵챵 chángcháng
~해도 좋다	可以	커이 kěyǐ
해산물	海鲜	하이시앤 hǎixiān
행동하다	行动	씽똥 xíngdòng

행복	幸福	씽푸 xìngfú
행인	行人	씽런 xíngrén
향기롭다	香	시양 xiāng
향수	香水	시양쉐이 xiāngshuǐ
허리	腰	야오 yāo
헤어지다	散	싼 sàn
현대	现代	시앤따이 xiàndài
현재	现在	시앤짜이 xiànzài
혈압	血压	쉬에야 xuèyā
혈액형	血型	쉬에씽 xuèxíng
형	哥哥	꺼거 gēge
호랑이	老虎	라오후 lǎohǔ
호박	南瓜	난꽈 nánguā
호수	湖	후 hú
호텔	饭店	판띠앤 fàndiàn
혼자	独自	두쯔 dúzì
홍차	红茶	홍챠 hóngchá
화가	画家	화지아 huàjiā
화가 나다	生气	셩치 shēngqì
화상	火伤	후어샹 huǒshāng
화요일	星期二	씽치얼 xīngqī èr
화장실	洗手间	시쇼우지앤 xǐshǒujiān
화장품	化妆品	화쥬앙핀 huàzhuāngpǐn
확인(하다)	确认	취에런 quèrèn
환전(하다)	换钱	환치앤 huànqián
회사	公司	꽁쓰 gōngsī
회의(하다)	会议	훼이이 huìyì
후추	胡椒	후지야오 hújiāo
후회(하다)	后悔	호우훼이 hòuhuǐ
훔치다	偷	토우 tōu
휴지	卫生纸	웨이셩즈 wèishēngzhǐ
흐리다	阴	인 yīn
흡연석	吸烟席	시이앤시 xīyānxí
희망하다	希望	시왕 xīwàng
흰색	白色	바이써 báisè

열공! 첫걸음 시리즈

누구나 쉽게 배우는 외국어 시리즈!

★ 4×6배판 / MP3 무료다운

★ 4×6배판 / MP3 CD
합본부록 가나쓰기본

★ 4×6배판 / MP3 CD

★ 4×6배판 / MP3 CD
합본부록 광동어 발음의 모든것

★ 실전편 4×6배판 / MP3 CD

★ 4×6배판 / MP3 CD
합본부록 한국어-인도네시아어 단어장

한권으로 끝내는 외국어 시리즈~

동인랑 중국어
카카오플러스에서 1:1 상담으로 함께 공부하세요!

열공 **왕초짜**

간체자 쓰기

동인랑

	연습	예문
吗 ma	吗	你好**吗**? Nǐ hǎo ma 안녕하세요?
	嗎 마 ~입니까	
谢 xiè	谢	**谢谢** xièxie 감사하다
	謝 사 감사하다	
们 men	们	我**们** wǒmen 우리
	們 문 ~들	
师 shī	师	老**师** lǎoshī 선생님
	師 사 스승, 선생	
拔 bá	拔	**拔**牙 báyá 이를 뽑다
	撥 발 뽑다	
鸡 jī	鸡	**鸡**蛋 jīdàn 달걀
	鷄 계 닭	
几 jǐ	几	**几**天 jǐ tiān 며칠
	幾 기 몇, 얼마	
鱼 yú	鱼	捞**鱼** lāoyú 고기를 잡다
	魚 어 물고기	

| 什 shén | 什 | | 什么 shénme 무엇 |
| 甚 심 무엇, 무슨 |

| 么 me | 么 | | 怎么 zěnme 어떻게 |
| 麼 마 접미사 |

| 认 rèn | 认 | | 认识 rènshi 알다 |
| 認 인 알다, 분별하다 |

| 识 shí | 识 | | 识别 shíbié 식별하다 |
| 識 식 알다, 식별하다 |

| 帮 bāng | 帮 | | 帮忙 bāngmáng 일을 돕다 |
| 幫 방 돕다 |

| 贵 guì | 贵 | | 贵重 guìzhòng 귀중한 |
| 貴 귀 귀한, 비싼 |

| 见 jiàn | 见 | | 见面 jiànmiàn 만나다 |
| 見 견 보다 |

| 关 guān | 关 | | 关系 guānxi 관계 |
| 關 관 관계 |

간체자	병음	번체/훈	예시
国	guó	國 국 나라	中国 Zhōngguó 중국
韩	Hán	韓 한 나라 이름	韩国 Hánguó 한국
学	xué	學 학 배우다	学生 xuésheng 학생
职	zhí	職 직 직무	职业 zhíyè 직업
员	yuán	員 원 어떤 분야에 종사하는 사람	职员 zhíyuán 직원
长	cháng	長 장 긴	长短 chángduǎn 길이
开	kāi	開 개 열다	开始 kāishǐ 시작하다
声	shēng	聲 성 소리	声音 shēngyīn 목소리

간체자		번체 음 뜻	예시
几 jǐ	几	幾 기 몇, 얼마	几天 jǐ tiān 며칠
谁 shéi	谁	誰 수 누구	谁的 shuíde 누구의
个 gè	个	個 개 ~개, ~명	一个 yíge 한 개
两 liǎng	两	兩 량 둘	两位 liǎngwèi 두 분
胜 shèng	胜	勝 승 이기다	胜利 shènglì 승리하다
时 shí	时	時 시 때	时候 shíhou 시간
间 jiān	间	間 간 사이	中间 zhōngjiān 가운데
钱 qián	钱	錢 전 돈	钱包 qiánbāo 지갑

儿 ér
儿
兒 아 아이
儿童
értóng
아동

银 yín
银
銀 은 은
银行
yínháng
은행

习 xí
习
習 습 연습하다
学习
xuéxí
공부하다

汉 Hàn
汉
漢 한 나라이름
汉语
Hànyǔ
중국어

医 yī
医
醫 의 의사
医生
yīshēng
의사

图 tú
图
圖 도 그림
图书馆
túshūguǎn
도서관

书 shū
书
書 서 책
书店
shūdiàn
서점

饭 fàn
饭
飯 반 밥
吃饭
chīfàn
밥을 먹다

号 hào	号	号码 hàomǎ 번호
	號 호 번호	
现 xiàn	现	现在 xiànzài 현재
	现 현 지금	
点 diǎn	点	点钟 diǎnzhōng 시, 시간
	點 점 시간	
试 shì	试	考试 kǎoshì 시험
	試 시 시험	
还 hái	还	还是 háishi 아직도
	還 환 아직	
来 lái	来	回来 huílái 돌아오다
	來 래 오다	
兴 xìng	兴	高兴 gāoxìng 기쁜
	興 흥 취미, 재미	
杂 zá	杂	杂志 zázhì 잡지
	雜 잡 잡다한	

书 shū
书

書 서 책

书店
shūdiàn
서점

张 Zhāng
张

張 장 열다, 펴다

张开
zhāngkāi
열다, 벌리다

这 zhè
这

這 저 이, 이것

这儿
zhèr
이곳, 여기

电 diàn
电

電 전 전기

电话
diànhuà
전화

视 shì
视

視 시 보다

电视
diànshì
텔레비전

脑 nǎo
脑

腦 뇌 뇌

电脑
diànnǎo
컴퓨터

车 chē
车

車 차 차

火车
huǒchē
기차

铅 qiān
铅

鉛 연 흑연

铅笔
qiānbǐ
연필

买 mǎi	买 買 매 사다	买货 mǎihuò 물건을 사다
样 yàng	样 樣 양 모양	样子 yàngzi 모양
适 shì	适 適 적 적합한	合适 héshì 알맞은
块 kuài	块 塊 괴 원(화폐 단위)	五块钱 wǔ kuài qián 5원
苹 píng	苹 蘋 빈 사과	苹果 píngguǒ 사과
礼 lǐ	礼 禮 예 선물, 예물	礼物 lǐwù 선물
远 yuǎn	远 遠 원 먼	永远 yǒngyuǎn 영원히
备 bèi	备 備 비 갖추다	准备 zhǔnbèi 준비하다

간체자	쓰기	예시
会 huì	会 會 회 모이다, ~할 수 있다	会议 huìyì 회의
骑 qí	骑 騎 기 타다	骑马 qí mǎ 말을 타다
门 mén	门 門 문 문	门口 ménkǒu 입구
场 chǎng	场 場 장 장소	场所 chǎngsuǒ 슬픈, 괴로운
计 jì	计 計 계 계획하다	计划 jìhuà 계획(하다)
划 huà	划 劃 획 구분하다	划分 huàfēn 구분하다
当 dāng	当 當 당 당연히 ~해야 한다	当然 dāngrán 당연한
飞 fēi	飞 飛 비 날다	飞机 fēijī 비행기

离	lí	离		離 리 ~부터	离开 líkāi 떠나다

问	wèn	问		問 문 묻다	问好 wènhǎo 안부를 묻다

边	biān	边		邊 변 변, 쪽	旁边 pángbiān 옆쪽

较	jiào	较		較 교 비교하다	比较 bǐjiào 비교적

对	duì	对		對 대 맞대다	对面 duìmiàn 맞은편

乐	yuè	乐		樂 악 음악	音乐 yīnyuè 음악

节	jié	节		節 절 절기	季节 jìjié 계절

练	liàn	练		練 련 단련하다	练习 liànxí 연습하다

| 话 huà | 话 | 会话 huìhuà 회화 |
| | 話 화　말 | |

| 转 zhuǎn | 转 | 转换 zhuǎnhuàn 전환하다 |
| | 轉 전　돌리다, 바꾸다 | |

| 刚 gāng | 刚 | 刚才 gāngcái 방금 |
| | 剛 강　지금, 바로 | |

| 诉 sù | 诉 | 告诉 gàosu 알리다 |
| | 訴 소　알리다 | |

| 运 yùn | 运 | 运动 yùndòng 운동 |
| | 運 운　운동하다 | |

| 动 dòng | 动 | 动分 huàfēn 구분하다 |
| | 動 동　움직이다 | |

| 过 guò | 过 | 经过 jīngguò 경과하다 |
| | 過 과　지나다 | |

| 欢 huān | 欢 | 喜欢 xǐhuān 좋아하다 |
| 歡 환 즐거운 |

| 剧 jù | 剧 | 京剧 jīngjù 경극 |
| 劇 극 연극 |

| 听 tīng | 听 | 听力 tīnglì 청력 |
| 廳 청 듣다 |

| 东 dōng | 东 | 东边 dōngbiān 동쪽 |
| 東 동 동쪽 |

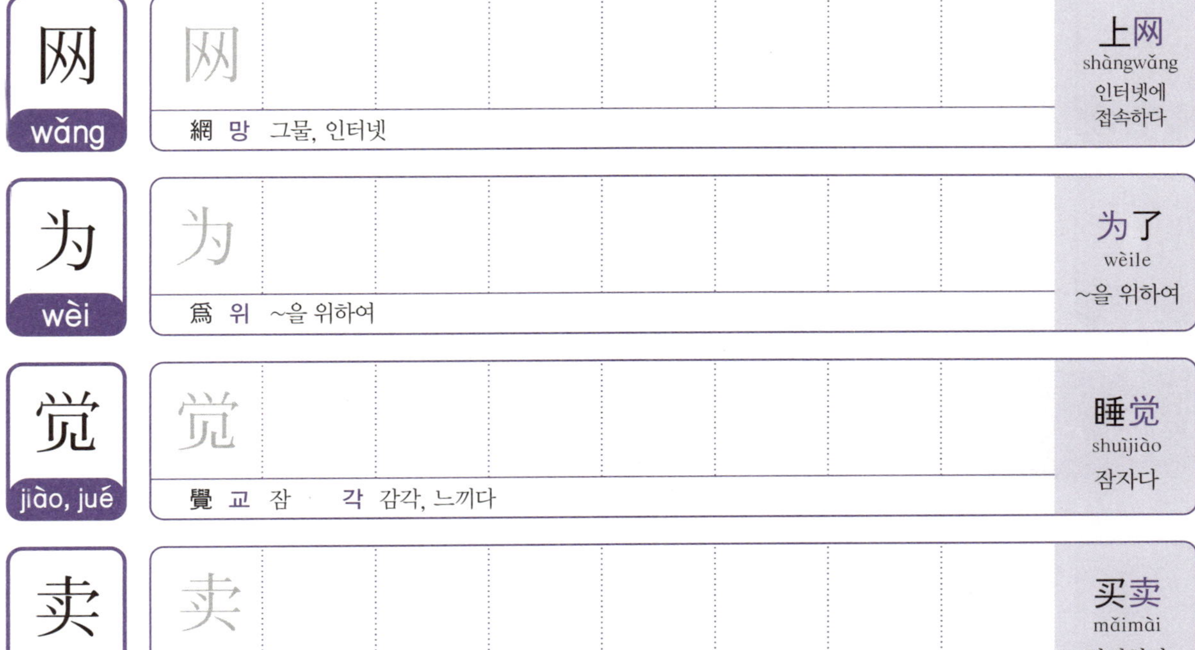

| 网 wǎng | 网 | 上网 shàngwǎng 인터넷에 접속하다 |
| 網 망 그물, 인터넷 |

| 为 wèi | 为 | 为了 wèile ~을 위하여 |
| 爲 위 ~을 위하여 |

| 觉 jiào, jué | 觉 | 睡觉 shuìjiào 잠자다 |
| 覺 교 잠 　각 감각, 느끼다 |

| 卖 mài | 卖 | 买卖 mǎimài 장사하다 |
| 賣 매 팔다 |

| 说 shuō | 说 | | | | | | 说**明** shuōmíng 설명하다 |
| 說 설 말하다 |

| 气 qì | 气 | | | | | | 客**气** kèqi 사양하다 |
| 氣 기 기운 |

| 随 suí | 随 | | | | | | 随**便** suíbiàn 마음대로 |
| 隨 수 따르다 |

| 种 zhǒng | 种 | | | | | | 种**类** zhǒnglèi 종류 |
| 種 종 ~종, ~종류 |

| 浅 qiǎn | 浅 | | | | | | 水**浅** shuǐ qiǎn 물이 얕다 |
| 淺 천 얕은 |

| 轻 qīng | 轻 | | | | | | 年**轻** niánqīng 젊은 |
| 輕 경 가벼운 |

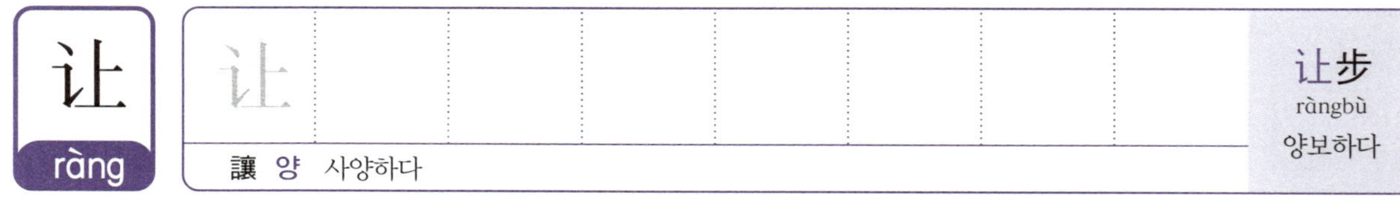

| 让 ràng | 让 | | | | | | 让**步** ràngbù 양보하다 |
| 讓 양 사양하다 |

约 yuē	约						约会 yuēhuì 약속하다
	約 약 약속하다						

坏 huài	坏						坏处 huàichu 결점
	壞 괴 나쁜, 고장난						

进 jìn	进						进去 jìnqù 들어가다
	進 진 들다						

预 yù	预						预习 yùxí 예습하다
	預 예 미리						

经 jīng	经						经验 jīngyàn 경험
	經 경 경험하다						

楼 lóu	楼						大楼 dàlóu 빌딩
	樓 루 건물						

간체자 쓰기 16

热 rè	热						热情 rèqíng 친절한
	熱 열 더운						

价 jià	价						价钱 jiàqian 값, 가격
	價 가 값						

동인랑 중국어

카카오플러스에서 1:1 상담으로
함께 공부하세요!

중국어

열공 **왕초짜**

첫걸음

저자 김혜경

1판 2쇄 2018년 2월 10일   발행인 김인숙   발행처 (주)동인랑
Editorial Director 김인숙   Cover Designer 김미선
Printing 삼덕정판사

139-240
서울시 노원구 공릉동 653-5

대표전화 02-967-0700
팩시밀리 02-967-1555
출판등록 제 6-0406호
ISBN 978-89-7582-571-2

(주)동인랑에서는 참신한 외국어 원고를 모집합니다.